目录

ectures on *Kritik der reinen Vernunft*

《纯粹理性批判》讲演录

邓晓芒 / 著

名师讲堂 MASTER'S LECTURES

05

商務印書館
创于1897 The Commercial Press

图书在版编目(CIP)数据

《纯粹理性批判》讲演录/邓晓芒著.—北京:商务印书馆,2013(2025.6重印)
ISBN 978-7-100-10189-9

I.①纯… II.①邓… III.①康德,I.(1724—1804)—哲学思想—研究 IV.①B516.31

中国版本图书馆CIP数据核字(2013)第185682号

《纯粹理性批判》讲演录

邓晓芒 著

商 务 印 书 馆 出 版
(北京王府井大街36号 邮政编码100710)
商 务 印 书 馆 发 行
北京市艺辉印刷有限公司印刷
ISBN 978-7-100-10189-9

2013年10月第1版 开本710×1000 1/16
2025年6月北京第8次印刷 印张21¾

定价:68.00元

自序

这是我2010年9月开始在武汉大学为哲学系本科生开设的康德《纯粹理性批判》课的讲课实录，经过北京世纪超星信息技术公司全程录音录像，由学生将录音初步整理成文，我再仔细加工修改后形成的一本专门讲《纯粹理性批判》的讲演录。自1997年以来，这门本科生的课我一共上过五次，这次是唯一留下录音资料的，也可能是最后一次了，所以讲得还算认真。课堂讲演有一个好处，就是可以比较自由地发挥自己对康德的理解，而不必完全拘泥于引经据典，这样就显得比较全面系统。可以说，里面有不少地方是在尝试着"帮康德把话说圆"，康德自己远远没有达到这样的清晰性和连贯性。当然也不是想当然地胡编乱造，而是有一定的文本根据的，只是改用了自己的话说而已。这与我的另一本书《康德〈纯粹理性批判〉句读》（人民出版社2010年初版）不同，在那里主要是想逐字逐句解释康德自己的文本，所有的发挥都附着在文字上。一本是宏观的，一本是微观的，有心的学人不妨把这两本同一话题不同风格的作品对照着来读，也许能够加深对康德这部旷世名著的理解。当然，《康德〈纯粹理性批判〉句读》并不是全书的句读，只是句读了其中20万字，当初只是一种示范的意思，就是要按照这种方式读康德的书，但毕竟是一个遗憾。如果有时间，我会想办法将剩余的部分补上，不过那可能就会超过500万字了。而且在此之前，我还有几件重要的任务未完成，都是很花时间精力的，但愿能够活得长久。

我们生活在一个信息爆炸的时代，这对于一个学者来说，既是幸运，也是悲哀。幸运的是，这个时代的学者真正成了智力生产者，再也不必做那么多的卡片，购置那么多的书籍，抄录那么多的资料和笔记，认识那么多的同行，甚至一个研究外国哲学的人都不需要频繁地出国，就可以坐在电脑边完成几乎一切工作。现代录音设备给人们带来的便利更是以往做梦也不敢想象的，数千年来人类口头语言对于文字所显现出来的缺陷（即不能保留长久）一下子被克服了，而它的相对优势（即迅速快捷）却得到了极大的发挥。很可能，未来的学者做学问的方式将会发生一个重要的重心转移，即从“写作”转移到“讲述”，而讲述本身则成了更方便的写作方式。当然，写作的某些特点仍然是不可替代的，特别是在字斟句酌、深思熟虑方面，这就是为什么我的每次讲演在发表前都还得经过一番仔细的修订的缘故。但毕竟我感到，在今天只要你真正有话可说，你的发表的机会和即时性已经比以往大得不可比拟。然而，另一方面，令人悲哀的是，在这个众声喧哗的时代，任何话语都很难再激起人们的认真关注，在每个人都是作者的时候，就不再有沉得下心来的读者了。“发表”不再有我们当年那种神圣性，而成了家常便饭，人人都希望别人听自己说，而自己却不屑于听别人说，或者即使听了，也急于用“酷评”将人家一口否定，甚至觉得人家稍一涉及自己所占据的领域，就是对自己权利的侵犯，必定要迎头痛击而后快。学界变成了争夺势力范围的场所，学术观点成为了宗派斗争的旗帜。在信息的汪洋大海中，任何人提出的任何观点都有可能遭遇到意想不到的阻击，这几乎是信息社会的弄潮儿一件轻易制胜的法宝。如果你对什么问题有点研究，只要有人说你对什么事情还一无所知，就足以把你的所有研究都贬为粪土。像亚里士多德和黑格尔那样一些“百科全书式的学者”早已成为过去，而且成为了笑料，于是人们就以为这是一个容易打游击的时代，因为任何人都有他的知识缺陷，在没有“大师”的时候，人人都可以大言不惭地冒充“大师”了。

但我一直相信，历史终将把那些伪大师淘汰出局，一个真正想做一点事的人，必须把眼光放长远一些。人类思想在其历史传承中是没有偏心的，以前有思想的文人们常把自己的希望寄托于“藏之名山”留待后人评说，是有道理的。在今天，已经不需要藏之名山了，但却很可能被淹没在信息海洋之中。不过道理还是那个道理，真正有价值的思想是不会被长久淹没的。就像康德的书，两百多年了，现在汗牛充栋的文章和书籍都在附着于它而生存，越来越显出它的光辉。真正的学者不是为当世写作的，而是为未来；或者虽然也为当世写作，但终归是为未来写作的；在西方传统中，甚至是为上帝而写作的。

我不信上帝，但我相信未来；而这个未来，也许是永恒。

邓晓芒，2012年4月1日，

于华中科技大学

绪论

《纯粹理性批判》是康德的一部主要著作。虽然今天有不少人在讲康德哲学，但是如果没有读过《纯粹理性批判》的话，那就等于还没有真正进入到康德哲学。尽管康德有三大批判，还有其他一系列的著作，但是他的整个哲学体系的基础是建立在《纯粹理性批判》之上的。

一、意义

今天我们首先要谈谈《纯粹理性批判》的意义。康德的《纯粹理性批判》是一部名著，那它有名在什么地方呢？这个问题有很多人都谈到过。一方面，它是德国古典哲学的开端。康德是德国古典哲学的创始人，而他的第一部成名作就是《纯粹理性批判》，所以说《纯粹理性批判》是康德哲学和德国古典哲学的一个开端。

另一方面，康德哲学在西方哲学史上也是一个转折，这从《纯粹理性批判》最开始所表达出来的风格就可以看出来。我们在读西方哲学史的时候，会有一种非常明显的感觉，就是在康德之前的那些哲学家的思想好像都比较好进入、好理解。他们之中有的是业余哲学家，比如说笛卡尔、斯宾诺莎。据说有人邀请斯宾诺莎当教授，却被他拒绝了，他宁可做业余哲学家，以磨镜片为生。莱布尼茨也是业余哲学家，也没有在大学里面教过书。其他的就更不用说了，像培根、洛克这些人都不是大学教授。但康德是大学教授，而且康德以后的哲学家大多数都是哲学教授。因此，我们读哲学史读到康德的时候会发现，哲学在他那里上了一个台阶，读到他的时候我们读不懂了。康德之前的哲学比较好懂，譬如笛卡尔、培根的哲学是最通俗的，就好像我们拉家常一样，虽然他们的逻辑也很严谨，但是好像还都能够读下去。到斯宾诺莎那里就有一点费事了，他用几何学的方式来证明自己的哲学体系，但这还只是一种技术上的复杂，也不难懂。莱布尼茨也是，他有很多很美、很有意思的设想，譬如单子论、前定和谐论，都很通俗。唯独到了康德，大家开始读不懂了。所以说从康德开始，西方哲学上了一个台阶。

自康德以后，哲学一般来说不再是业余哲学家可以染指的了。从康德以后，哲学成了大学教授的学问，成了一门专业，你如果没有上过哲学系，没有读过这门专业，没有掌握专门知识，想要做哲学，那是不行的。这种格局一直持续到今天。你可以做一个业余哲学家，但是如果你想要真正进入哲学，就必须要在大学教授那里受教，必须要听过专业课，这是康德以后西方哲学的一个很重要的特点，是哲学的一个飞跃式的发展的体现。当然，之前那些通俗的、业余的哲学家的哲学，也是很丰富、很有意思的，但是哲学要提升至一个更高的台阶，必须要专业化，要有自己的专业术语、特定概念和技巧，要有一些很深层次的思考。哲学不是单凭你聪明、领悟力强，就能够马上接受的，只有按部就班地接受一定的训练，才能够做哲学。

不仅就复杂性和体系性而言，哲学在康德那里上了一个台阶；而且就内容的丰富性和深刻性而言，康德哲学又被看成一个“蓄水池”，这是日本哲学家安培能成的一个著名比喻。他认为康德之前的哲学都流向康德，康德之后的哲学都是从康德哲学流出的。康德哲学在西方哲学史上就起了这样一个中间的蓄水池的作用。“蓄水”主要指的是康德哲学积蓄了一些问题，之前哲学的所有问题都在这里集中起来了，并且被做了解答。但这些解答同时又引发了一系列的新问题，给后人带来了思考的话题。有人曾讲，如果不追究到康德，那是没有办法对现代哲学进行研究的。我们通常把现代哲学划分为两个支流，即科学哲学和人文哲学。这种划分就是从康德来的。其实，现代哲学的种种问题都是从康德那里过来的。譬如科学哲学里面所探讨的“科学如何可能”、“逻辑起到什么作用”、各种认识能力之间的关系等问题，以及人文哲学所研究的道德、信仰、知识与宗教的关系，等等，都是康德讨论过的。所以，研究现代哲学的学者往往有这样一种感觉，就是研究来研究去，到头来发现还是要回到康德。因为，有些最基本的东西还在康德那里，如果不知道康德是怎么说的，你就不清楚现代哲学的很多问题的来龙去脉和思想渊源，你可能会误以为某个思想观点是某个现代哲学家突然发明出来的，因为他有时候语焉不详，他认为康德已经讲过的东西，就不需要重复了，就当作大家已经知道的了。康德的伟大之处不在于他提出了多少绝对正确的命题，而在于他提出了一些几乎是永恒的问题，启发后人不断地去思考。

二、方法

下面我们谈谈进入康德哲学的方法。从内容上来看，要读懂康德的《纯粹理性批判》，我们首先要掌握一点，即康德写《纯粹理性批判》是为了调和当时的两大哲学流派唯理论和经验论的对立，为当时哲学所提出的问题和面临的困境提供解决办法。当我们读康德的每一段话，甚至每一个句子的时候，我们心中都要有当时的理论背景。当然康德也调和了唯物主义和唯心主义的对立，但是最根本的还是调和了唯理论和经验论。当时的唯理论表现为独断论，经验论表现为休谟的怀疑论，只有当你考察康德的论述和命题时，心里面装着这两个流派，才能厘清他所反驳的是什么，他所主张的又是什么。既然是调和，他就不偏于任何一方，他对双方都既有批判也有吸收，他吸取了那些合理的部分，去掉了那些他认为不合理的部分。

从形式上来看，康德的《纯粹理性批判》是非常晦涩的，这种晦涩与他的行文有很大的关系。我们经常说康德的行文非常笨拙，他常常为了说明一个问题，反反复复纠缠。虽然他的逻辑非常的严密，但他的表述实在是非常烦琐，这导致他的行文不流畅。因此我们在读《纯粹理性批判》的时候，切忌断章取义。康德自己也提醒读者千万不要单独地抓住一句话，把它当成全部，最好是把《纯粹理性批判》读完之后，再回过头来思考所遇到困难的地方。最忌讳的是把他的某句话挑出来，然后说在这儿他是这样说的，在那儿他又是那样说的，两者是不同的，所以康德是自相矛盾的。有人说康德哲学充满着矛盾，的确是这样；但是充满着矛盾不一定就意味着他行文表述上的矛盾。我们可以说康德在行文和表述上很难找得出矛盾，只要你真正读懂了他，那些表面上的，特别是在形式逻辑的标准之下显得是矛盾的地方，其实是不矛盾的。你把一些孤立的语词或句子，脱离它们的语境来比较和考察，可能会觉得它们之间有矛盾。但是，如果你真正弄懂了它们的意思，你就会觉得矛盾其实是虚假的。这一点不是人人都能做到的，包括许多康德研究的专家都做不到，特别是一些英语世界的康德研究者们，他们习惯于运用逻辑实证主义的方法，凭形式逻辑来判断康德的意思。当然，通过这种方式是可以找到很多矛盾的地方，但是康德哲学的主要矛盾是在其思想自身之中，而不是在行文和句子方面。在行文方面，康德是非常严谨的。所以，我们一定要进行全面的理解，而不能抓住某一句话来做文章，也不能仅凭两句话相互对不上号，就断言康德弱智。我们会发现矛盾，但我们要尽量去思考他为什么会有这一些字面上的矛盾。其实理解康德最好的办法，就是我们帮他把话说圆，看看能不能在他笨拙的表述里面发现一贯的思想。当你这么做的时候，往往就会发现，康德的理论是圆通的。我们对康德应该抱有一种同情的理解，而不仅仅是站在他旁边指手画脚，把他看成是一个弱智者。有一些人就是这样做康德哲学的，像康蒲·斯密。韦卓民先生翻译了他的《康德〈纯粹理性批判〉解义》，全书有五十多万字，到处都在说康德这里矛盾、那里不一致，实际上是他自己没有真正读懂康德。如果你有心帮康德说圆的话，你就会发现其实那些矛盾都不是真正的问题，而仅仅是一些字面上的矛盾。要想进入《纯粹理性批判》，我们必须运用这种同情的理解的方法。如果仅仅持一种语言分析哲学的态度的话，是不可能真正读懂康德的，英语世界的很多康德研究专家，常常在这方面栽跟头，还不自知。

三、背景

背景可以从三个层面来讲，首先是政治背景，即法国大革命。《纯粹理性批判》第一版是在 1781 年发行的。法国大革命爆发于 1789 年，1793 年是法国大革命高潮的时候。在此之前是酝酿期。它影响了德国启蒙运动的思潮，影响了康德的《纯粹理性批判》。马克思甚至说，康德哲学是法国革命的德国理论。法国人在那里干革命，推翻专制王朝，但是他们没有来得及对自己的行动作理论总结，而是德国人帮他们做的，德国人的内心经历了一场思想风暴。所以康德在《纯粹理性批判》的序言里讲："我们的时代是真正批判的时代，一切都必须经受批判。"[1] 法国革命是现实中的革命，而"批判"则是理论上的革命，这两个革命并行不悖，互相呼应。虽然康德对法国革命者的一些做法持保留态度，认为他们太过血腥了，但是他同时也认为这场革命的基本原则是应该得到弘扬的。康德的哲学，首先是《纯粹理性批判》所倡导的批判，正是法国革命精神的体现。

其次是科学背景，它有两个方面，其一是自然科学领域的牛顿力学。我们在《纯粹理性批判》里面，几乎处处都可以看到牛顿物理学的影响。虽然康德并不局限于牛顿的机械论，他还试图摆脱这种理论的经验主义的特征，但是在很多地方他都受到它的影响。比如说康德非常重视分析的方法，即通过把经验分解为一些部分，逐个加以考察。牛顿的自然科学对康德的影响非常巨大，在《纯粹理性批判》第二版序言里面，他举了伽利略和牛

1 康德：《纯粹理性批判》，AXII，邓晓芒译，杨祖陶校，人民出版社 2004 年，第 3 页。

顿物理学的例子，用来说明科学、哲学、形而上学应该走一条什么样的道路。

另一方面是人文科学领域中的卢梭关于人的理论。卢梭之于人文科学，就像牛顿之于自然科学，在那个时代，卢梭相当于第二个牛顿。康德对卢梭推崇备至，在他的客厅里面除了悬挂一幅卢梭的画像，没有任何别的装饰。他曾经因为通宵读卢梭的《爱弥尔》，打破了自己铁定的作息时间。通常情况下，他每天下午三点钟必须出来散步，邻居们都拿他来对表，“康德出来了，现在是三点钟了”。但是那天他没出来，读卢梭去了！

最后是哲学背景，当时的哲学思潮主要是唯理论和经验论。我们虽然也可以从唯物论和唯心论来看待它们，但是这不太准确。因为，唯理论里面既有唯物论也有唯心论，经验论里面也是一样。我们上面讲康德主要是为了调和唯理论和经验论，当然顺便把唯物主义和唯心主义也调和了。

康德更重视的是唯理论和经验论里面的独断论和怀疑论。在当时，独断论是唯理论走到了尽头的表现。其实在斯宾诺莎那里唯理论已经十分完备，莱布尼茨曾尝试把唯理论和经验论的对立稍微加以缓和，但他仍然是独断的。另一方面，经验论走到休谟也走到了尽头，发展出了怀疑论，使一切自然科学的基础都动摇了。这就是康德写《纯粹理性批判》的时候一个大的哲学背景。康德本人早先是主张唯理论的，属于大陆理性派，深受莱布尼茨和沃尔夫体系影响，他吸收了莱布尼茨思想中的能动性的因素，比如说“统觉”，它是莱布尼茨最先提出来的，即人的思维的能动性，它体现了人的思维具有一种统觉能力，它能够把所有经验的东西统摄起来。但是身为大陆理性派的传人的他，同时也遇到了休谟的挑战，休谟的怀疑论对他的震动非常之大。用康德自己的话来说就是，休谟第一次打断了他“独断论的迷梦”。他曾经一直沉浸在独断论的梦幻之中，即认为有些东西是先天的知识，是不需要证明的。而休谟则从怀疑论的角度，对它们一个个进行怀疑，并加以推翻，使之面临极大的挑战，整个科学以及形而上学的基础都被解构了。由此，如何能够重建形而上学正是康德所要考虑的问题。

四、主题

康德《纯粹理性批判》的主题是批判。刚才讲了，康德的时代是一个批判的时代，一切都要经过批判。批判什么呢？批判纯粹理性。因为在康德之前，理性成了至高无上的法庭，法国革命、启蒙运动就是以理性的法庭来裁决一切问题。理性作为法庭无可置疑，而康德要做的是对理性本身加以批判，要对理性法庭自身进行推敲，这当然是一个了不起的变革。然而对理性本身进行批判又是为了什么呢？为了建立“科学的”形而上学。康德认为形而上学最终的目的有两个：一个是为认识，为自然科学奠定基础；另外一个，是为人的幸福和道德奠定基础。因此，哲学的目的一方面是掌握自然必然性，另外一个是发扬人的自由。必然和自由是哲学的两个重要的话题，而这两个重要的话题都必须建立在理性的基础之上。但是以往的理性未经批判，承担不了这种使命，由以往的理性所建立起来的形而上学一个个都失败了，只有经过批判的理性，才能真正建立起未来的科学的形而上学。

对应于哲学的两个目的，由批判的理性所建立起来的形而上学也有两个方面。一个是建立起自然的形而上学，即把科学的规律建立起来，为自然界立法。理性本来是一个法庭，用来裁断一切。但是康德认为，只有经过批判的理性才能为自然界立法。再一个是为自由立法，即道德法则，自由一旦被立法就成了道德法则。这就是《纯粹理性批判》所面临的主题，但刚开始是为自然立法，为自然科学建立起牢固的基础。以往的形而上学都是建立在沙滩之上的，都垮台了；以后的形而上学必须建立在科学的牢固的基础之上。把这个基础打牢了之后，我们才能进一步建立道德的形而上学，建立起实践理性的法规，那是下一步的问题，是他的第二批判所要解决的问题。第二批判是《实践理性批判》。

因此，在纯粹理性批判里面，康德提出了三个问题。他认为这是一切哲学，不管是思辨哲学还是实践哲学，都必须面对的问题。

第一个问题：我能够知道什么？这是认识论的问题，《纯粹理性批判》首先要解决这个问题。它关系到知识的界限和范围，我们要建立起知识的大厦，首先要搞清楚需要选用什么样的材料，能够借此建一个什么样的大厦。知性、感性、直观、范畴、时间、空间，等等，都是我们建立起知识大厦的构件，要把这些构件弄明白，然后把它们的使用方法搞清楚，即它们只能应用在经验的范围内。

第二个问题：我应当做什么？这是道德的问题。"应当"不是来自我们之外，而是建立在自由的意志之上的。根据自由意志，作为一个自由的人，我应当怎么做？这属于第二批判要解决的问题。

第三个问题：我可以希望什么？当我按照"应当"去做了的时候，我能希望什么？这就是宗教的问题了。它要解决的是自然和道德之间的相互的统一，这种统一在自然一方就是人的幸福，人们对知识的追求，归根结底是为了实现人的幸福。培根讲"知识就是力量"，力量是给人幸福的，它能够提高人的物质生活水平，满足人的需要，但是幸福并不等同于道德。那么，在道德的基础之上，我可以希望什么呢？我能不能做到德福一致呢？我们常常讲善有善报，恶有恶报，你所获得的幸福要配得上你的德性。你有德性，你才配得幸福，但如果你有德行但却没有幸福，也还是不得完满。完满即至善，它是最高的道德与最大的幸福的一致。这在人世间当然是做不到的，所以它属于宗教的问题。康德的《单纯理性范围内的宗教》一书就是解决这个问题的，它把前两个问题综合和统一起来了。德福一致，就是自然的必然性和人的自由达到一致，这只有在宗教里，在上帝那里才能够做到。

以上这三个问题是在《纯粹理性批判》里面首先提出来的，后来在别的地方，康德重又提出这三个问题，并且在后面加了一个问题，即第四个问题：人是什么？其实前三个问题都是属于人的问题，是人类学的问题，这是他后来才认识到的，即知识、道德、宗教问题都是属于人的问题，它们都表达了人的本质。在这里所讲的人类学是一种先验的人类学，即先验地讲人的本质是什么，而不是一般对人性的经验。所以我们把它叫做哲学人类学。

在这四个问题里面，认识论是属于首要的问题，如果“我能够认识什么”的问题没有解决，其他的问题都无从谈起。所以，从总体上说，尽管康德把知识和道德统一起来了，但是他的立足点还是认识论，认识论是最根本的，只有首先提供了认识的原则，道德才有根基。所以，认识论是哲学首要的问题，也就是说《纯粹理性批判》是首要的问题。

以上就是康德《纯粹理性批判》的整体意思，绪论就讲到这里。

第一讲 《纯粹理性批判》的主要思路（第一、二版序言）

现在我们开始进入《纯粹理性批判》的文本，首先看他的两篇序言。康德的《纯粹理性批判》初版于1781年，6年后1787年出的第二版做了较大的改动，并增加了一个第二版序言。这两版的序言将《纯粹理性批判》的主要思路做了一个大致的展示，但它们的内容并不重合。具体来说，第一版序言讲了两个问题，一个是：为什么要对理性进行批判？这是话题的缘起；再一个是：什么是纯粹理性批判？这个是解题，说明标题的意思。这两个问题都是相当外围的问题，还没有涉及实质性的思想。那么第二版序言就谈了一个更深层次的问题：怎样对纯粹理性进行批判？这就进入到《纯粹理性批判》本身的主导思想中了。下面我们对这三个问题逐个来探讨一番。

一、为什么要对理性进行批判？

在康德的时代，在哲学领域里是一个众说纷纭、莫衷一是的时代。主要是有两个势均力敌的哲学流派在那里较劲儿，一个是大陆理性派哲学，一个是英国经验派哲学。前面讲到，康德本人出身于大陆理性派哲学，但是在经验派的休谟的怀疑论面前他感到极大的困惑，而且当他用怀疑的眼光看待整个哲学史时，他感到他进行哲学思考以来对形而上学不可动摇的信念遭受到了严重的危机。这种深重的危机感在第一版序言中得到了生动的体现，他把形而上学比做古希腊特洛伊战争中战败的特洛伊城王后，她原先儿孙满堂、地位尊贵，被俘后却遭到流放、备受羞辱。他认为，形而上学曾经一度是科学的女王、一切科学的科学，在今天却已经沦为不学无术的代名词，正派的学者都不以从事形而上学为荣。再加上牛顿物理学在当时如日中天，科学的思维讲求实证，更显得形而上学是一套完全不着边际的虚妄之谈。

那么，是不是干脆把形而上学取消就得了呢？这是康德所不能同意的。作为大陆理性派的传人，康德坚信形而上学是人类理性和智慧的骄傲，他的目的不是要取消形而上学，而恰好是要拯救和重建形而上学。他要探讨的是，以往的形而上学为什么会沦落到今天这样悲惨的地步，她的最深刻的病因在哪里，以便针对病因进行有效的治疗。康德所继承的是近代启蒙运动以来的理性传统，即凡事都要放到理性的天平上来称量一番；但是他发现，形而上学屡遭失败的根本原因正是在于，人们在盲目地相信理性的万能的同时，并没有对理性本身运用的范围和权限作出清醒的估计，形而上学的根本矛盾就是人类理性的本性所提出的要求和它实际上所具备的能力之间的矛盾。或者说，正是由于人们在运用自己的理性建立形而上学体系时，没有事先对这个理性能力进行批判的考察，从而导致了理性在形而上学的事业中力不从心，导致了以往所有的形而上学都是建立在沙滩上的建筑，它们的垮台是必然的。

康德以当时流行的理性派和经验派为例说明了这一点。他认为，理性派暴露出来的毛病就是独断论（Dogmatismus），所谓独断论，就是在没有任何经验材料作根据的情况下，单凭理性的逻辑推论就去断言有关在我们之外存在着某些终极客体的知识。这些断言是根本站不住脚的，因为它们没有事先批判理性自身的能力，没有对理性自己的原理在使用上的权限进行探究，就贸然运用于一切对象上；但又因为脱离经验而缺乏实证的证据，致使这些人的观点显得信口开河、没有约束，而又互相冲突、争持不下。例如唯心主义和唯物主义之争就是如此，双方都是独断地设定了自己的前提，却失去了判定真假的客观标准，因为他们的争论已高悬于超越经验之上的思辨领域，在这个领域，结论总是预设在前提中，而无法在经验中获得确证。正是由于理性派的这种内部矛盾冲突，接下来就导致了经验派干脆放弃一切形而上学的预设而执着于最直接的经验直观，这就形成了怀疑论（Skeptizismus）。休谟的怀疑论并不是怀疑感觉本身，而是怀疑对感觉所作的任何一种形而上学的解释，特别是怀疑感觉后面存在着某种客观的实体，不论是物质实体还是精神实体，以及感觉所体现的任何一种客观规律。在休谟看来，这些问题都属于不可知的范围，全都应当存而不论。这样一来，怀疑论就把一切形而上学的可能性都置于无法确证的疑云之中，不但使自然科学的基础如因果必然性成了问题，也使人类的道德和宗教信仰都成了问题。不过康德又指出，怀疑论尽管不能得出肯定的结论，但却能够排除掉那些不可靠的断言，在这方面它倒是可以打破理性派的独断专制，为一门新的、经过审慎批判的形而上学开辟道路。正是休谟的怀疑论，使康德意识到："我们的时代是真正的批判时代，一切都必须经受批判。"

康德的《纯粹理性批判》就是这种批判的最根本的尝试，启蒙运动以来所建立的理性法庭在他这里得到了一次升级。以往的启蒙理性总是用理性去衡量这个、裁决那个，但唯独把理性本身置于盲点之中，不加反思。《纯粹理性批判》就是启蒙理性的第一次自我反思，是对理性本身加以批判的考察。当然，批判的理性仍然是理性，是理性自身对自身的批判，但这个批判的理性不同于未经批判的理性，它是升级了的，是达到理性的自觉了的。而那种未经批判的理性仍然有可能是盲目的、非理性的，是被非理性所操纵的理性。经过康德理性批判的理性则是更彻底的理性，它摆脱了非理性的操纵，而能够自己主宰自己了。康德由此而回应了休谟对理性提出的挑战，这种挑战单凭以往未经批判的启蒙理性是根本无法对付的。由此，形而上学呈现出了重建的希望，新型的形而上学必定能够为科学奠定坚实的基础，为道德提供牢靠的前提。

二、什么是“纯粹理性批判”？

那么，什么是纯粹理性批判呢？它不是通常理解的对某个观点或者某本书的批判，而是一般地批判理性能力，“因而是对一般形而上学的可能性和不可能性进行裁决，对它的根源、范围和界限加以规定。”[1]这种规定有四个方面。首先，是对象的先验性，这个批判所批判的对象不是任何经验中发生的事情，也不是已有的任何哲学体系，而是超出经验之上的人类理性的先验能力，也就是人类的认识能力。其次，是出发点的纯粹性，它不是从经验出发的，而是立足于人的先天知识和“纯粹”理性。第三，是体系的完整性，不但是理性的先天知识，而且是要全面考察这种先天知识。第四，它的目的是建设性的，就是说它不是完全否定性的，而是要为科学的形而上学奠定基础。总而言之，纯粹理性批判是理性的自我批判，它批判理性，但并没有摧毁理性，而是提升理性；它批判形而上学，但也没有放弃形而上学，而是要重建形而上学。

所以，在“纯粹理性批判”（Kritik der reinen Vernunft）这个词组中，每一个词都有它特定的含义。首先，“纯粹的”（rein）这个词在康德那里一般说意味着摆脱了经验杂质的，因为康德的基本立场是大陆理性主义，所以他把经验的、感性的东西都看作是“不纯粹的”。那么，所谓“纯粹理性”就意味着清除了一切感性经验的东西之后所剩下的那些完全先天的概念和原则，大致上就等于“先天的”（a priori）这个概念。但什么是“理性”（Vernunft）呢？这个概念在康德那里是用得最混乱的术语之一。英国康德学者康浦·斯密认为，康德最广义的理性指一般认识能力的先天的根源，或者说泛指以先天原理为根据的认识能力，包括感性的、知性的和狭义理性的先天原理；而狭义的理性指比知性（Verstand）更高并能够“范导”和“调节”知性认识的那种认识能力。但康德常常把这两种含义的理性混用，所以每次都必须根

1　康德：《纯粹理性批判》AXII，邓晓芒译，杨祖陶校，人民出版社2004年，第3页。

据上下文来判断它的意思。

再就是“批判”（Kritik）这个概念。它原来的意思在希腊文里是分辨、判断、评论，在康德那里指通过区分而达到确定的结论，在翻译为中文时，它带上了消极的、否定的含义。当然它的确也有否定的一面，也就是康德所说的“限制”理性的运用范围，不让它超越这个范围而作任意的使用。但这种限制在康德看来并不完全是消极的，而是对理性的一种训练，它不是指要理性经受一种外来的批判，而是指理性的自我批判、自我审查和自我拷问。因此它实际上具有积极的意义，就是让理性自己经受锻炼，以便承担起更重要的使命。

三、怎样对纯粹理性进行批判？

这个问题主要是在第二版序言中展开的。第二版序言比第一版序言长一倍多，内容也更为重要，它具体展示了写作《纯粹理性批判》这部著作的根本原理，以及这原理的来源、内容和关键。如果读《纯粹理性批判》的过程中能够牢记这个序言中所讲的话，有许多问题就有可能迎刃而解，因此这个序言具有极为重要的意义，它告诉我们，康德是如何着手进入到对纯粹理性进行批判的。

1. 以数学和自然科学为榜样

康德批判纯粹理性，是为了重建哲学和形而上学，让它恢复这门科学昔日的光辉。然而，以往的形而上学要么是独断论的，要么是被怀疑论解构了的，这两条路看来都走不通。怎么办？康德认为可以另辟蹊径。首先，哲学不能够再像理性派一样以形式逻辑为榜样，因为形式逻辑是一门思维的形式科学，它研究得再好，也只是抽象的形式，而不涉及客观的内容；而哲学应该是一门“客观的科学”，它与知识的对象和客观存在相关。但是它也不能像休谟那样完全淹没在感性经验中，那些感性的内容没有一定的形式只能是一盘散沙，形不成任何确定的知识。康德认为，当我们四顾茫然的时候，我们可以寻找一下，看有没有一种相关于经验对象而又能够具有自己的确定性的客观科学？显然，我们面前就明摆着有两种客观的科学，它们是已经证明成功并且被公认为具有确定性的，休谟的质疑只不过表明他自己的思想有问题，并不能动摇这两门科学的牢固地位。这就是数学和自然科学。那么，数学和自然科学是如何成功的呢？康德认为，弄清了这个问题，哲学就可以从中受到启发，并以此为榜样来建构自己的体系了，而这样建构起来的哲学体系也一定会像这两门科学那样具有确定性和普遍必然性，能得到人们的公认。

先来看数学。数学是自从古希腊以来就已经得到几乎所有的人公认的一门具有确定性的客观科学，人类最早发展起来的无可置疑的科学就是数学，特别是几何学。这是一门关于事物的客观形式的科学，虽然还不涉及客观内容，但它已经是客观的规律，而不只是主观思维规律了。它是如何成功的呢？显然不是通过经验的归纳。以毕达哥拉斯定理为例，对三角形作一万次的测量也得不出这条几何学的原理，即算碰中了，也没有确定性和普遍必然性。另外，也不是通过概念的分析，因为例如从“三角形”的概念仅仅可以分析出“三角形有三个角”这样本来包含在它的概念中的内容，这只说明了我们对一个有三个角的直线图形就是这样命名的，而不能从中推出更多的内容。所以康德指出，几何学知识的形成既不是靠归纳，也不是靠概念的分析和演绎，而是通过对自己构想的图形进行反思，回想起自己当初构想时放进这图形里面去的先天原则，即空间的构成原则，而建立起来的。这些空间构成的原则，例如“两点之间直线最短”之类，不是经验中偶然碰上的，而是先天有效的原则；同样也不是抽象的概念，而是直观的形式。所以一切几何图形的相互关系只有反思到我们的作图法，反思到我们在作图时所直观到的先天的空间结构，才能赋予这种关系以普遍必然性。

再就是自然科学。近代物理学的成功是任何人都不可否认的，但是它是如何成功的呢？同样不是单凭经验的积累，或逻辑的推论，而是凭借我们反思到一个物理现象的先天原理，并根据这一先天原理设计一个实验，从而在实验中证实自己预先设定的先天原理具有不容置疑的客观必然性。伽利略等科学家都是这样干的，他们都是根据自己预先确定的原理来设计实验，强迫自然回答他们所提出的问题。所以他们不是像小学生那样被动地接受自然提供的信息，但也不是脱离自然而闭门造车，而是一手执着原理，一手执着实验，像法官一样拷问自然。而当他们这样做的时候，他们内心就“升起了一道光明”[1]，照亮了自然界中一切同类的现象。由此可见，物理学中那些放之四海而皆准的原理，它们之所以具有确定的普遍必然性，仅仅是由于它们是由科学家在把握自然现象时先天具有的那些普遍必然的原则所建立起来的，人类认识能力在这种认识活动中不是被动的，而是主动建构的。

由此得出的结论是，数学也好，自然科学也好，都是由人依据自身的先天原则而主动建立起来的，人的主观能动性在其中起了主导性的作用。当然这种建立不是封闭的，而是指向经验对象和客体的，但绝不是完全臣服于客体。正是这种认识模式给康德的哲学提供了决定性的启发。

2. 哲学应该模仿自然科学走上科学之路

康德主张，哲学应该参照自然科学的成功经验来重建自身。当然不是机械的模仿，而是吸取其科学精神，特别是认识主体的主观能动性的精神。传统哲学的形而上学要解决的无非是两个方面的问题，一个是本体论，即关于终极的客观存在的对象如世界整体、灵魂实体、上帝和自由意志等等的绝对知识；一个是认识论，即为自然科学的知识提供真理性的哲学保证。但是，两千年来哲学家们耗费了无数精力，最终却一无所获，其原因何在？康德认为，其原因就在于人们由于某种惯性而把自己的问题提反了。也就是说，数千年来人们追问的始终是这个问题，即我们的知识或观念如何才能符合对象？但由于这个对象始终在我们的知识的彼岸，所以这个问题也就一直得不

1　康德：《纯粹理性批判》BXIII，邓晓芒译，杨祖陶校，人民出版社 2004 年，第 3 页。

到满意的回答。那么，我们今天是不是可以反过来提一个这样的问题，即对象是如何依照我们的知识而建立起来的呢？这一颠倒在人类认识史上起到了一个惊天动地的震撼作用，即由"知识依照对象"反转成了"对象依照知识"，于是几千年来一直纠缠着哲学家们的各种困难的问题一下子都豁然开朗了。康德把他所做的这种颠倒比作一场"哥白尼式的革命"，正如当年哥白尼把托勒密的"地心说"颠倒为"日心说"，一下子扫除了天文学上各种麻烦的问题；康德的颠倒也在哲学领域中打开了一个新的局面。从此以后，那种完全被动的反映论的认识论和那种独断的本体论就再也没有市场了。

那么，这种哥白尼式的革命具体到人的认识活动中，由于人的认识分为感性、知性和理性三个阶段，康德又分三个层次来对它作了阐明。也就是说，感性的直观形式、知性的纯粹概念和理性的理念，都是我们在认识任何一个对象时所必须预先设定的，它们构成我们认识客观对象的一面认识之网，我们就是凭借这面认识之网去捕捉对象提供给我们的经验材料，从而建立起有关对象的经验知识来的。当然，理性的理念在这里的作用有一点特别，就是它并不构成我们的经验知识，而只是引导或者调节我们的经验知识，而它本身的真正任务在于指导我们的实践活动，构成我们实践活动中的原则或法规，也就是道德法则。所以理念一方面具有认识论上的范导作用，另一方面同时也具有本体论上的构成作用。或者说，理性一方面与感性、知性一起，运用自己的先天原理在认识论中体现了"人为自然立法"的原则；另一方面在本体论中通过建立起实践活动的道德律而体现了"人为自己立法"的原则。

所以，"人为自然立法"展现为三个层次。在感性中，先天的直观形式即空间和时间是一切感性经验的东西能够被接受的先天条件；在知性中，纯粹知性概念即范畴是一切经验对象之所以能够建立起来的先天条件；在理性中，理性的概念即纯粹理念虽然本身不是知识，但却也是一切物理学和心理学知识能够作为一个统一的知识体系被不断追求的先天条件。在这三个层次中，第二个即知性层次是立法的层次，它将感性经验的材料综合统一为一个客观的经验对象；这个对象因为是由知性主体所建立起来的，所以它必定是符合知性的一整套先天范畴的，而既然这套先天规范是任何认识活动都必须预设、因而是放之四海而皆准的，由此所获得的对象的知识也就必定是具有普遍必然性的科学知识。这就为人类知识的可靠性和普遍必然规律奠定了认识论上的基础，有效地防止了休谟所造成的对一切人类知识从根基上的动摇。

3. 现象与物自体的区分

但是，康德又认为，由人的主体所建立起来的这种科学知识仅仅局限于在人面前所呈现出来的有关对象的现象，而不能深入到对象自身的本体，这个本体他称之为“自在之物”，又译作“物自体”。康德认为，我们所认识的对象都只涉及现象，而不是对物自体的知识；物自体在现象背后究竟是什么样子，我们无法知道，因为我们只能通过自己的时间空间的先天形式接受对象刺激我们感官所产生的感性表象，我们并不知道它是如何刺激我们的感官的，因为凡在时间空间中的都已经是我们的现象了。既然时间空间是我们一切感性知识的先天条件，所以在进入到时间空间之前物自体只能思考，却不能经验到。而脱离了感性经验，我们的一切知识都是不可能的。所以康德认为有关物自体的所有的超经验的知识都是不可能的，这就堵死了独断论仅仅凭借思维来断言对象的知识这种超验的幻觉。但是他又反对休谟的怀疑论，认为虽然我们的知识只是关于现象的知识，但这并不会导致这些知识就只是些主观任意的表象，或者是些偶然的习惯或联想，而是仍然凭借其先天形式而具有确定性和普遍必然性。在康德看来，知识的先天形式和后天经验的内容共同构成了我们的知识，这两方面缺一不可；而关于物自体则不能构成知识，只能停留于思维。

不过，物自体虽然不能构成知识，对它却也不能贸然否定。一方面，既然我们不能认识它，那么我们也就同样没有理由取消它；另一方面，我们的理性甚至有一种本能的倾向要保留它，这种本能倾向不是出于认识的需要，而是出于信仰，归根结底是出于实践的需要。所以康德讲，“我不得不悬置知识，以便给信仰腾出位置”。[1] 整个《纯粹理性批判》所做的其实都是这样一件事，就是把知识的归知识，而给信仰、道德和实践的理性留下位置。所以康德所要建立的形而上学就有两个方面，或者说他要建立的是两种不同的形而上学，一种是“自然的形而上学”，另一种是“道德的形而上学”。自然形而上学是关于现象界的存在论，被称之为“内在的形而上学”，即在经验范围之内的形而上学；道德形而上学是关于物自体、主要是作为自由意志的物自体的存在论（存在论又译本体论），这是“超验的形而上学”，即超越经验的形而上学。不过在《纯粹理性批判》中他主要致力于为前一种形而上学开辟道路，而在后来的《实践理性批判》中他则是为后一种形而上学奠定基础。

康德《纯粹理性批判》第二版序言在西方哲学史上首次明确地强调了人类认识的主观能动性问题，这是他的一个巨大的贡献。所以马克思曾在《费尔巴哈论纲》中说，能动的方面被唯心主义发展了。但是他做到这一点是以将现象和物自体绝对划分开来为前提的，这虽然为他避免了以往的许多麻烦，但同时也给他带来了更多的新问题，这些都成了他之后西方哲学家们关注的焦点。

1　康德：《纯粹理性批判》BXXX，邓晓芒译，杨祖陶校，人民出版社 2004 年，第 3 页。

第二讲 《纯粹理性批判》的总问题（导论）

上一讲我把《纯粹理性批判》的序言给大家简要介绍了一下。序言有两版，1787年再版时写的第二版可能更重要一点。我们可以回顾一下上次讲的内容。我们要抓住几个要点：第一点是他提出的“哥白尼式的革命”，它在西方哲学史上，特别是在认识论上，是一个划时代的提法，它把西方自古希腊以来的认识论方面的整体思路给颠倒过来了。这个颠倒是说，不是我们的观念要符合对象，而是对象要符合我们的观念。对象的知识实际上是由我们的主体建立起来的，这里面有一种能动性。在康德之前，人们普遍认为认识只是对对象的被动的反映。自从康德以后，人们才认识到人类的认识是主动的。这一点我们要抓住，因为它是康德认识论很重要的特点。

第二点是认识划分为三个阶段：感性、知性、理性。这三个阶段构成了康德认识论的大体构架，它们都有自己的先天原则，在其根源方面都是先天的，这也是康德的一个重要的思想。人们历来认为感性是后天的，自从康德以后人们才认识到，感性里面也可能包含某些先天的东西。

第三点是现象和自在之物的划分。康德认为，超出现象，对自在之物的超验的知识是不可能的。由此他反对以往流行的独断论，即那种主张我们的认识可以把握自在之物、可以把握绝对真理的学说，这种学说自康德以后就被人们抛弃了。与此同时康德还主张，即使我们不能把握自在之物的知识，但是我们关于现象的知识仍然具有某种确定性、必然性和普遍性。这个就是为了反对休谟式的怀疑论。休谟认为既然我们不能把握绝对真理，我们就不能把握任何真理，一切真理都值得怀疑。康德在这方面抵御了怀疑主义的消极性，他认为我们在现象界的范围以内，可以建立确实可靠的知识，这种知识要求我们奠定一种内在的形而上学，一种经验的形而上学。

第四点指康德区分现象和自在之物的最终的目的是为道德留下地盘。正如康德第二版序言中说的“我不得不悬置知识，以便给信仰腾出位置”，悬置（aufheben）不等于否定，把科学知识悬置起来，并不是要否定它们，而是把它们放到一边，为信仰腾出位置，为道德留下地方。道德归根结底是一个信仰的问题，而不是一个科学知识的问题。那种自古希腊以来“美德即知识”的观点，被康德颠覆了。康德认为道德本身不是知识的问题，而是信仰的问题，而信仰问题可以归结为实践的问题。康德看到了实践的根本性，实践可以涉及我们的本体、自在之物。但是它不能认识，一旦被认识，就会失去自由意志，因为一旦被认识所规定，自由意志就不是自由意志了。

这一讲，我们谈谈《纯粹理性批判》的总问题，由此我们就进入到了该书的实质性部分。在这个导论里面，康德开始提出问题了，康德哲学一个最大的优点就是善于抓住问题，并加以展开。当然，很多问题不一定要按他当时给出的方式解决，但问题的提出本身就是了不起的。康德在《纯粹理性批判》中的问题主要是认识论方面的，而最核心的则是《纯粹理性批判》的总问题：“先天综合判断如何可能？”这个表述显得非常的专业，非常学术化，一般人不太好理解。但是通过我们的解释你会发现，它其实是非常简单的，不是像原来想象的那么神秘。康德就是根据这个问题来展开整个《纯粹理性批判》的思路，由这个问题扩展开去，就形成了《纯粹理性批判》的各个部分。我们要搞清楚这个问题，就要首先搞清楚什么是“先天综合判断”；要搞清楚什么是“先天综合判断”，首先要搞清楚“先天”这个概念；要搞清楚“先天”这个概念，就要搞清楚“经验知识”和“先天知识”两者的不同。

一、经验知识与先天知识

“先天”这个概念是与“经验”相对而言的。我们常常讲“先天地认定某物”，就是指我们没有经验就把它断言了，我们通常讲这就是先天的。我们首先看康德是怎么理解经验知识的。一般来说，康德认为，凡是真正的知识，都是经验知识。科学知识是经验的，数学知识是经验的形式，也属于经验知识的成分。比如牛顿的《自然哲学的数学原理》，就是说数学知识属于自然哲学的原理，它是自然哲学里面的规律。所以康德在“导论”里面，一开始就提出：“一切知识都开始于经验”，离开了经验我们谈不上知识，这与大陆理性派的传统是背道而驰的。大陆理性派认为，有一些知识不是从经验开始的，比如说先天的知识。我们讲，从柏拉图开始，许多哲学家就主张，我们有一些知识是从先天来的，是人生而有之的。每个人从小就有一些这样的知识，只不过还没有发展起来，但那是他天生就带来的。一直到莱布尼茨的大陆理性派，都是这么认为的。莱布尼茨认为，虽然没有与生俱来的先天的观念，但我们确实有一些先天的理性的能力，它们在经验的刺激之下可以发挥出来，使我们看出来，它们其实是先天地属于我们的。这就是莱布尼茨的著名的“大理石纹路”的比喻。我们的心灵就像是一块大理石，上面有一些纹路，根据这些纹路，它们适合于画什么，经验丰富的画家就能描绘出一幅优美的风景画，但是它里面那些基本的素描底色还是先天带来的，只不过加上了经验的色彩。这就是说我们的知识有先天的因素在里面，即使没有经验的刺激，它们仍然存在，我们可以单独对它们形成一种不同于经验的知识。这是理性派的前提。但是到康德，他把这个前提推翻了。一切知识都开始于经验，没有从娘胎里带来的知识。凡是知识，都是从经验开始的。从婴儿的第一声啼哭，就带来了他的经验，在后来的成长中逐渐的积累知识。在这方面，康德吸收了经验派的基本原则。

我们说康德的认识论是经验派和理性派认识论的综合，它吸收了两方面的东西。其中从经验派吸收的，就是这一点，即“一切知识都开始于经验”。

我们要注意“开始”这个词，因为康德紧跟着就说：“一切知识并非都来源于经验”。这就把我们搞糊涂了，有些人看到这里，就会产生疑问，康德是不是自相矛盾啊？其实矛盾是不存在的。所谓的“开始于经验”，就是说一切现实的知识，都是从经验开始的，从时间上来说，没有经验在先，一切知识都形成不了。“并非都来源于经验”是从逻辑上来说的，就是说我们一旦拥有经验知识，我们对这种经验知识进行分析，就会发现，在同一个经验知识里面，它包含有不同的成分，这些成分来自于不同的地方。比如说，先天的知识也包含在经验的知识里面，康德对理性派和经验派的调和就体现在这里。经验知识并不是像经验派所理解的那样，是纯经验的知识，而是在经验知识里面包含有一些先天的成分。而且这些先天成分，不是作为外来的因素夹杂在里面，而是作为整个经验知识的一个构架。没有这个先天的构架，经验知识是形成不起来的。但是这些构架的来源是先天的，而不是经验的、后天的。这些框架本身，很像莱布尼茨所讲的“大理石的纹路”，我们天生具有一些能力，但是如果没有经验的因素，这些能力就什么也不是。这即是说，一切知识都是从经验开始，但是一旦开始，我们就会发现，里面包含我们的先天能力，我们先天所固有的知识结构、形式。凭借这一套结构和形式，我们才接收到后天的经验材料，这样才构成了经验的知识。但是在构成经验知识前，那些结构和形式是不是就独立存在呢？康德认为不见得，没有经验的材料，那些先天的能力是空的，毫无意义。我们从里面不能得出任何知识，它只是一套空的框架，只有经验的材料被给予我们，这先天的框架才有用武之地，才进入到经验知识里面，成为经验知识的构架。这就与莱布尼茨的“大理石纹路”不同了。这是康德的基本观点，它吸收了经验论和唯理论两方面的基本原则。

对康德来说，一切知识都具有判断的形式。譬如，“A 是 B”就是一个基本的判断形式。你只说“A”或只说“B”，都不是知识。只有形成了判断，即“这个就是那个”，才是知识。这个是经验派也能够承认的观点。那么，既然一切知识都开始于经验，所以，一切知识都是经验判断。但是在经验判断中，有一些成分是先天的，有一些成分是后天的，先天和后天结合起来，才形成了经验判断。那些后天的成分是什么呢？是“经验性的”判断。这里两个词有点微妙的不同。“经验”的德文词是Erfahrung，指“我经历过的东西”，是个名词；“经验性”是empirisch，它是从拉丁文来的，是个形容词。一般人都没有把它们加以区分，只是词性不同而已，但康德区分了它们的含义。“经验性的”知识也可以形成一种判断，但它完全是后天的，不包含先天的成分。而在经验判断之中有先天的东西，除开先天的东西以外都是后天的。后天的东西要形成判断，就完全是一种感觉判断或者说“知觉判断”，它只是“经验性的”。知觉判断严格说起来不是知识，而只是知识的材料，像休谟所讲的知觉、印象等等只是知识的材料，而没有形成真正的知识，所以康德把它们叫做知觉判断。譬如，“今天天气很热”是一个经验判断，但是“我觉得今天天气很热”就是一个知觉判断。我觉得天气很热，即我有天气很热的印象，这很可能只是我自己的一种感觉，而不是知识，因为每个人对天气是不是热的感觉是不一样的，南方人可能觉得习以为常，北方人却觉得很热。当然有客观标准，人体的舒适度应该是二十几度，我们可以用温度计来测量，由测量我们得出今天天气是热。你说：“我觉得天气很热”，另外一个人也许会回应说：“今天天气是很热”，他把“是”加进来，就形成一个判断，那就不是我觉得很热了，而是今天“是很热”，不信你看看温度计嘛，因为，人体一般适合于多少温度是有客观的标准的。但是“我觉得今天天气很热”只是休谟所讲的印象，还不能成为知识，它只是形成知识的材料。所以，经验判断和经验性判断是不太一样的，经验判断里面包含经验性的判断，即包含后天的成分，但是它同时也包含一些先天的东西。

下面我们来看看“先天（a priori）”这个概念。“a priori”也是个拉丁词，我们把它译成“先天的”，也有人把它译成“先验的”，韦卓民先生把它译作“验前的”。严格地说来，译成“验前的”比较好，但是没有流行开来。因为，一方面大家都不习惯这个新词，另一方面“先天的”也比较好理解，它和“先验的”关系拉得更近一些。中国人不太习惯逻辑思维，“验前的”带有较强的逻辑性。所以，我们就按约定俗成，译成大家都可以接受的“先天的”。但是大家要注意一点，“先天的”会产生歧义。从拉丁文的本来意义上讲，它具有逻辑意味，但是我们可能会从“天生的”、“与生俱来的”这样的意义上来理解，把这些意思带到“先天的”里面去。因为汉语的“天”就是自然，就是“自然天生带来的”。但是“先天的”指的是逻辑上在先，否则我们上面说经验里面有先天的东西，但是一切知识又开始于经验，就不好理解了。“开始”是从时间上说的，而“先天的”则是先于经验的，这“先”是从逻辑上说的，所以两者并不冲突。时间上在先的东西，并非逻辑上在先，要分析经验知识的结构，就会发现逻辑是使经验得以可能的前提条件，如果没有先天的东西，后天的经验是不可能发生的。

所以，我们是从逻辑上在先来理解“先天的”。所谓“先天的”，就是独立于经验或先于经验的。譬如说，讲先天的知识时，有些人会举出一些经验的、后天的例子来。康德举了这样一个例子，一个人在挖一所房子的墙角，另外一个人看到了就说，你别再挖了，再挖房子就倒了，那人就问：“你怎么知道这个房子就要倒了？”“你是不是先天的就知道？”从这个意义上也可以说，他先天地预见到这个房子要倒了。这种意义上的先天，是日常意义上的，而不是严格的、逻辑意义上的先天。因为这样一种先天归根结底还是一种后天，你为什么会知道这个房子会倒，你还是根据以往的或别人的经验得出的，或者根据牛顿物理学中的重力学说得出的，而这些有关物体一般规律的学说还是从经验中来的，个别的事物是服从普遍的规律的。

康德对真正意义上的“先天”做了两个规定：第一，它具有普遍性，放之四海而皆准。预测到某个经验事件会怎么发生，这可能并不具有普遍性。你在一种情况下做出了正确的预测，而在另外的情况下则可能是错误的。譬如，一座房子，在地球上可能会倒，但是在太空中则不会倒，它是有一定的时间、地点、条件的，而不具有普遍性。而康德讲的先天的普遍性，是绝对的普遍性，不以经验为转移，是在任何地方都如此的普遍性，譬如“一切事情发生都是有原因的”就是一条先天普遍的原理。第二，它具有必然性，它不可能是别的样子，先天的知识不可能有它的反面。1加1只能等于2，而不可能等于3。数学中的先天知识，都具有这个特点。它们没有偶然性，不是今天等于2，明天就等于3了。普遍性和必然性这两个规定是“先天”的两个必要的本质属性。

由此，经验的知识和先天的知识具有了这样的区别：经验知识总是后天的，虽然它里面的先天成分是放之四海而皆准的，但是从它的内容上来看，它们都是后天的，像感觉、知觉、印象等等，这些东西都是偶然的。我拿着先天知识的框架，塞进一些什么样的知识内容，这个是偶然的。但是，先天的知识框架是放之四海而皆准的，是必然的。这一点，我们后面还要作仔细的辨析。

由此，在《纯粹理性批判》中，康德的任务首先就是对这些先天知识的“来源”做出考察。我们上面讲了一切知识都是开始于经验，但并非都来源于经验。那么作为经验知识里面的要素的先天知识是从何而来的？其次，是对先天知识的“范围”加以研究。我们刚才讲过，先天知识具有普遍性，放之四海而皆准；但是放之四海而皆准也有自身的范围，比如说放在自在之物身上就不准，所谓的“四海”是指的现象界，即对于凡是能够呈现出来的万物来说，它都是适用的。这就是它的范围，康德要对这个范围加以研究。康德讲我们要悬置知识，为信仰留下地盘。在信仰的领域里面，知识就暂时沉默吧，就不要多说了。我们今天也讲，科学知识不能解决信仰的问题，信仰是另外一个问题，如果一切问题都能够用科学来解决的话，便没有信仰了。从康德时代，人们就已经意识到这一点，即科学知识有自身的范围，而不是随便在什么地方都可以解决问题的。信仰、宗教、审美这些问题，不是单纯的科学就能够解决的，所以，要对先天知识的范围加以研究。最后，还要对先天知识的“种类”加以研究。我们上面讲，康德把知识分为三个层次：感性、知性和理性，它们都依赖于各自里面不同的先天知识，即先天的感性、先天的知性、先天的理性。而所有这些知识，都被康德称作“先验（transzendental）的知识”。

先天的知识和先验的知识，在某种意义上是可以打通的。但是，先天的知识不仅仅是先验的知识，比如说形式逻辑是先天的知识，却不是先验的知识。我们后面将会讲到“先验的逻辑”，它才是先验的知识，形式逻辑只是为先验逻辑做准备的。先验知识和先天知识的区别在于：先验知识是对先天知识本身加以研究的，或者我们可以把它叫做“先天知识的先天知识”。我们要对先天知识的来源、范围和种类加以研究，这一番研究所获得的就是先验的知识，它也是先天的。所以我们讲，凡是先验的知识，都是先天的知识；但并非所有先天的知识，都是先验的知识。譬如，形式逻辑之所以是先天的而不是先验的，就是因为它没有对自身的来源和范围加以研究，形式逻辑没有自觉性，而仅仅是一套摆在那里的、用来思维的工具，它没有专属于自己的使用范围，只要应用概念，就必须要有形式逻辑。只有那种对先天的知识反过来再加以研究的知识才是先验的知识。这是先天和先验的一方面的区别，其他方面的区别，我放在后面讲。

到这里，“经验知识”和“先天知识”的区分就讲完了。下面要讲一下“先天综合判断”中的“综合”是什么意思了。

二、分析判断和综合判断

分析判断和综合判断又是一对概念。“综合”的意思要和“分析”的意思相对照才能够加以确切的规定。我们刚才已经讲到，对康德来说一切知识都是采取判断的形式，譬如，“S 是 P”。判断中总有一个联结词“是”，“是”的两边是主词和谓词，“是”把两者联结起来就构成了一个判断。没有判断就没有知识，光是一个主词或一个谓词还构不成知识。譬如，“这朵玫瑰花是红的”是知识，但是只说“这朵玫瑰花”这个主词就不叫知识，它只是一个表象，只是一个概念。你给某物命名，这名字不叫知识，“张三”就不是知识，“张三是个人”才是知识，还有诸如“张三是乐观的”、“张三是努力的”等等都是知识。因为通过这些判断我们对“张三”有所了解，但你说“张三”这个主词，还不是知识。谓词也是这样，你说“红的”这也不是知识。所以只有把主词和谓词联结起来，形成一个判断，才能构成知识。这不是康德首次提出的观点，经验派和理性派都持这样的主张。知识的基本构件，它的细胞就是判断。所有的科学知识，都是由一个个判断积累起来的。当然还有推理，但推理无非就是判断之间的关系。如何判断一个判断和另一个判断之间的关系，这就是推理。所以从根本上来说，推理就是判断。

判断有两种：分析判断和综合判断。分析判断的主词和谓词有一种分析的关系。就是说，谓词本来就包含在主词之中，可以把谓词从主词中分析出来。康德举例子说，“一切物体都是有广延的”是分析判断，因为“物体”的概念本来就包含着“广延”的概念，没有广延的概念，物体的概念是不成立的。说一个物体，而说它没有广延，这是自相矛盾的。在形成物体的概念时，必须借助广延的概念。说“一切物体都是有广延的”，只不过是把构成“物体”概念的东西说出来而已。这样一种判断就是分析判断。康德指出这里面有一种“同一性”，物体的概念也还包含其他的东西，譬如形状、体积等，但是广延的概念是避免不了的。所以说物体和广延这两个概念，具有一种内在的同一性。

另外一种判断是综合判断。综合判断就是谓词本来没有包含在主词里，而是外来的。“这朵玫瑰花是红的”，是一个综合判断。因为玫瑰花不一定是红的，我只是把“红的”概念，结合到“玫瑰花”的概念里面去，而“玫瑰花”里面并不包含“红的”概念，离开“红的”概念，完全可以建立起“玫瑰花”的概念。玫瑰花可能是别的颜色，白的、蓝的、黄的等等，而不一定是红的。康德举的例子是“一切物体都是有重量的”，这与“一切物体都是有广延的”看起来没有什么区别，但实际上是有区别的。在牛顿力学之后，重量概念被归结到万有引力概念上去，重量是地球上的物体受到地球的吸引而产生的，它并不是物体所固有的，一旦脱离了吸引力，它就没有了重量。比如，到宇宙空间去或者坐电梯下降的时候，我们就会失重。这就说，重量的概念结合到物体上是偶然的，我们可以没有重量的概念而形成物体的概念。但是广延不同，我们可以设想在宇宙空间之中，某物不受任何星体吸引，或各种力之间相互抵消，它就失去了重量，但是这时候，它仍然是有广延的。所以，他认为“一切物体是有重量的”是一个综合判断。

综合判断不是必然的，而分析判断是必然的。就是说，否定一个分析判断会产生自相矛盾。说一个物体没有广延是矛盾的。但是否定一个综合判断，并不会产生自相矛盾。说物体没有重量是不会有任何矛盾的。这具有偶然性，碰巧这个主词和那个谓词结合在一起了。

分析判断和综合判断对形成知识来说，各有利弊。分析判断的利，在于它具有普遍必然性。因为一旦确立了概念之间的关系是分析关系，这种关系就不可能是别样的。“一切物体是有广延的”，在任何情况下都是这样。甚至对那些在现实中并不存在的事物的概念所作的分析判断也是这样。譬如“金山是金的”，尽管我们不知道有没有金山，我们仍然可以说这样说并没有错，金山肯定是金的。所以，分析命题都具有必然性。但是，毛病在于，它都是现成的，而没有给我们带来新的知识，只不过是把已有的知识扩展开来罢了，把知识所包含的一些东西说得更明确罢了。

但是，综合判断可以带来新的知识，这是它的长处。譬如“这朵玫瑰花是红的”，以前说没有蓝色的玫瑰花，现在我们培育出了蓝色的玫瑰花，这又是一种新的知识。但是，玫瑰花完全可以是另外的颜色。这种综合判断的问题在于它没有普遍必然性，不能称之为真正的科学知识。

按照康德对科学知识的定义，一方面它具有普遍必然性，另一方面它要给我们带来新知。分析判断说到底是同语反复，把一个概念说了又说，这在逻辑上叫做重言式，它不是知识，而只是游戏。真正的知识，必须带来新的东西，同时又是普遍必然的。所以，对知识而言，分析判断和综合判断各有利弊。在康德看来只有把这两者结合起来，构成“先天综合判断”，我们才有真正的科学知识。即那种既有普遍必然性、又有新的内容的知识。这就是先天综合判断的由来。我们搞清楚了经验知识和先天知识，分析判断和综合判断，什么叫先天综合判断就好理解了，真正的科学知识就是由先天综合判断构成。它既不像经验派所讲的，是后天的偶然的知识，也不像理性派所讲的，完全是那种先天的同语反复，仅仅遵守逻辑的不矛盾律。因为，如果没有经验的内容的话，逻辑上的不矛盾律只能是空的。必须吸收经验派和理性派各自的优势，结合成先天综合判断，才能构成科学知识。

三、先天综合判断如何可能?

“先天综合判断如何可能”，在这个问题之前还有一个更根本的问题，就是“先天综合判断是否可能”。如果先天判断根本就不可能，那么谈它“如何”可能就只是一句空话，首先要“有”先天综合判断，才能据此追溯它是“如何可能”的。所以，“先天综合判断如何可能”这个问题，是以“先天综合判断是否可能”这个问题作为前提的。

康德认为是否可能的问题，不是一个理论问题，而是一个事实问题。我们通过考察事实，就可以发现是否有先天综合判断。康德认为有先天综合判断，他举出了这样一些事实。首先是数学，我们上面讲到，在康德看来，数学和自然科学是两门不容置疑的现实的、成功的科学，是休谟的怀疑论也反对不了的。凡是有常识的人都不会否认数学和自然科学。现在我们要问的问题是：“数学和牛顿的物理学是如何可能的？”但是在问它如何可能之前，我们要先看看它们里面有没有先天综合判断。

首先是数学，既然数学已经现实地存在了，如果它里面有先天综合判断，那么就说明先天综合判断在数学里面是可能的、现实的。康德通过对数学知识的分析对此得出了肯定的答案。我们都知道，数学知识是先天的，一旦有一个数学命题提出来，它就是放之四海而皆准的。譬如，毕达哥拉斯定理适用于任何直角三角形，它一旦被确立下来，就放之四海而皆准，任何人在任何时候都不能否认它，所以它具有一种先天性。但是它同时又具有一种综合性，因为像毕达哥拉斯定理这样一些数学的法则，并不是通过概念的推演，从概念所包含的内容里面分析出来的，而是综合的。把一个直角三角形放在那里，你无论如何对它的概念进行分析，都不会得出它的三条边之间的关系。康德举的例子更简单，就是“两点之间的直线最短”。“两点之间的直线”是一个概念，“最短”是另外一个概念，这两个概念不具有包含关系。通过对前一个概念的分析，无论如何都得不出后一个概念。前一个概念无非是说，两点之间可以作一条直线，至于长和短，根本就没有涉及。不管是长是短，我都可以在两点之间画一条直线，形成这样一个概念。但是我说它最短，这就增加了新的知识。所以，几何学知识肯定是先天综合的知识。算术中的知识也是这样。譬如，“7 加 5 等于 12”，我们把“7 加 5”看作一个概念，这个概念里面是否包含“12”这个概念？无论对前者的如何分析，绝得不出 12 这个概念，而只有在 7 之上每次加上 1 个，一直到加到 5 个，这时候你才算出来得到 12。算术是要加减的，正如几何学是要画的，三角形的那些关系是要你去构成，去作图的。所以，这样一些基本的数学命题，它们本身就是一些先天综合知识，而不是从概念的分析就能得出来的。我们刚才讲了，所谓的分析命题，就是在主词里面已经包含谓词了，而数学命题的主词都是不包含谓词的。

当然，像“两点之间的直线最短”这样的数学命题也不是经验的、后天的。不是说我通过很多次的测量，或者通过在两点之间画无数的线，然后进行比较、归纳得出的，而是通过对空间和时间的直观得到的。这种直观是一种综合的直观，它和概念的分析完全不一样，与经验的综合也不一样。所以，通过对那些纯数学命题的考察，康德得出来数学是建立在先天综合判断之上的结论。它们既不能够通过对概念的分析，也不能够通过经验归纳得出，因此就既不是先天分析的，也不是后天综合的，而是先天综合的。由此，它把分析判断和综合判断的优点集于一身，既具有分析的普遍性、先天性，又具有综合的扩展知识的特点，是一种真正的科学知识。这样的先天综合判断在数学里面实际上已经有了，但是康德加上了一个限制，即由它们构成的数学原理乃是纯粹数学原理，它是其它不纯粹的数学、譬如应用数学的基础。

但是，数学里面是否有先天的分析判断呢？当然也有，我们可以在纯粹数学原理的基础上进行分析。我们可以设定一个概念，从这个概念演绎出它所包含的其他的概念，这完全是可以的。但是在数学证明中所运用的分析判断还是以先天综合判断为基础的。我们在做解析题的时候，都要“设”什么什么，“因此”什么什么，在你设定某个命题的时候，你也顺带地把另外一个命题设定了，这里面也有先天分析命题。甚至于也有后天综合命题，像归谬法、数学归纳，作为一种探索的工具也是可以的。但是作为原理的那些基本的命题，像欧几里得几何的那些基本的公理，都是先天综合命题，其他的命题都是建立在它之上的，它体现了数学作为科学知识的根本基础。

其次是自然科学，它里面是否也有先天综合命题呢？我们通常所理解的自然科学都是经验科学，好像里面不会有什么先天的东西。甚至因果性、必然性也被看成是经验的，我这一次发现这件事情是那件事情的原因，也许是由于我经验的不足，搞错了。好像自然科学里面都是一些经验的命题。虽然牛顿物理学在讲到他的三定理时不再是经验的，我们却仍然认为它是从经验里面抽象上升出来的。但是在康德看来，在自然科学中有些东西不是从经验中抽象出来的，那些根本性的原理，比如说“物质不灭”、“能量守恒”、“作用力和反作用力相等”以及自然界的因果律，即“在自然界一切变化都有其原因”，我们很难说这样一些命题是归纳出来的，因为即使你归纳一万次，也不能得出这样的命题。譬如，虽然你之前所看到的东西都有原因，但是能否断言你下一次看到的东西也是有原因的呢？这是不能通过归纳得出的。归纳总是有缺陷的，总是不完全的。

那么，这些具有根本性的命题是哪里来的呢？我们凭什么断言那些还没有发生的事情同样是有原因的呢？科学家就是抱着这样一种信念进行探讨和研究的，在多少光年之外的恒星之上发生了一件事情，通过电脉冲接收到了，他就可以先断言这“肯定是有原因的”。但是这样的话说了等于没说，科学家几乎懒得说这样的话了，因为“任何事物都是有原因的”已经成为一种常识，一般的人是不会对此产生怀疑的。康德恰恰在这里提出来："为什么一切发生的都是有原因的呢？"这是通过归纳得出来的吗？有人归纳得出"一切天鹅都是白的"，但是后来在澳洲发现了黑天鹅。那么"一切发生的事情都有原因"是不是也有反例呢？会不会有一天我们突然发现有一件事情是没有原因的呢？康德认为这是绝对不可能的，因为"一切天鹅都是白的"是一个经验命题，是一个后天综合命题。但是"一切发生的事情都是有原因的"是一个先天综合命题。

康德认为这样的先天综合命题是因为我们预先就有的一套思维框架，据此才能将自然界万物纳入到这个框架里面去探讨。如果没有这个框架，我们就无法对自然进行任何探讨。如果像休谟那样，连"事物是有原因的"都要去怀疑，将之看作只是认识主体心理联想的结果，——事物本身并没有什么原因，由此，我就既可以这样联想，也可以那样联想，"后现代主义"就持这样一种主张，在他们看来"怎么都行"，——如果事实如此的话，就不会有自然规律了。但是，我们从已经成功的牛顿的自然科学里面，发现有些东西是先天确定的。"一切发生的事情都有原因"是一个先天命题，但同时也是一个综合命题，因为"原因"概念并没有包含在"一切发生的事情"这个概念里面。一件发生的事情发生了，它是一个结果、是一个事实，至于原因，我们要另外去找。或许我们根本不会想到原因，而只是想到眼前发生的事情。我们一方面有原因的概念，另一方面同样有目前发生的事情的概念。但是，当我说"这个事情是有原因的"时候，我表达的却是一个综合命题，因为它给我们带来了新的知识，或者说给我们指明了获取新知识的方向，即找原因。所谓的科学活动，无非就是找原因嘛。亚里士多德一开始就提出了"四因说"，万物都是由四种原因导致的，探讨一个事物的原因，就是探讨事物的本质。如果不知道事物的来龙去脉，就不知道事物的本质。我们看一个人也是这样的，你想知道他的本质，就要了解他的过去，看他是怎么成长起来的。所以，因果性原理是一个先天综合命题，它既不是后天归纳得出的，也不是先天地分析得出的。不但是因果性，还有像实体性等等其他的自然科学的基础原理，都是先天综合命题。

断定自然科学中有先天综合命题，并不排除它同样有大量的后天综合命题。比如说牛顿的物理学，有很多仅仅是地球上的物理学，到了宇宙空间有可能失效。爱因斯坦突破了牛顿物理学的界限，把物理学应用到宇宙空间，应用到微观世界，这就大大扩展了它的范围。由此看出，牛顿的物理学里面有许多后天经验的东西，甚至于他那些先天的东西也是有范围的。但是，那些最高的命题，像“一切发生的事情都是有原因的”是放之四海而皆准的，可以说直到今天，也没有被推翻。也许霍金的物理学触及到这个边缘了，他认为宇宙大爆炸最初那一瞬间可能是没有原因的，那是一个零点，因为在此之前没有空间也没有时间，原因从何而来呢？正因为如此，霍金感到一种恐慌，想了很多办法来避免对物理学基本原理和因果性的否定。所以，我们可以说，至今还没人能推翻像“一切发生的事情都是有原因的”这样一些自然科学和物理学最基本的原则。按照康德的说法，这些原则是不可能推翻的，它们是先天综合命题，是我们用来把握自然的一整套的框架。我们可以把它们形容为一面人类认识之网，这些范畴都是认识之网上的纽结。这是黑格尔打的比方，就是说我们对万物的认识，不仅仅是被动的接受，不是像镜子一样的反映。以前我们讲“反映论”，把认识理解得非常的狭隘和机械。实际上我们的认识是非常主动地去捕获经验材料，而用来捕获的工具就是这样一套由先天综合命题所织成的认识之网。这就像捕鱼一样，我们带着我们的认识之网，去捕获我们所能捕获的，从而建立起我们的认识体系。

由此可见，在数学和自然科学中的确都包含有先天综合判断作为它们的基础。所以，“先天综合判断是否可能”的问题就解决了。同样，这个问题还可再延伸到哲学上。数学和自然科学成功了，哲学为什么失败了呢？为什么两千年以来的哲学，没有一个成功的呢？在康德看来，在他之前的哲学都失败了，甚至于可以说都白费了。康德先不说它们为什么会失败，而是先看看这些失败了的形而上学里面是否也有先天综合命题。他发现以前的哲学或形而上学虽然失败了，但它们都是以先天综合判断作为出发点的。比如说，“世界是无限的”、“上帝是存在的”等等。但是哲学家们把它们看成是分析命题，认为“上帝”概念里面包含“存在”。当然，所谓对上帝存在的本体论证明，在康德看来完全是不成功的。因为在康德看来，这样的命题实际上是先天综合命题。这个命题表面上好像是一个分析的命题，“上帝”概念是一个大全概念，既然它无所不包，肯定也包含“存在”概念，所以，可以把“存在”概念分析出来。但是，一旦把它分析出来，他们转而便把仅仅是概念的“存在”当成了现实的存在，而后者是从单纯的概念分析中无法得出的，这就又成了综合命题了。你把上帝看成是现实存在的，这就把分析命题偷换成综合命题了。因为如果你把它仅仅当成分析命题，那就什么也没证明，不过是玩弄了一个概念游戏而已。类似的还有关于灵魂的知识，即“灵魂不朽”。“灵魂”概念里面包含有“不朽”的概念吗？灵魂就是灵魂，朽和不朽都是我们人加上去的。人死了，有没有灵魂，这个问题是悬而未决的。你怎么知道它不朽呢？人死如灯灭，人死了之后，他的灵魂也许就没有了。你要说它是不朽的，你必须证明。所以，“不朽”概念，是从外面加到“灵魂”上去的，它也是先天综合命题。还有像“宇宙是无限的还是有限”，你没有见过宇宙整体，你怎么知道它是有限还是无限？不论你把“有限”还是“无限”加在“宇宙”这个概念上面，形成的都是综合命题；但你又没有这方面的经验，所以你认为这是先天的，即先天综合命题。

所以，在哲学里面也有先天综合命题，只不过所有这些先天综合命题都不成立罢了。从性质说是先天综合命题，但是从结果上说都是失败的，证明不了的。他们想要建立起先天综合命题，但是要么作为一种先天分析命题，只是在玩文字游戏；要么作为一种后天综合命题，这就是把经验的东西偷换进来了，实际上并没有达到真正的先天综合的知识，而仅仅是采取了先天综合命题的形式。以往的哲学都是这样，康德分析了以往失败的原因，认为它们都出在这个问题上面。

由此，先天综合命题在数学中、科学中和哲学中都是有的，“是否可能”的问题已经不成问题了。现在就要来分析，它们是“如何可能”的？这个《纯粹理性批判》的总问题可以分解成如下的四个问题：

第一，数学如何可能？换言之，数学中的先天综合命题是如何可能的？它是根据什么而可能的？它的可能性的前提在什么地方？或者说是什么东西使这种先天综合命题成为可能的？是在什么东西的基础上建立起了数学上的先天综合命题？

第二，自然科学如何可能？或者说自然科学里面的纯粹的原理，即那些先天综合命题是如何可能的？

第三，哲学形而上学作为一种自然倾向如何可能？这就是我们刚才讲的，以往的形而上学全都失败了，但是它作为一种自然倾向又被一代一代的哲学家产生出来，他们根据的是一些先天综合命题。那么这些先天综合命题又是如何可能的呢？虽然它们是失败了，但是作为一种自然倾向，我还是要探讨一下，乃至于分析一下，它们是如何失败的？或者说，它们是如何不可能的？

第四，未来有的可能的科学的形而上学是如何可能的？这是康德自己要建立的体系了。以往的形而上学都失败了，康德要重建形而上学，他也必须要立足于先天综合判断。这些先天综合命题又是如何可能的？

所以，康德的“先天综合判断如何可能？”这个总问题，最后归结为四大问题：数学是如何可能的？纯粹自然科学是如何可能的？形而上学作为一种自然倾向是如何可能的？未来形而上学作为一种科学是如何可能的？这四个大问题，就是《纯粹理性批判》的四个大的部分，我们可以列出这样一个表：

- 纯粹理性批判
  - 先验要素论
    - 先验感性论
    - 先验逻辑
      - 先验分析论
        - 概念分析论
        - 原理分析论
      - 先验辩证论
  - 先验方法论

《纯粹理性批判》首先分为两个大部分:“先验要素论”和“先验方法论”。其主体部分在前者。“要素”(Elemente)就是基本构成部分的意思。先验要素论又划分为“先验感性论”和“先验逻辑”。先验感性论是讲使数学得以可能的先天条件,即时间和空间,时间是算术的先天条件,空间是几何学的先天条件。先验逻辑讲的是范畴,是讲使物理学、自然科学得以可能的先天条件。它也分为两个部分:一个是真理的逻辑,即“先验分析论”,它是最重要的,包含“概念分析论”和“原理分析论”。概念分析就是讲范畴,我们刚才讲了人类认识之网,范畴就是人类认识之网的纽结。每个范畴都引申出一个原理,由“范畴表”和“原理表”构成了人类认识之网。先验逻辑的另一个部分是幻相的逻辑,即“先验辩证论”,是讨论幻相的,被用来清除谬误,是消极意义上的。先验分析论是积极意义上的,是建设性的;先验辩证论是消极意义上的,是为了排除谬误,所以被叫做幻相的逻辑。真理的逻辑和幻相的逻辑共同构成了先验逻辑。先验逻辑不同于形式逻辑,这我们后面要讲。康德的一个非常大的功劳就是建立了一套先验的逻辑,这对后来的胡塞尔等人都有影响。

先验感性论回答数学何以可能?先验逻辑的先验分析论回答自然科学何以可能?先验辩证论回答作为自然倾向的形而上学,何以可能或者说何以不可能?虽然以往的形而上学作为一种自然的倾向是值得肯定的,但是它们产生了大量幻相,正是这些幻相导致了它们的垮台,必须要排除掉幻相,以免影响我们的形而上学知识的正常进行。最后,先验方法论,解决未来的作为科学的形而上学何以可能?这四个部分分别回答四个问题。前面的三个问题,都是对以往的数学、科学和形而上学加以分析、加以批判的考察。在最后一部分,即“先验方法论”中,康德从前面的批判中总结出方法,提出了自己的方案。他要建立起未来的真正的形而上学,使之变得一劳永逸,彻底解决掉所有的问题。由此必须采取什么方法呢?如果要建筑新的形而上学的大厦,必须要采取一种什么样的建筑术呢?通过批判获得了经验,我们以后就不会犯同样的错误了,就可以把大厦建立在稳固的基础之上了。

以上就是康德的整个体系的结构。我们要注意的是，先验要素论是构成体系的部分，而先验方法论则是由此得出的方法，它指导我们以后如何着手重建形而上学。大家把上面的那个表好好熟悉，就能够大致摸清康德哲学的整体思路了，对以下要把握的各个部分是很有帮助的。

第三讲　先验感性论

一、先验感性论的来由

“先验感性论”是康德非常新颖的一个提法。人们通常认为认识是有等级的，或者说有两个层次，一种是感性认识，一种是理性认识。比如，我们常讲从感性上升到理性。感性认识是比较低层次的，是通过经验后天接收到的知识，理性认识是先验的，或者说是带有普遍必然性的知识。康德提出来有一种“先验的感性论”。我们要知道Ästhetik（感性论）是个希腊词，它本来的意思就是“感性论”。

到了18世纪，在欧洲的美学界出来了一位创造性的人物鲍姆加通（Baumgarten），他给美学起了个名字，就叫Ästhetik，即感性学。在鲍姆加通那里，他确实认为美的学问就是感性的学问。他启用了Ästhetik这个古希腊词，这是第一次，所以鲍姆加通又被称为“美学之父”。以前的人们谈诗学、审美鉴赏、艺术等等，都是零零星星的，没有使它们独立起来成为一门“学”，正是鲍姆加通第一次为它命了名。所以，Ästhetik通常被翻译成“美学”。这个翻译是从日本来的，日本人最开始就把它翻译成“美学”，而不是“感性学”。为什么呢？追溯它的词源，它本来的意思应该是“感性学”才对。那是因为鲍姆加通作为欧洲理性派的传人，对这个问题做了如下的解释：一方面，“感性学”所讨论的是感性认识，但感性认识严格说来还不是真正的认识，只有上升到理性，才算认识；另一方面，虽然感性认识不算认识，但是它又可以成为一门“学”，这种学是关于美的，关于艺术的。所以，在鲍姆加通看来，Ästhetik乃是一门关于美和鉴赏的学问，与此相应的形容词“ästhetisch”，就是“审美的”、“美学的”。日本人正是根据鲍姆加通的解释，把它翻译成了“美学”，我们沿用了这个翻译。其实，在欧洲，自鲍姆加通之后，人们通常就把Ästhetik理解成关于美和艺术的学问。

但是康德提出了一个与此不同的看法，他认为Ästhetik应该还原它本来的，即“感性学”的含义。康德在写《纯粹理性批判》的时候，自己的美学还没建立起来。他是在《判断力批判》里面，才把美学建立起来。在当时，他还认为审美鉴赏是心理学的研究课题，艺术是有关工艺、技术的问题，而不是哲学所探讨的对象。他之所以把Ästhetik放在哲学中来谈，当作认识的第一个层次，是因为他把鲍姆加通的那种含义去掉了，对之做了重新界定，恢复到了它的古希腊含义。他有专门针对这个问题的论述，他在“先验感性论”一开始就在一个注释中提到，鲍姆加通把Ästhetik看成关于鉴赏力的评判的科学是“白费力气”。[1]

那么，康德的作为一种“学”的感性又该怎么理解呢？这要从先验的意义上来理解，即“先验感性论”。康德认为在先验的意义上，感性也能成为一门哲学学问。在这里，有一点要提醒大家注意，我们无论是在搞翻译还是在阅读外文的时候，都不要贸然地就把Ästhetik理解成美学，虽然在一般情况下这种理解是没错的，但是如果遇到有关康德哲学的文本就要格外注意，绝不能把他的“先验感性论”翻译和理解成“先验美学”，因为康德曾明确解释过，它不是一门关于美的学问。那么，为什么感性的东西同时又能够是先验的呢？这就需要对“先验（transzendental）”这个词加以解释。正如我们上面讲过的，有很多人对把“a priori”译成“先天的”有疑义，同样也有很多人对把“transzendental”译成“先验的”的有疑义。因为这个德语词既没有“先”的意思，也没有“验”的意思，你凭什么把它翻译成“先验的”呢？这是因为，我是从康德自己对这个词的解释出发进行翻译的。维特根斯坦说过：“一个词的涵义在于它的用法”，至于这个词是从哪里来的，它的

1 康德：《纯粹理性批判》A21=B36，邓晓芒译，杨祖陶校，第26页。

词源是什么并不是最主要的，关键是要看它有怎样的用法。你怎么用这个词，就会赋予它什么样的含义。下面，我们看看康德是怎么用“transzendental”这个词的。

首先我们要把它与先天的（a priori）区别开来。我们上面讲过，先天的一般指的是在经验之前。在经验之前的东西有很多，形式逻辑，数学公理，自然科学的基本原理（能量守恒，物质不灭等）都是先天。先验知识也是先天的，但它有一个特殊的规定，即它是有关那些先天知识是如何可能的知识。它针对先天知识，探究这些知识成为知识的条件，这条件就是必须运用于经验之上，以及如何运用于经验之上。所以，也可以说先验知识是讨论先天知识如何运用于经验之上的知识。为此，就要探讨先天知识的来源、作用方式和范围，这些知识就是先验的知识了。而一般的先天知识就不管这些，反正在经验之先的东西都是先天的。韦卓民先生把 a priori 译成“验前的”，这个翻译其实很好。“验前”就是“在经验之前”。对应于此，“posteriori”就被译成“验后的”。而我们则翻译成“后天的”。其实从意思上理解的话，“先天的”和“后天的”不如“验前的”和“验后的”，因为它们本来就是逻辑上的问题，而不是时间先后的问题，不是天生的什么东西。但是韦卓民先生的这个译法没被人们所接受，中国人用起来觉得挺别扭。所以，为了与“先验的”有点联系，我们还是用“先天的”，但是要加以说明，不是说“天生的”、“天赋的”，不是这种意思，而是在一门知识里面，在前的那个东西，即在经验之前的东西。

当然，“先验的”也是在经验之前，但正如上面讲的，它是有所限定的，它探究这些先天的知识如何应用于经验之上。这就是说，“先验的”总是涉及后天经验的对象，虽然它本身并不是直接针对这些对象，但是它是针对这些对象的认识。譬如，形式逻辑是先天的，但它不是先验的，因为形式逻辑不管对象，它可以被用来下棋、打牌，做逻辑游戏，也可以用来天马行空的幻想等等。这就是说，虽然形式逻辑可以被用于对象之上，但是它对对象的内容丝毫都不关心。所以，形式逻辑是先天的，而不是先验的。数学本身作为对象的先天形式，虽然也先于对象的经验内容，但是对象的经验内容脱离不了它的形式。任何经验的东西，都必须在数学的形式之下出现在我们面前，本身都是定量化的。所以它也不管我们对这个对象是如何认识的，因为，它本身就是对象的知识。自然科学的先天原理也是这样，它是自然科学知识的形式，但是它不探讨这个形式“何以可能”。它们都是先天的而不是先验的。只有探讨这个有关形式的先天知识是如何可能的，是如何应用于经验对象得以形成知识的，这样的知识才叫先验的知识。比如逻辑中的先验逻辑，数学所服从的时空理论，自然科学所服从的范畴理论。这个区别非常的微妙，大家要仔细体会，很多人都搞不清这个问题，甚至包括有些专门研究康德的学者，这层意思也没有搞清楚。先验的知识是非常微妙的，既不能偏向这边，也不能偏向那边，就像走钢丝一样，你要紧紧地抓住它本来的意思。

“先验”一词来源于中世纪，像大阿尔伯特、托马斯，还有其他的著名的经院哲学家，他们在探讨形而上学的问题时，经常用到这个词。但是最初这个词和另外一个词“transzendent”并没有区分开来。这两个词的词根是一样的，在拉丁文里的意思也是差不多的。它们都是形容词，只是词尾不同而已。这种词尾的差别在于，transzendental 更具有形容词的性质，transzendent 的含义则更加直接一些，更加涉及所要形容的事物本身的结构，而前者更涉及事物表现出来的性质。所以，我们把后者译成“超验的”。“先验”和“超验”的译法基本上已被大多数人所接受了，但是也有很多质疑，特别是涉及现代哲学、像胡塞尔的现象学时，也带来很多疑惑。但是胡塞尔的现象学是从康德主义来的，所以我们要把它们的源头搞清楚。

在中世纪，这两个概念到底有没有区别呢？很多人认为它们是混为一谈的。但也有人专门写文章论述这个问题，指出在中世纪经院哲学谈论这两个词的时候一开始确实是不分的。这意味着当时的人们对亚里士多德的认识论和本体论是不分的。我们知道亚里士多德最主要的代表作就是《形而上学》，“形而上学（metaphysics）”一词有两个含义：“第一哲学”和“神学”。人们通常认为这两个方面是一回事，中世纪的神学家更是认为，神学当然是第一哲学了。所以，中世纪的哲学家一开始的时候，并没有把二者严格区分开来。但是，后来人们发现这两个概念之间是有区分的。亚里士多德的第一哲学的意思就是，你在探讨哲学问题的时候，它是一个前提，你要搞清楚任何一个哲学概念，就必须先要把它搞清楚。神学当然也是至高无上的，但是神学是另外一层意思，即形而上学这门学问是有关神的。亚里士多德把神看成“nous”，即“心灵”、“灵魂”、“理性”、“思想”。亚里士多德认为形而上学是“关于思想的思想”，或者说是“关于神的思想”，形而上学家或者说哲学家是同神而不是同世俗的事物打交道的。“第一哲学”说的是，任何有关世俗之物的学问都要以它为前提，显然这种说法是面向此岸世界、为此岸世界提供根据的；而“神学”则是面向彼岸世界的，是就这个根据的至高无上来看的。它们之间有这么一点细微的差别，虽然它们讲的都是形而上学，但一个是就其超越于经验世界又必须运用于经验世界而言，另一个则是就其超越于经验世界而且与经验世界无关或者在其之上而言的。

中世纪哲学家后来意识到这两个概念的差别之后，就把它们区分开来了。第一哲学用“transzendental”来说，神学用“transzendent”来说。神学就是超验的，第一哲学则是先验的。“先验”和“超验”这两个词就是这样来的。其实，仅从字面来看，“transzendental”这个来源于拉丁文的单词里面既没有“先”，也没有“验”，“trans”的意思是“跨过去”、“越过去”，“zendent”的意思是“命题”、“句子”。“transzendent”里面虽然有“超越”的含义，但也没有“验”的含义。所以，对这两个词的翻译，我们采取的都是意译，因为只有这种方式才能准确把握康德的意思，甚至于胡塞尔的意思。很多人都没有见到这一层，我曾专门写过文章讨论这几个概念的区别[1]。

有人把“transzendent”翻译成“超绝的”，这是严格按照字面的意思进行翻译的。但是这样做的话，它与“先验的”就不对应了。有人则把“先验的”译成“超验的”、“超越论的”。“超验的”按照字面上来说比“先验

1 参见拙文：《康德的“先验”与“超验”之辨》，载《康德哲学诸问题》，三联书店 2006 年，第 16 页以下。

的”更准确一些；而“超越论的”则是想要完全对应“transzendental”一词的字面意思了。但是它们都没能突出康德本来的意思。至少在康德哲学里面我们主张，译成“先验的”和“超验的”，意思更加明确。康德的意思本来就很难捉摸了，你再搞的神乎其神就更加麻烦了。把“transzendental”译成“超越论的”，“transzendent”译成“超越的”，这能做出区别吗？“超越的”就不“论”吗？“超越论的”难道就不“超越”了吗？其实还是一个意思嘛！所以，虽然翻译要尽量按照字面意思进行，但是有的时候不必太拘泥。首先你要做研究，要把握它的真实的含义，把握住它的“神”，然后再来翻译，才能够站得住。我们的这个翻译，可以说在康德的任何著作里面都是放得下的。

“先天的”和“先验的”以及“先验的”和“超验的”区别大致就如上所言。在康德的书里面，这几个词经常提到，如果不明白它们之间的区别，我们就搞不懂他为什么有时候用这个词，有时候用那个。比如说在讲到范畴的时候，他只讲“先天范畴”，而不讲“先验范畴”。因为范畴只是一个概念，而不探讨这个概念如何能够应用于经验之上的，只有后一种知识才是先验的。他只讲“先验图型说”，而不讲“先天图型说”，因为图型说乃是介绍范畴如何应用于经验对象之上的。当然，康德偶尔在个别地方也会讲先验范畴，但这是他把范畴扩展开来讲了，它涉及了范畴的起源、功能、运用等等，一般情况下他只讲先天范畴。当他讲时间、空间时也是如此，他只说“先天的时空表象”，而不说“先验的时空表象”。并且，他曾明确指出空间不能够是先验的，而只能是先天的。因为，先验的东西不仅仅是先天的东西，而且是探讨先天的东西何以可能的一套知识，它不是一个表象，不是一个概念，也不是一个摆在那里的直观形式。它要探讨的是概念和直观是如何起作用、是如何来参与和构成认识的，只有这样一种知识才是先验的。“先验”是康德哲学的关键词，如果这个没搞清楚，康德哲学的很多地方是读不下去的。其实，我们可以扩展开来说，就是每当康德采用“先验”这个词时，他都赋予问题一种认识论的含义，他要考察的是某种知识是如何构成的。不但在《纯粹理性批判》里面是这样，在《判断力批判》和其他康德著作里面也基本如此。因为像审美等问题里面，也涉及了认识问题。所以，凡是涉及“先验”的地方，都和认识论有关；而涉及“超验”的地方，则多与本体和自在之物有关，这是康德哲学很重要的特点。

先验感性论是先验的，也就是探讨有关我们感性的那些先验的认识论原理，也就是从先验的角度来探讨，我们怎么建立一门感性学。这就意味着我们的感性里面包含有先天的知识、先天的成分。我们上一堂课讲了，康德认为我们的一切知识都开始于经验，但并非都来源于经验。没有经验就没有知识，这是肯定的，但是一旦有了经验，里面就有来自于先天的成分，这首先体现在先验感性论里面。我们通常讲感性认识是后天的、经验的、被动的，是五官带来的。但是康德独辟蹊径，他认为感性认识里面也有先天的成分。这是康德非常重要的发现。我们通常都认为数学知识是先天的，而且是逻辑的、推理的，现代逻辑学更是把数学和逻辑合并成数理逻辑。但是康德把数学和感性联结起来，这种联结是如何进行的呢？我们说这个人数学好，但并不能由此说这个人感觉好啊？在康德看来，即使你的感觉再好，如果没有数学里面的那种先天的东西，对于知识来说也是枉然。那么，数学里面先天的东西是什么呢？就是时间和空间。先验感性论就是要探讨人们感性里面的这些先天的成分。它包含两个方面，即时间和空间。时空被康德称为先天的感性形式。每一个感觉里面，都有先天的感性形式，否则我们什么也感觉不到。假如你只有感官，而不具有感性的时空形式，你是感觉不到东西的。譬如说，你要看到一块红色，就必须首先要看到它的体积、面积，你还必须要经历一段时间。如果没有时间空间，哪怕你的眼睛再好，视网膜非常健全，你也是不可能看到红色的。你必须经历一定的时间，哪怕就一瞬间；必须看到有一定的大小，哪怕就一丁点。所以，在被动的感性的接受能力里面，已经有先天成分了，或者我们也可以说，已经有主动的成分了。按照康德的说法，我们必须首先具备了时间和空间，它们是我们主观感觉的先天形式，只有利用它们才能进行感受。这是康德的一个怪论，因为我们通常都认为时间和空间是客观的，独有康德主张时空只是我们的主观的先天形式。我们下面还要专门探讨他的时空观。

我们前面可以说一直在解题，“先验感性论”这个题目是怎么来的，即“先验”是怎么来的，“感性论”是怎么来的，先验和感性论相结合又是怎么来的。下面我们来看一看先验感性论里面的几个基本的概念。

二、感性认识的基本概念

1. 直观（Anschauung）

康德又把感性称之为感性直观。他把直观看作是“与对象直接发生关系的”，它是一切思维把对象当作目的所采用的“手段”。[1]按照古代的经典定义，所谓认识，就是观念或表象与对象相符合。“直观”的德语词是“Anschauung”，“schauung”就是“看”的意思，“an”是个德语前缀，意思是“靠在上面”、“直接在上面”，所以，“Anschauung”的字面意思就是“紧挨着看”，它是与对象的直接相关。知识由内容和形式构成，一切知识的内容都来自于直观。直观本身也有自己的形式，即时间和空间。感性认识是一切认识的内容或者说材料，严格说来它还不是真正的认识，不过是一些感觉经验而已。要达到认识，要达到科学的知识，还必须提升。但是它已经有内容，已经有材料和对象，所以说直观是一切认识的材料和内容的唯一的来源。这一点是康德从经验派那里接受过来的。既然一切知识都开始于经验，一切知识都离不开直观，那么没有直观的知识就是空的、假的，就是伪科学。比如说，对上帝存在的证明，搞了半天都只是在逻辑推理，而没有任何经验内容，它就是伪科学。

康德在对直观所下的定义中，只是说直观是与对象直接相关，而没有指

1　康德：《纯粹理性批判》，参看A19=B33，邓晓芒译，杨祖陶校，人民出版社2004年，第25页。

明“对象”指的是什么。康德的对象有两种：一种是在感性中被给予的对象，一种是不在感性中被给予的对象，即自在之物。所以，直观也有两种，即感性直观和知性直观，后者也可以理解为理性直观。感性认识有感性直观，理性认识有理性直观，但是在康德看来人类是不具有理性直观的。通过感官和时空形式，我们所接受的只是感性直观，对于自在之物，我们接近不了的，它躲在后面，我们无法穿破现象的帷幕达到它。我们可以设想，如果有上帝的话，——当然康德并不真相信上帝，——祂就可以不通过感性，而直接凭借祂的思维就直观一个对象，并且祂一旦直观某个对象，这个对象就产生出来了。这就像《圣经》上所讲的，“上帝说要有光，于是就有了光”，上帝一想到光，光就成了对象，就产生了。当然康德是不相信的，他只是借此来做一个比方，来说明人的认识局限性。他并不相信真的有一个上帝，但是他也并不否认。所以他说，假如有一个上帝的话，也许祂会有另外一种直观；但我们人没有，我们人只是通过感性获得直观的。所以，关于直观我们要注意两点：首先，它是与对象直接相关的表象；其次，作为有限的理性存在者的人只有感性直观，而没有知性直观。

2. 对象（Gegenstand/Objekt）

“Gegenstand”是个德文，“Objekt”是个拉丁文。这两个概念的差别不大，我们曾经想要把它们区别开来，但是后来发现做不到，康德经常将两者混用。但是又不能不做出一定的区分，尤其是当这两个概念混在一句话里面的时候。但二者到底有什么样的区别，对此康德自己并没有区分出来。所以，我们可以把它看成是康德用语不严的一个例子，通常人们都是这样解释。一般说，凡是拉丁文可能更抽象一点，德文呢更具体一些，但这个词本身用得极为抽象，所以倒显不出差别了。

对象有两种，一个是物自体，它是绝对的对象，另外一个是现象，它是认识的对象。物自体是对象，但是它不能够被我们认识，而只能够被思考。我们思考一个东西，并不等于认识一个东西，我们能够认识的对象只能是现象。所以，“对象”和“认识的对象”还不一样，只能被思考的和能够被认识的东西都可以被称为对象。

3. 感性（Sinnlichkeit）

康德在表达“感性”的时候，用的得最多的是“Sinnlichkeit”这个德语词，上面讲到的“Ästhetik”这个来自希腊语的词，除了在标题中运用了一下以外，下文基本就见不到了。这就像我们中国人在写文章的时候，在正式的场合喜欢用点古文。一般谈到感性的时候，康德用的是“Sinnlichkeit”，这个词来自于“Sinn”，意思是“感官”、“感觉”，“Sinnlichkeit”是形容词的名词化，我们把它译成“感性”。什么是感性呢？它是“Ästhetik”的内容或研究对象，“Ästhetik”就是研究“Sinnlichkeit”的学问。康德认为感性是一种接受能力，它是最低层次的知识。一切知识都开始于经验，而经验是接受过来的，感性就是最初的一种接受能力，接受自在之物刺激我们的感官所获得的那些表象。简而言之，感性就是接受刺激的能力。

感性虽然是被动的，但是它也有一种能力，所以它也具有一种主动性，即它是主动地接受，而不是完全像一块石头那样。初升的太阳照在我们眼睛里面，我们接受了，我们说它的光芒是红色的。但是当它照在一块石头上面，石头是不会形成红的表象的。只有具有感性能力的人，才能形成红的表象。所以，同样是一个太阳，它照在我们眼睛里面和照在石头上面产生的结果却是不同的，一个能被接受，一个不能被接受。接受也就意味着对此形成一个表象。所以，即使在非常消极被动的感性能力里面，也有积极的东西。康德在此不考虑感觉器官，因为它是后天的，感觉器官与石头本质上没有很大的区别，都是自然界的事物，遵循自然的规律。但是感性在接受物自体的刺激的时候，它自己的一套形式结构，即是时间和空间。时间和空间是我们先天具备的一种接受的能力。当我说我感到了某个东西，有人就会问这个东西持续多久，有多大。如果你说这个东西没有在时间中持续，也没有大小，那么人家会怀疑你是否真的感到了这个东西。如果某物连一瞬间、一毫米都没有出现过，你怎么会接受到呢？你必须说它经历了时间中的某一段，占据了空间中的某一位置，才能说明你真的接受到了它。所以，感性虽然是被动的，但是它的里面也有一种主动性。当然康德没有说这是主动性，但是我们可以看出来。人的一切知识都不能离开人这个主体，人为自然界立法，就是指作为主体的人建立起了有关对象的知识。

4. 感觉（Empfindung）

感觉就是休谟所说的知觉、印象，最基本的是印象。康德虽然也用“印象”（Eindruck）这个词，但他还是比较偏好“感觉（Empfindung）”，后者出现得比较多。感觉可以说是直观里面的材料。我们讲直观由两个部分构成，即质料和形式，质料指的就是感觉，形式指的则是时间和空间。感觉是后天的、经验的，它们不是对自在之物本身性状的反应，而仅仅是自在之物刺激我们的感官所形成的表象。比如说红色、冷和热、硬和软等等，都是感觉，我们说这个东西是红的，难道自在之物本身就是红的吗？自在之物本身是什么样子我们不知道，我们只能判断这个感觉是自在之物所引起的，但是我们不能把它归之于自在之物本身的性质。所以，感觉作为直观的材料完全是后天的，只有它以之为条件才能成为我们的表象的那种时空形式才是先天的。

5. 现象（Erscheinung）

“scheinen”的意思是“显现、出现”，“Erscheinung”就是“显现出来的东西”，即“现象”。有的人也把它翻译成“显现”，这也是可以的。但“显现”是一个动词，而“现象”则是一个名词。它是相对于自在之物而言的。它不是自在的东西，而只是显现给我们的东西。

现象也有质料和形式的两方面，质料就是感觉，或者准确地说是经过时空形式整理的感觉。时空在感觉里面是属于形式的，但是拿到现象里面，它就又属于质料，因为现象是在时空所构成的感性知识上面又加上了范畴，范畴是比时空更高的形式。对范畴来说，一切感性知识都是它的材料。

还有一个词“Phänomenon”，它也可以译作“现象”。它是一个希腊词，意思基本上与德语词“Erscheinung”相等。但是它们之间也有一些微妙的区别。希腊文往往表示更抽象的含义，我们在看外文书的时候要特别注意这一点，尤其是在德文里面。因为对德国人来说，希腊词是外来词，读起来就缺乏语感，所以比较方便用来表达抽象的东西。那么，在现象中什么更加抽象的呢？就是那种已经经过范畴整理的成形了的现象。而那些没有经过范畴整理，仅仅是感觉的东西，也被康德称作为现象。这样看来，现象就有两个层次，第一个层次是最初出现的现象，第二个是初次出现的现象经过范畴整理之后的现象物，或者说现象界。而Phänomenon通常用于表达后一个层次的现象。所以，为了区别我们就把后者翻译成“现相”。这是我搞出来的一个译法，最开始的时候还没有想到，以为没有什么区别，后来发现有一点区别，就用“相”取代了“象”。因为前一个“相”比后一个“象”更加抽象些，它代表一种已经成形了的，确定了的东西。而“Erscheinung”只是显现出来的东西，还不一定运用范畴，当然运用范畴之后，也可以说成是现象，整个现象界都可以说成是现象。但是如果要做出区别的话，就应该用另一个词，即那种代表了一种比较固定的东西的词。比如说，我们之所以说“照相”，而不说“照象”，就是因为“相”代表一种已经定格了的东西，它把你的形象定下来了。“Phänomenon”这个概念也就是这个意思。所以，“Erscheinung”有广义和狭义之分，它既可以指那种未经范畴整理初次呈现给我们的东西，也可以指那种经过范畴整理的我们知识的确定对象，而“Phänomenon”则只指后者。

6. 纯粹直观（reine Anschauung）

“rein”的意思就是“纯粹的”。在康德那里所谓“纯粹的”，一般情况下是指排除一切后天的感性的东西。只有在极个别的情况下，他才把后天的、感性的东西称之为纯粹的，比如说“纯感性的”。《纯粹理性批判》中好像只有一个地方讲到"纯感性的"、"纯后天的"。通常来说，康德是用"纯粹"这个概念来排除那些不纯的东西，不纯的东西一般指的就是那些后天感性的东西。所以，"rein"与"a priori"的意思相近，先天的就不是杂七杂八的，而是井然有序的，是一个逻辑系统。

7. 表象（Vorstellung）

"Vorstellung"这个德语词除了被翻译成"表象"之外，偶尔也被译作"观念"。它是一个心理学的术语，而不是一个纯哲学的术语。这个词康德用得极为广泛，凡是出现在心灵面前的东西，都是表象。感性直观、范畴、理念，各种各样的原理等等都可以被称为表象。"Vor"这个德语前缀的意思是"在前面"，"stellung"是"放置"，所以"Vorstellung"的字面意思就是"放在前面"，在康德这里就是指"放在心灵之前的"东西。不管是具体的东西，还是抽象的观念，只要能够放在心灵之前的，就都是表象。这是一个含义最广泛的概念，它后来在胡塞尔那里变成了一个带有直观性质的东西，胡塞尔的"现象学的直观"也是无所不包，范畴、感性等都被他看作是直观。

三、空间和时间

现在我们进入到先验感性论的实质部分，看看康德对时间和空间是怎么界定的。首先他把时间和空间称之为感性的直观形式，我们刚才讲到感性里面有两个部分，一个是后天的材料，一个是先天的形式。其中时间和空间就是先天形式，任何知觉和印象，如果没有时间和空间，就不能被我们感受到。所以时空是主体的感受能力，正是从这个意义上，康德把一种主体的能动性放在了最为被动的知识里面了。感性知识虽然是被动的，但是它已经有主动的东西了。

先天的直观形式分为两种，一种是内感官的，一种是外感官的。内感官的直观形式是时间，外感官的直观形式是空间，这个比较好理解。外部事物都是在空间中的，而内在的东西都是在时间之中的。内感官的东西没有空间，譬如我可以在一瞬间想到几万里以外的东西，它不需要占据空间，但是它要占据时间。你想任何一个东西都要经历时间，所以内感官的对象是在时间中，而外感官的对象是在空间中。当然外感官也要在时间中，那是因为我们人在看外部世界的时候，要把外部的空间纳入到时间之中，所以我们说外部世界也是在时间之中的。但是就外感官自身来说，是不需要时间的。空间中的事物永恒存在，不需要经过什么时间，但是我们在看它们的时候把它们纳入到时间中来了，外部空间事物的位置的改变等等都是要通过时间的，而时间是在我们的内感官中经历的。

据此，康德批判了牛顿的时空观。牛顿的时空观是比较机械的，他认为空间是外部事物的存在的形式，空间就像放置事物的箱子，每一个事物都在一个小箱子里面，而每个小箱子都可以套上一个比它更大的箱子，就这样箱子套箱子向无穷扩大，以至于整个宇宙像一个大的箱子。按照笛卡尔的坐标，每个事物都是在小坐标系里面，而整个宇宙就是一个大的坐标系。牛顿是把时间看成一条无限的长河，我们看不到它的源头和尽头，所有的东西都在这个河流里面流逝，我们只是站在河的中间，前不见古人，后不见来者。这就是牛顿的时空观，它是客观的，也可以说是唯物主义的。康德对这种时空观是大不以为然的，作为一个先验唯心主义者，他认为时间和空间都是我们加给自然界的，它们不是后天的，而是我们先天固有的知识形式，我们用这样一种形式去把握经验材料，使它们具有了时间和空间的特点，即空间的三维性和时间的一维性。这是康德对牛顿的唯物主义时空观的批判。

康德对莱布尼茨的时空观也有批判。莱布尼茨和牛顿的时空观是很有代表性的，与牛顿的客观主义相对立，莱布尼茨代表了一种主观性的观点，他认为时间和空间只是单子的表象。因为在莱布尼茨看来，万物都是由基本的单子所构成，单子类似于原子，但它不是物质的，而是精神的，是一种精神的原子。作为精神，单子拥有表象，它可以是知觉、思维，也可以是灵魂。单子在它的表象里面，把万物都表象在时间和空间之中。但实际上，万物并不在时间和空间里面，只是因为人类的理性非常的弱，被感性蒙蔽了，才把事物看成是处在时间和空间的关系之下。在莱布尼茨看来，单子和单子之间的真正关系并不是时间和空间，而是数学关系、逻辑关系，他认为数学和逻辑是统一的，他同时也是数理逻辑的奠基人。这就是说，时间和空间只是在人看起来如此，如果进一步分析的话，就会发现它们背后的逻辑关系。所以他指出，时间和空间只是单子的一种表象，带有一定的欺骗性，在上帝的眼睛里就没有时间和空间，一切都可以归结为逻辑关系。所以时间和空间的真正本质是事物的逻辑关系。

康德从这里面吸收了一些东西，却与之截然不同。康德既反对牛顿的完全实体化的时空观，也反对莱布尼茨的完全关系化的时空观。康德的时空观是主观中的先天形式，而不是客观事物或事物的关系，更不是这种关系在主观中的歪曲反映。时空既然是先天的形式，它就不会随意改变的，而是有它们自身的确定的规定性。如果它们只是像莱布尼茨所说的那样一种具有欺骗性的表象，我就可以随意地抹掉它们，因为它们本来就只是人的一种幻觉，只有它们背后的逻辑关系才是真实的。康德认为这是不对的。时间和空间本身就是先天的一种主观形式，它们是不可或缺的，感性认识必须要纳入到这种形式的框架里面才能够被接受。所以，时空作为我们先天的接受能力，不像牛顿说的是客观存在的东西，而是主观的；但虽然是主观的，本身却具有一种客观性，你不能随意更改，也无法抛弃这套我们所共同固有的形式，也不能把它看作有待揭穿的假象。我们只能通过它们来获取感性知识。

为了说明自己的观点，康德对时间和空间的进行了形而上学的阐明和先验的阐明。

1. 空间和时间的形而上学的阐明

什么是“阐明”呢？阐明就是如果我们不能对一个概念进行定义，我们又要理解它，这个时候就需要对这个概念进行阐明。下定义严格说来就是把一个概念包含在另一个更高的概念之下，所谓“种加属差”；但哲学中许多概念都是最高概念，没有更高的概念可以用来对它下定义，但可以进行阐明。阐明大概相当于所谓“解释性的定义”，就是把一个概念所包含的意思说出来。在康德这里它有两个类型，即形而上学的阐明和先验的阐明。什么叫形而上学的阐明呢？我们可以把它理解为对一个概念所固有的含义的阐发。也有的人把它解释为是本体论的阐明、存在论的阐明，这也可以。那么，什么叫先验的阐明呢？我们上面讲过，凡是康德讲“先验”的地方，都带有认识论的含义。所以，先验的阐明是就在形而上学阐明已经得出的结论的基础之上，来考察一下这些概念是如何构成知识的，也就对它们的认识功能进行阐明。简要地说就是，前者是对时空的内涵和规定进行阐明；后者则是对时空在认识活动中所起的作用进行阐明。这两个阐明有层次的区别，形而上学阐明是先验阐明的基础。

空间的形而上学阐明有四条。时间的形而上学阐明有五条，但其中一条实际上是属于先验阐明的。所以可以说它们都是有四条形而上学阐明。四条阐明分为两组：第一组是第一条和第三条，采取了一种否定的口气，讲时空不是什么；第二组是另外两条，采取肯定的口气，讲时空是什么。或者说第一组是消极的阐明，第二组是积极的阐明。这是我的划分，康德并没有做出这样的划分。我们下面分别考察一下这四条阐明。

第一条，时间和空间都不是得自经验的，而是经验的条件。这个我们刚才讲了，时间和空间都是先天的，在人们的感性认识里属于先天的成分，而不是后天得来的。如何证明这一点呢？康德说，我们可以做一个思想实验，一方面看看我们能否设想一个没有时间或者不占据空间的物体？康德认为这是不可能的，离开了时间和空间，我们无法设想任何东西。但是，另一方面，我们却可以设想一个没有物体的时间和空间，虽然这样的时间和空间在现实中并不存在，但是却可以被我们设想出来。这说明了什么？说明了时间和空间在逻辑上要先于它里面所包含的内容。这也就是牛顿为何要把时间设想为一条河流，把空间设想为一个大箱子的原因。我们也可以说，康德把牛顿的外在的时空观搬到了作为主体的人之内。康德也是主张一个大箱子和一条河流，但是它们不是外部的，而是主体的内在的认识结构。认识主体就是凭借这样一套内部的结构，去捕捉感性世界的材料的。如果没有这些东西，这些感性的外部材料就无法聚拢起来，就会散掉了，甚至根本就不能发生。所以，时空不是来自于经验的，而只能是来自于先天的。

第二条，时空是内外现象的必然性基础。这是对时空性质积极方面的阐明。内部和外部现象的必然性的基础，也就是先天的基础，因为只有先天的才是必然的，经验的东西只是偶然的。时空是直观的纯形式，是先天的，其中时间是内感官的直观形式，是内部对象的必然性基础；空间是外感官的直观形式，是外部对象的必然性基础。在康德那里，内感官的概念几乎就等于时间的概念，二者经常可以互换，而外感官的概念，也差不多等于空间的概念。但在这两者之间，时间更加基本一些，空间也只有纳入到时间中来才能够被心灵所把握，否则空间就是空间，我们也没有办法把握到它。譬如，虽然我们看一座房子，是从空间上来看它，但是我们也要从这头看到那头，从上面看到下面，这就要经历时间。所以，我们把外部事物也看作是在时间中的，但实际上主要是在我们的内心之中，所以时间要比空间更加基本。

第三条，时间和空间不是概念。这和莱布尼茨是针锋相对的，莱布尼茨认为时间和空间实际上是逻辑的，只不过是在人的眼睛看来好像是感性表象，最后可以还原为逻辑，还原为概念。康德提出来，时空不是概念，而是直观的形式。

第四条，时空是直观。这是时空的另一条积极的规定，我们上面已经多次讲过，康德把时空看成感性直观的形式，这种形式不是概念，而是纯直观。

这就是时空的四种形而上学的阐明，它们把时间和空间的含义从正反两个方面罗列出来了。这四个阐明说了两层含义：时空是先天的和直观的。康德以前的哲学家讲先天的，通常指的都是逻辑的、理性的东西，是康德第一次发现也有一种直观的先天。通常人们认为直观的都是后天接受过来的，没想到在这种接受之中也有先天的东西。

2. 空间和时间的先验的阐明

时间和空间的先验阐明是考察时空如何形成知识的。首先，空间表象是形成几何学的基础。在康德看来，几何学不是建立在经验归纳之上的，也不是从概念推出来的。虽然一旦确定了几何学的那些最高的原理，我们也可以进行推理，但作为推理的前提的那些最基本的原理不是推出来的，它们是公理。为什么是公理呢？因为它们是不证自明，一看而知，即它们是通过直观得来的。欧几里得几何学的那些公理都是建立在直观之上，而不是从概念推出来的。通过作为外感官形式的空间，可以直观地构造出几何学的基本原理，几何学从根本上说就是构造的或者说构图的知识，而不是概念的、推理的知识。你要不信，你就画个图嘛！画图去证明，画图是最直观的，没什么道理可讲。譬如，你能在两点之间画出比直线更短的线吗？一看而知，两点之间直线最短。

其次，时间表象是算术的基础。在时间的先验的阐明中，康德对算术和时间的关系问题讲得很模糊，倒是在其他地方讲得很清楚，即时间和空间与算术和几何学是一一对应的。在《纯粹理性批判》中，对应于时间的不是算术，而是机械力学，是运动。其实对应于算术也是可以的，因为时间的刻度是我们形成算术的基础。譬如你在数数的时候，你是在时间中把它们设想为等距离的，这个 1 和那个 1 是等距的，所以是相等的。你以 1 为单位，以 10 为进位制，这都是利用了时间的均匀性。你这个时候数数和明天数数，时间都是均匀的。当然他没有具体的解释，时间和算术的对应关系，这个比较难以解释。康德解释得不是很清楚。所以，在《纯粹理性批判》中取而代之的是时间和运动的关系。时间和运动当然是有关系的，譬如，我们的思维就是一种运动，它肯定要在时间中进行，在力学中通过时间来计算速度、距离等等。

为什么在《纯粹理性批判》中会出现这种时空的不对称呢？时间和空间看起来是对称的，一个是内部的，一个是外部的；一个是几何学的基础，一个是算术的基础。但是在讲到时间的先验阐明时，他把算术隐去了，而引进了运动。运动必须要引入范畴，单凭感性是无法引出运动概念的，运动的概念有因果性的概念在里头。康德这样做实际上是不合法的，他是有一些苦衷的，我专门有一篇文章分析康德时空的不对称性[1]。由于时间难以捉摸，我们只能通过空间来表达它，比如说我们用一条直线来表达一段时间，或者用一个表盘，在上面刻 12 个点，来表达一天就是 24 小时，这就是用空间来表达时间。但是，这种表达是不完全的，一条直线虽然可以表达时间所经历的路程，但是它不能表达时间的方向。有人说我们可以采取一个办法，画一条直线，然后画一个箭头，来说明时间就是朝那个方向的，但是这还是不太贴切。实际上，时间自身是无法用形象来表达的，如此一来我们怎么还能说时间是直观形式，而且是比空间更加根本的直观形式呢？时间是一个大问题，康德以后的很多哲学家都重新思考过时间。其实古希腊人就已经开始思考时间了，他们把时间设想为“命运”、“逻各斯”。到了中世纪，奥古斯丁对时间作了比较深入的探讨，他有一句关于时间的著名的话，“你不说我还明白，你一说我就糊涂了”。时间就是这样一个东西，你不能说它的，不能解释它的，你越解释越糊涂。在现代哲学中，柏格森等人就把时间归结为生命；海德格尔在《存在与时间》中把它归结为一种本体论的东西。为什么海德格尔不讲存在与空间？为什么柏格森不讲空间意识，而讲时间意识和意志的问题？就是因为时间是比空间更加深层的问题。康德在这里并没有深入，但这是一个很值得研究的话题。

3. 空间和时间的结论

最后，我们把结论讲一下，结论有这么几点：

第一，时间和空间不是物自体的属性，而是主体的先天形式。我们认识中的先天形式形成了我们的认识能力，把经验的材料把握在时空之中，或者

1 参见《康德时间观的困境和启示》，载于《江苏社会科学》2006 年第 6 期。

说接受在时空之中。但是，它不关乎物自体，物自体是不在时空中的，这一点要搞清楚。

第二，在现象的知识里面，时空所提供的只是知识的形式，而不是内容。感性直观的内容是知觉和印象，它们是些杂多的、偶然的东西，而作为先天的直观形式的时空是有必然性的，并且它的尺度是均匀一致的。

第三，时间对空间占有优势，它更加根本。我们虽然可以用空间来表达时间，但是表达得不完整，我们可以把时间看作一条线，但是这不能表达时间的相继性、不可逆性和一维性。因为一条线毕竟是二维的，甚至于是三维的。当你在黑板上画一条线，这条线实际上就是三维的，因为它毕竟还是有一些厚度的。所以，我们不可能用二维或三维的空间来表达一维的时间的，时间比空间更加隐蔽、更加深奥。

由此康德得出了两个概念，就是“先验的观念性”和“经验性的实在性”。由时间和空间所形成的知识首先是数学，它是时间和空间所造成的知识里面的先天成分，其次是经验的知识，它是时空形式和感觉材料相结合的产物。感性认识有时空的先天形式在里面起作用，所以它具有经验性的实在性和先验的观念性。

什么是经验性的实在性呢？它是说，由时间和空间所形成的知识，必须要应用于经验性的材料之上才具有实在性，或者说一旦应用于经验性的材料之上它就具有了实在性，不是主观幻想出来的。与经验性的实在性相反的是先验的实在性，它是说，即使不应用于经验性的东西之上，我也可以单凭先天的东西形成一种实在的知识。在康德看来，先验实在性的知识是不可能的。时间和空间如果没有经验性的内容，就什么也不是。只有当你接受经验性的内容，你才能意识到你有时间和空间。时空的实在性，只是一种经验性的实在性。虽然是经验性的，但它却有实在性，即客观必然性，而不是像休谟所讲的，完全是主观联想的。那么时空的这种经验性的实在性又从何而来呢？它来自于先验的观念性。时间和空间都是先验的观念，而不是后天的观念，也不是一些心理学的观念，不是突发奇想出来的观念，而是所有人不得不按照它去思考的观念。我们不能够抛开时间和空间去设想任何东西，因为它们都是认识主体的先验规定。由此，时空虽然是只是观念，但却有客观性，所有人都不可违背它。所以，正是时空的先验的观念性使得它们具有了经验性的实在性。只要把这种先验的观念应用在经验之中，这种经验就成了一种客观的知识，就成了具有实在性的经验。

康德对“客观”的理解与我们日常的看法有些不一样，我们通常所理解的客观的东西指自在之物本身。但是康德这里所理解的客观，是指现象中那种具有普遍必然性的、先天的东西。我们常说，客观的东西是不以人的意识为转移。康德的客观也有这层意思，但归根结底它还是主观的，因为它是来自于认识主体的。但这种来自主体的东西，却具有不可违抗的必然性和放之四海而皆准的普遍性。黑格尔说，康德把我们所通常理解的主客观颠倒过来了。我们通常认为是客观的东西，在康德那里反而被认为是主观的。一方面，康德虽然也认为自在之物是客观的，但是在他看来这个客观是我们所不能认识的，我们自以为对它有认识，实际上那只是主观的一种幻觉，这就防止了独断论；另一方面，我们通常认为有关现象界的知识是主观的，但是由于康德加进了先天性，他就把它们称之为客观的，这就抵御了休谟的怀疑论。休谟不承认有什么先天的东西，他认为，既然一切知识最初都是来源于知觉、印象，那它们就是不可靠的。康德通过引进先天的东西，来说明有关现象的知识未必就是不可靠的，如果有先天的东西作为基础，它就是放之四海而皆准的。

经验性的实在性和先验的观念性在康德那里是非常重要的两个概念，它们是不可分的，是相互救援、相互解释的。经验性的实在性是由于先验的观念性带来的，而先验的观念性之所以是先验的，是因为它是运用于经验之上的，但它又是观念的。同时，他反对另外两个概念，一个是经验性的观念性，它是休谟式的，即经验性的东西都是观念的东西，没有实在性。另一个是先验的实在性，它是独断论的主张，即单凭先天的东西如逻辑就可以先验地断言一个实在的、客观的东西，而不需要任何经验的内容，在康德看来这就是超越于经验的界限之外去把握物自体。他用这两个概念，一方面反击了休谟的怀疑论、主观唯心主义；另一方面，反击了独断论。独断论有两种，即唯物主义和客观唯心主义。后者凭借逻辑去证明上帝的存在、灵魂的属性、世界整体等等。先验的实在论脱离了一切经验的内容，所以是一种伪科学；而经验性的观念论则太主观唯心主义了，导致了否定一切普遍必然的知识。康德就是要在对二者批判的基础之上重建我们的知识。

我们上一讲在讲到时空是直观而不是概念的时候，没有细讲，现在把它补充一下。我们首先要思考一下，直观和概念的区别何在呢？先天的时间和空间作为一种直观的形式，它和概念有哪些不同呢？首先，在康德看来，时空都是无限的量的直观，就是说它们在量的上面是无限的，而在质上却是单一的。这一点是与概念不同的，一个概念和其他的概念在性质上是不一样的。比如说种和属的概念、大概念和小概念等等，它们相互之间在性质上是完全不同的，是有等级差别的。人的概念上面有动物的概念，再往上还有生物的概念、物体的概念，人的概念底下还有黑人、白人、黄种人的概念。所以，不同的概念在性质上是完全不同的，但在量上不一定是无限的，比如说各种各样的人在数量上都是有限的。概念只与质有关，而与量没有多大关系，比如说哪怕地球上只剩下一个人，那他也是人，人的概念仍然能够有效。恐龙灭绝了，在时间空间中已不存在了，但它的概念还存在。

其次，大概念和小概念之间是一种包含关系，即可以把小概念置于大概念之下，这种包含是一种类的包含。时空则与此不同。时空虽然也有包含关系，大空间包含小空间，长时间段包含短时间段，但是这种包含不是"包含在之下"，而是"包含在之内"，"之下"和"之内"是有区别的。"之下"是说，大概念和小概念在性质上是完全不同的，在等级上是有高低的；而"之内"则是说，大空间和小空间在性质上是完全一样的，是没有等级之分的，大空间就是由小空间构成的。

再者，康德认为时间和空间作为量的直观，不是一点点给出的，而是一次性被给予的，它们的结构是一下子被端出来的。现实中具体的时间和空间，只是对已经被端出来的无限的时空所作出的种种限制。时空作为直观的纯形式，本身就是种无限的表象，是感性认识的先天结构，是已经在那里的东西。然后，我们用它们来把握经验材料，一旦这些具体的材料在无限的时空占据了自己的位置，就形成了我们所看到的大千世界中现实的具有时间和空间的事物。概念与之很不一样，一个概念往往是通过对许多比它更低的概念归纳、抽象和提升得到的。比如说“生物”这个概念，它不是一下子被把握到的，而是我们通过观察植物、动物、微生物，并从中发现它们的共同之处，然后将它们概括起来统称为生物。

康德对时空的这种看法与经验派的“积累性的”时空观很不一样，它属于理性派的“限制性的”时空观。理性派主张，我们先有一个关于时空的无限的先天表象，然后经由具体的东西限制出它的各个部分。而经验派则主张，时空是不断地堆积下去的，它们的无限性就在于它们可以无限地堆积下去。在康德看来，无限的时空其实根本不是一个什么东西，而只是一种接受能力，是一种先天的直观形式。这样一来时空的无限性就比较好理解了，因为我们无法设想时间空间作为人所先天固有的东西现实地无限存在于人的头脑中，人的头脑能有多大啊，怎么可能放得下无限的时空呢？但是如果把它们看作一种先天的能力，事情就好办了，它们本身不需要占据什么现实的时空，而是能够无限地去限制种种具体的经验材料，一旦分有它们，经验材料就处在现实的时间空间中了。所以说，时空作为无限的量的直观是一次性给予的，“一次性”可能有点不太准确，其实它的意思就是“先天的在那里”。凡是人的认识，就已经有那样一套时空的先天直观形式在那里了，而且它们是无限的，你可以从里面无限地限制出具体的时空。而这些具体的时空和那无限的时空的关系是“包含在之内”的关系，它们之间没有质的区别，只有量上的不同，即一个是无限，一个是有限；一个大，一个小。

第四讲　先验逻辑导言

这一讲我们进入到《纯粹理性批判》的第二个层次“先验逻辑”。我们首先讲一下“先验逻辑导言”，它要做的事情就是把“先验逻辑”这个概念搞清楚。我们在前面一讲讨论了康德的“先验感性论”，它是康德先验哲学的第一个部分，对应于“数学何以可能的”问题。先验感性论提供了建立数学知识的条件，即作为感性直观形式的时间和空间。我们指出这是康德的一个很重要的创见，是他首次把数学和感性知识结合在一起。以往的人们都是把数学和逻辑、推理等理性知识结合到一起。但是在康德看来，感性知识也有它的精密性，而不是像人们通常所认为的那样不可靠，它乃是一切自然科学的基础。我们知道，近代自然科学开始追求定量化、精确化，康德对经验的、感性的知识的肯定，是有助于促进科学发展的。也是从康德开始，时间和空间进入到了认识论的领域，在他之前，时间和空间只是宇宙学和自然哲学研究的对象，和认识论没有关系。

先验感性论解决了“数学何以可能的”问题。先验逻辑的任务则是要解决两个问题：“自然科学何以可能”和“作为自然倾向的形而上学何以可能”。而第四个问题，即“未来的科学的形而上学何以可能”则是先验方法论要解决的问题。先验逻辑由此也分成两个部分，即先验的分析论和先验的辩证论。先验分析论讲的是真理的逻辑，先验辩证论讲的是幻相的逻辑，即我们如何避免幻相。

先验感性论、先验分析论和先验辩证论，分别对应人的三种认识能力：感性、知性和理性，它们是康德对人的认识能力三个阶段的划分。人们通常把认识过程分成两个阶段，即感性和理性，而康德则把理性又划分为知性和狭义的理性。当然知性本身也可以称之为理性，在《纯粹理性批判》的很多地方，理性是包含知性在内的。但严格说来，狭义的理性和知性是不一样的，先验逻辑就是考察这二者，探讨它们的先天的法则。

“先验逻辑”是《纯粹理性批判》一书的核心部分。《纯粹理性批判》的总问题“先天综合判断如何可能”，实质上等同于“人的认识何以可能”。因为人的认识都是以先天综合判断作为基础的，追问先天综合判断是如何可能的，就是追问人的认识是如何可能的。有些认识已经是现实的存在了，比如说数学和自然科学，这两门科学没有人怀疑，但康德认为我们不仅要知其然，还要知其所以然，追问这种知识是“何以可能的”，它可能的条件是什么，它的范围、效力何在。先验逻辑首先就是要探讨自然科学是如何可能的，然后是形而上学作为一种自然倾向是如何可能的。先验感性论解决了数学何以可能的问题，但是数学归根结底还是要应用于自然科学之中，比如牛顿的《自然哲学的数学原理》就是一部物理学的著作，是把数学应用于自然科学的典型。所以，如果只是解决数学何以可能的问题，而不落实到自然科学上，那就还没有到位，这一点正是先验逻辑中先验分析论要讲的。

然而，到底该怎样理解“先验逻辑”这个概念呢？“先验”这个概念我们前面已讲过了，即凡是它出现的地方，都有认识论的意味。逻辑学和认识论在亚里士多德那里并没有分得很清，它们之间的关系是比较模糊的。到斯多亚派那里，认识论和逻辑学就分裂开来了，逻辑被看作一种思维的工具和方法，认识论则是用来研究真理的标准，研究我们的观念和对象是否相符合、如何符合等等。这种分裂的局面一直持续到近代，哲学被分为三大部分，即本体论、认识论和逻辑。其实，在康德之前已经有一种合并的倾向了，莱布尼茨就曾主张逻辑不仅仅是一种思维的工具，而且同时也是宇宙万物的结构，正因为如此我们才能用逻辑去认识世界。也就是说莱布尼茨已经有意将逻辑和认识论，甚至和本体论结合起来了。但只是到康德，通过他提出的先验逻辑，认识论和逻辑学才真正结合起来。但这种结合也只是初步的，哲学的三个部分只是在黑格尔那里才完全结合起来，黑格尔的逻辑学同时又是认识论和本体论。康德的先验逻辑的意义就在于它给后来的辩证逻辑开了个头，也可以说它是黑格尔辩证逻辑思想的前身，但它并不是辩证逻辑，它还带有形式化的特征，康德的形式主义在他的先验逻辑里表现得非常明显。

康德本身就是一个逻辑学家，他多年开设形式逻辑的课程，但是在讲形式逻辑课的时候，他把自己先验逻辑的思想也融合进去了。在康德的遗著中，有一本很薄的小册子，叫《逻辑学讲义》，它就是由康德的学生对这门课程所做的笔记整理出来的。康德开设这门课的时候，用的是当时很流行的沃尔夫派的逻辑学教材，那是国王钦定的教材，是每个大学都必须使用的，有点类似于我们现在大学里面的统编教材。康德必须拿这个教材去上课，他一边上，一边批，说这个地方不对，那个地方不行，把自己的看法都融进去了。当然，有的地方他不敢明批，做了一点让步，但他主要是在讲自己的东西。沃尔夫派的逻辑学完全是一套工具化的东西，经过中世纪以及近代逻辑学家的不断的补充和完善，它变得比亚里士多德的形式逻辑更加的形式化，它是非常机械和呆板的。但是，康德并不是要否认以往的逻辑，那么以往的形式逻辑和他的先验逻辑究竟是一种什么样的关系呢？我们下面要考察一下。

一、一般的逻辑

康德认为，他的先验逻辑是一般逻辑的一种，但这种先验逻辑是了不得的，它具有一种颠覆性，给整个逻辑学带来了巨大的改观。但是康德并不是直接就讲述先验逻辑，而是通过先考察以往的逻辑学，而后才将自己的先验逻辑引出来。既然是讲逻辑的，一般逻辑就与感性知识不一样，我们首先要把这一点区分开来。

1. 感性和知性的区分

这种区分有好几点：第一，感性是接受性的，知性则是自发的、能动的。接受性和自发性是相对的概念，接受性相当于被动性，自发性则相当于能动性。感性的接受性体现在，只有当感官在时空形式之下接收到自在之物的刺激，我们才能形成感性知识。虽然“接受”还不等于真正的“把握”，但是感性接受下来的东西已经算是一种知识，即感性知识。譬如，我可以说“我有一种什么样的感觉”、“我看到什么了”，这在某种意义上也可以算作一种知识。但是严格说来它还不能算真正的知识，因为一般来说，知识，特别是科学知识，都要有普遍性和必然性，而感性的知识没有这种属性，感性知识是接受到的，只具有偶然性。感性能够接受对象，但它不能够思维对象，而知性能够思维对象，能够把对象真正建构成为知识的对象。所以感性和知性的第二个区别就是，感性是偶然的，而知性是必然的。第三，感性为认识提供质料或者说材料，而知性则提供形式。感性接受了很多东西，但是这些东西只是科学知识的材料，只有知性才能够建立科学知识的形式。第四，感性是直观的，具有直接性，而知性是通过概念进行思维的，所以是间接的。

感性和知性虽然有如上区别，但二者又是不可分的。我们知道，康德试图调和经验派和理性派的哲学，他认为双方都有一些道理，但是也都有各自的片面性，必须把两派结合起来，克服各自的片面性。所以，他认为真正的知识应该是知性的思维与感性的直观相结合的产物，任何一方单独来看都不能构成知识。

另外，我们要提醒大家注意，感性与知性的区分以及通过二者的结合形成知识，都是从逻辑上来讲的，而不是说我们在时间上先有一种感性的材料，然后再用知性的范畴去把握它，把它建构为知识。康德的意思并不是这样的，而是说任何知识里面都有这样一种结构，即它不但有来源于后天的感性经验，还有来源于先天的范畴，这两方面是缺一不可的，少了谁都不能构成知识。

如果没有先天范畴的统摄作用，就不可能形成严格的知识。单纯的后天的感性经验只能提供形成知识所需要的内容或者说材料，而不能够提供用来把握这些内容的形式。比如说，经验性的判断就不是严格意义上的知识。我们上面讲过，经验性的判断和经验判断是不一样的，“经验”的德语词是“Erfahrung”，它是个名词，“经验性的”的德语词是“empirisch”，它来自于拉丁文，是个形容词。经验性的东西是指那些通过后天的经验所接受下来的东西。所以，经验性的判断是完全后天的，而经验判断则同时包含后天的东西和先天的东西。在康德看来，一切知识都是经验知识，因为经验里面已经包含先天的要素了，只有时空和范畴这些先天的东西参与进来才能够构成经验。所以，单纯的经验性判断还不是真正的知识，而仅仅是一种知觉。“我觉得今天很热”并不是知识，它仅仅是我的一种感觉，是完全后天的、经验性的。而“今天是很热”却是知识，因为这里面有联结词“是”，它有客观事实如今天气温是三十几度做基础，所以才会说“是”。

所以，在我们的经验中，并不是说先有一种感性的东西，然后把知性的东西加在上面。尽管在逻辑上可以这么说，但在时间上，它们是同时的，你是在不知不觉间应用范畴的。实际上，我们的表达根本离不开范畴，只是对它日用而不知罢了。譬如，当我们说“这件事情是那件事情的原因”，就运用了因果性的范畴；说“这个东西是什么”的时候，就运用了实体性的范畴；说“这个东西是什么样的”时候，就用了偶性的范畴。哲学家就是要把这些我们日用而不知的范畴提取出来，加以单纯的考察。

直观和知性是构成知识的两种成分，二者实际上是不可分的。康德有一句名言：“思维无内容则空，直观无概念则盲”。这句话的意思是：一方面，知性范畴和原理，如果没有作为其内容的经验直观材料，它们就会是空的；另一方面，感性直观如果失去了概念的统摄，就会是盲目的，两种情况都不能称为知识。所以，只有把思维和内容亦即概念和直观结合起来，我们才能构成知识。哲学家之所以要把二者分开来讨论，是因为他要对摆在你面前的知识进行分析，考察它是由哪些成分构成的，哪些成分在底下，哪些成分在上面。所以，康德才要把先验要素论分成先验感性论和先验逻辑。

2、一般逻辑的划分

康德在正式进入先验逻辑之前，首先对人们所讲的逻辑进行了划分（如下图）。

- 一般逻辑
  - 普遍的（先天的）
    - 纯粹的（形式逻辑）
    - 应用的（清泻剂、辩证法）
  - 特种逻辑（后天的，工具论）

一般逻辑首先分为两种：普遍逻辑和特种逻辑。普遍逻辑的主要部分就是形式逻辑或者说纯粹的普遍逻辑，这是康德所真正要谈的，但康德也讲了一些其他的逻辑。一般来说逻辑就应该是普遍的，但是也有一种特种的逻辑。康德认为当时流行的很多对逻辑的理解，实际上都是特种逻辑。特种逻辑指的是那种根据某个学科的特点，所制定出来的专属于该学科的工具和方法，它是一种工具论。譬如说，针对自然科学，培根提出了新工具，即归纳法、经验三表法，这种“三表法”就是特种逻辑。还有一种特殊的专门针对形而上学的逻辑，比如说存在论，亚里士多德认为，形而上学必须以一门“作为有的有”或者说“作为存在的存在”的学问作为基础，这门学问可以说是形而上学的特种逻辑。道德学也有自己不同于自然科学的特殊方法，所以也有针对道德学的特种逻辑。虽然上面列举的几门学科研究的对象可能是先天的，它们所采用的方法还是一种经验的方法。比如说你要研究形而上学，你就必须掌握一种有关形而上学的入门的办法；研究道德学，也应该有一套相应的入门方法；要研究自然科学，就要向培根学习，先把他的“三表法”掌握。这些针对不同学科的不同方法，都是特种的逻辑，它们是根据对象来设定的。虽然它们在每一门学科内部是普遍的，能够适用于它的每一部分，但它们就其本身而言并不是普遍的，所以才被叫做特种逻辑。实际上，康德对特种逻辑是不以为然的，只是因为沃尔夫派的教科书上面有这个，他才讲，他只是暂且承认它们也是一种逻辑。实际上在康德看来，真正的逻辑应该是普遍的逻辑、先天的逻辑。

普遍的逻辑又分为两个层次：一个是纯粹的普遍逻辑，就是我们所讲的形式逻辑，它包含概念、判断、三段论推理这样一套东西，它有严格的规范。自亚里士多德以来，形式逻辑就已经非常规范了，后来经过两千年的打磨，变得更加的公式化、形式化了。另一个是应用的普遍逻辑，尽管你也可以把它放到形式逻辑里面去，但是它和形式逻辑的规范是不一样的，形式逻辑是建立我们思维的正面的规范，而应用逻辑则是一些消极的规范，譬如辩证法。康德在谈到辩证法的时候是带有贬义的，只是后来到了黑格尔那里，辩证法才成了一个褒义词。康德认为辩证法的作用都是消极的，它是为了暴露一些幻相。所以，在读康德哲学时，凡是遇到辩证法的地方，你就要知道这里面是有幻相的。同时我们还应该知道，辩证法虽然是一种贬义，但并非一无是处，它通过把幻相尽数地暴露出来，就可以使我们避免陷入谬误之中。在传统的形式逻辑里，也是如此。亚里士多德的《工具论》包含两个主要的部分，一个是分析篇，是正面的讲原理；一个是辨谬篇，是用来分辨谬误、排除谬误的。辨谬篇就属于应用的逻辑。应用的逻辑和纯粹的逻辑不一样的地方，就在于它不是要考察正确思维的规范，而是要考察各种谬误的产生的根源。谬误的产生主要是由于人们在应用中带入了主观心理的错觉、幻觉，比如说循环论证、偷换概念等，都是由于我们主观的注意力不够，或者分辨力不强这些心理上的缺点或失误导致的。所以严格说来，辨谬篇并不是纯粹逻辑的内容，而属于应用的逻辑，它里面包含有后天经验的成分，即人类心灵的不完善性、易错性等。鉴于人们在应用逻辑规则的时候经常容易犯错误，我们就建立起一套辨谬的法则，以避免犯错误。所以，从广义上来说，普遍的逻辑应该包含两个方面，即正面的纯粹逻辑和反面的应用逻辑。形象一点说，应用逻辑就是“清泻剂”，它着力于把错误的东西清洗掉。“清泻剂”的德文词是“Katharikon”，有人也把它译成“修整术”、“清洁剂”、“润滑剂”。这是由于没有搞清楚它的词源，它是从希腊文“Kathasiese”来的，学过美学的人都知道，它在亚里士多德那里是“净化”的意思。“净化”是亚里士多德美学的一个很重要的原理，是说通过悲剧把人心中的负面东西宣泄掉，人的心灵就获得了健康，带有心理学和医学的意味。据此，我们把它翻译成“清泻剂”应该是比较恰当的。

在康德看来，只有普遍的纯粹的逻辑，也即形式逻辑，才是具有彻底的普遍性的先天科学。严格说来，康德是不承认其他的逻辑，特别是所谓的特种逻辑的。因为它们不符合逻辑的本意，逻辑就应该是普遍的和纯粹的。应用的和特种的逻辑顶多只能说是普遍逻辑的一种补充，在外围为它排除一些干扰，避免一些错误，使之完善化，但逻辑本身还是形式逻辑。

那么，形式逻辑在认识中起什么作用呢？它是一种先天的科学，是一切知识的条件，我们要获得知识，就必须运用形式逻辑。但这个先天条件是消极的，就是说符合形式逻辑的不一定对，不符合形式逻辑的肯定错。如果在形式逻辑上错了，在事实上是无论如何都讲不通的，客观的知识是不能违背形式逻辑。但是反过来，如果合乎形式逻辑，是否就是知识呢？不一定。很多人说的头头是道，好像很合乎形式逻辑，但是在事实上却是错的，因为他只是凭逻辑推理，凭借不矛盾律来说话。符合形式逻辑的东西仅仅有可能是知识，但它到底是不是，还要看很多东西。所以说形式逻辑只是知识的消极的、必要的条件，而不是充分条件。但即使如此，我们也不要小看它，虽然你说的头头是道的东西，未必就是真理，可是反过来说，如果你连形式逻辑都违背了，那肯定不是真理。如果一个命题是不合逻辑的，那就完全不需要考虑了，就可以排除掉了。为什么公安局在搞侦查的时候，经常要采取排除法呢？就是因为在逻辑上不可能的东西，是必定要被排除掉的。虽然排除了之后能不能确证，还是另外一回事，但是第一步要做的就是排除，这是个起码的条件。所以，形式逻辑还是很重要的，虽然它独自不足以达到真理，但是它是真理的必要条件，不符合它的东西肯定不是真理。

形式逻辑只是抽象形式的，而且只是分析性的，它所处理的都是分析命题，它没有办法对付综合命题。譬如，有人说那朵花是红的，有人说那朵花是白的，他们两个都不违背形式逻辑，所以单凭形式逻辑是无法对综合判断作出裁决的。但是真正的知识是先天综合知识，或者是以先天综合知识为前提建立起来的知识。所以要建立一门知识单靠形式逻辑是不行的，除了形式逻辑之外，还要建立一门综合性的逻辑，它可以裁决先天综合判断，这门逻辑就叫先验的逻辑。

先验逻辑是以纯粹理性自身为对象和内容的。它探讨纯粹理性本身作为一种先天知识，具有一种什么样的结构。形式逻辑是没有对象的，它只是一种方法，它可以应用于任何对象之上，但先验逻辑是有对象的，它以认识本身为对象，纯粹理性的先天的认识本身就是它的对象和内容，所以先验的逻辑不是普遍的。形式逻辑的普遍性就体现在它可以适用于任何对象之上，而不管这个对象是假的还是真的。比如说，你想象一座金山，并且说"金山是金的"，这样说是合乎形式逻辑的，我们不管到底有没有金山，这样说都是对的，你不能说"金山不是金的"，因为这是自相矛盾的，是违背形式逻辑的。同样，你也可以说"飞马是能飞的"等等。并且，形式逻辑还可以用来玩游戏，譬如说下棋，卒、炮、相、楚河汉界等都是你想象中的东西，但是形式逻辑可以在里面起作用。因为它是不管对象是什么的，所以形式逻辑是普遍的逻辑。先验逻辑是与之不同的，它专门针对人的认识，专门针对真理。认识就是要追求真理，所以先验逻辑是关于真理的逻辑，特别是先验逻辑中的分析论。形式逻辑是关于正确性的逻辑，"正确性"和"真理性"是不一样的。虽然现代的语言分析哲学和逻辑实证主义把两者等同起来，语言分析哲学认为真命题、真值判断都是从语言上讲的，至于对象是否存在，是不管的，那是属于形而上学的问题，他们把真理性与语言上的真值判断、真值命题等同起来。但是在康德那里二者是有区分的，所以康德要重建形而上学，而现代分析哲学则是要取消或拒斥形而上学。

先验逻辑综合了形式逻辑和特种逻辑二者的长处。虽然康德不太看得起特种逻辑，因为它是后天的，但特种逻辑却有个特长，即它涉及对象，它根据自己的对象来建立逻辑。一方面先验逻辑具有形式逻辑的纯粹性，另一方面它不可以到处乱用，而是专门探讨认识论的东西，是真理的逻辑。因此，它也就具有了特种逻辑的特点，虽然它与对象没有直接的关系，但它是有关对象的知识的逻辑，它与我们有关对象的认识打交道。你要认识一个对象，你的认识就必须符合先验逻辑的要求。先验逻辑不是后天经验的，所以它和对象没有直接的关系，但是它与你对对象的先天认识活动有关系，所以可以说它和对象有一种间接性的关系，它先天地考察有关对象的先天知识。

二、先验逻辑

1. 先验逻辑与形式逻辑的区别

我们接着讲先验逻辑和形式逻辑的区别。首先，形式逻辑不管内容，只讲形式，所以它是普遍的。它能够运用于任何对象身上，而不管这个对象是真的还是假的，是想象出来的还是子虚乌有的，反正只要你有一个对象，你就可以依照形式逻辑进行推理。先验逻辑则与内容有关，我们可以说它是内容的逻辑，虽然它本身也是形式，但是它要考察认识的内容何以可能，所以它就没有那么普遍了，它只能运用于真实的东西身上，而不能随便乱用。你要是把它用在没有经验事实根据的东西身上，比如说用在上帝、灵魂身上，用在妖魔鬼怪身上，那就是误用，但是形式逻辑是可以用在这些东西上面，因为它不管对象，反正只要我的判断没错，那就完成任务了。但是先验逻辑要追求知识，它是关于对象知识的逻辑，是真理的、认知的逻辑，因此它成为了认识论。我们前面讲了，凡是用“先验”这个词的地方，都涉及了认识论的含义，先验逻辑是最典型的代表。前面讲到的先验感性论是关于感性认识的，这里的先验逻辑则涉及理性认识，感性认识有待于提升到理性认识。所以先验逻辑、先验认识是最直接与真理打交道的。

先验逻辑把逻辑变成了认识论。形式逻辑和认识论、本体论没有什么关系，形式逻辑是形式逻辑，认识论是认识论，本体论是本体论，三者并不相干。在先验逻辑这里，逻辑学就是认识论，同时也是本体论。当然这个本体论有歧义，严格说来在康德那里有两种本体论，一个是现象的本体论，一个是自在之物的本体论，我们通常理解的本体论是后者，我们把自在之物看作本体。本体论（Ontologie）的希腊文原意是存在论，在康德那里，存在有两种，即自在之物和现象。现象的总和就是现象界，也就是我们经验到的大千世界，虽然其背后还有自在之物，但是它们也有个存在的道理，这种存在就是由先验逻辑来讨论的。所以先验逻辑在这个意义上是关于现象的存在论（Ontologie）。这个时候我们就不好把“Ontologie”翻译成“本体论”了，因为这样容易引起误解，通常看来自在之物才是“本体”，怎么会有关于现象的“本体论”呢？康德称呼本体的词是“Noumenon”，在拉丁文里面它就是本体的意思。“Ontologie”是不同于“Noumenon”的，“onto”与德语的“Sein”和英语中“being”是同一个意思，即存在。存在可以是现象（Phänomenon），也可以是本体（Noumenon），所以这时候我们最好译作“存在论”。存在论、认识论和逻辑学在康德这里开始具有了合一的倾向，这个倾向直到黑格尔才变成了现实。其实马克思也是讲三合一的，他的辩证法也就是存在论、认识论和逻辑学三统一，我们学马哲的时候可能会讲到这个。

其次，形式逻辑也不管来源，它不管判断的要素是从哪里来的；先验逻辑则是管来源的，它研究对象的知识从何而来，比如说先天范畴，先验逻辑就要追溯到它们的知性来源。形式逻辑当然是知性的，但是它不把知性作为来源来讨论，它本来就是知性。先验逻辑要考虑知性以及知性和感性、知性和经验的关系，因为它是认识论。形式逻辑完全可以说是知性的，至于知性本身，它却不去追溯，它没有知性的自我意识，不去反思知性怎么样，感性怎么样。但是先验逻辑就要研究知识从何而来，它的成分、来源、范围。

再次，形式逻辑只考虑确定性，确定性也可以理解为普遍必然性。形式逻辑是普遍逻辑，放之四海而皆准，任何对象都不能违背形式逻辑，这是形式逻辑的特点。先验逻辑则要考虑真理性。当然，先验逻辑也是逻辑，所以它也要考虑确定性，但是它的确定性被提升到了真理性。提升到真理性的意思就是它要考虑与对象有关的知识，所以它间接地和对象相关，因此它不是那种毫无边界的“普遍的逻辑”。先验逻辑不是普遍逻辑，虽然它有普遍必然性，但是作为逻辑来说，它不像形式逻辑那样普遍。

最后，形式逻辑是一种分析的法规。在理性派哲学家的心目中，所谓的逻辑就是一种分析的、演绎的逻辑，他们一般不考虑归纳逻辑，认为它不能获得确定的知识，尽管你可以用，但那只是一种探索，不能叫做真正的逻辑。亚里士多德也是这样，他最得意的就是他的三段论式，概念、判断和推理这样一套学说，至于归纳类比，他认为它们都是没有确定性、没有普遍必然性的，只能作为形式逻辑的演绎推理的补充。但是演绎推理有一个毛病，就是它不管大前提，你给我一个前提，我就可以推，但是大前提从何而来，最终还是要诉诸归纳。诉诸归纳就是诉诸经验，因为只有通过经验，才能进行归纳，但这样一来它就不是严格意义上的逻辑了。康德也认为严格意义上的形式逻辑应该是分析的法规，而不是综合的。虽然先验逻辑也有分析，先验分析论从形式上来说需要分析，但是它的分析是专门研究先天综合判断的可能性条件的。所以，先验逻辑真正来说是综合的法规。我们前面讲了综合判断和分析判断的区别，分析判断有普遍必然性，但是它不能扩展我们的知识，而综合判断能够扩展我们的知识，先验逻辑就有这样一种功能。

但是形式逻辑和先验逻辑也有相通之处，它们都是逻辑，都是先天的形式法则，而且都是按照分析论和辩证论来进行划分的。康德的先验逻辑就划分为两个大的部分，他把分析论称之为真理的逻辑，把辩证论称之为幻相的逻辑，这和亚里士多德的分析篇和辨谬篇的区分是一样的，其实康德就是在模仿亚里士多德的形式逻辑的划分。

2. 先验逻辑的任务

先验逻辑的任务是确定先天的与对象相关的纯粹知识的来源、范围和客观有效性。先天的与对象有关的知识，也就是有关对象的知识里面的先天成分。我们前面讲到，任何一种知识都是经验的知识，但是在任何一种知识里面又都有先天成分，正是这些先天的成分使得经验的知识得以可能。而先验逻辑就是要考察这些先天知识的来源、范围和客观有效性，由此才能够回答自然科学里面的先天综合判断是何以可能的问题。

3. 先验逻辑的划分

我们前面讲了，先验逻辑的划分是模仿形式逻辑进行的，它有先验分析论和先验辩证论两部分，对应于亚里士多德的分析篇和辨谬篇。通过加进“先验”概念，康德把亚里士多德的纯粹形式逻辑的划分提升为认识论的划分，也就是说它不光是逻辑，而且同时是认识论，是认识论里面的分析论和辩证论。认识论的分析论，就是分析先天知识本身的结构，我们后面要讲到他的一整套范畴体系。在康德看来，我们的经验知识里面实际上有一套范畴体系在背后起作用，只是我们日用而不知，他就是要把它们提取出来加以分析。先验的辩证论也是这样，我们经常不知不觉地运用这一套范畴去规定一些莫名其妙的东西，比如说上帝、灵魂、宇宙整体等等。这些东西都是我们不能经验到的，一旦用范畴去规定它们，就会导致一系列的幻相。如何避免这些幻相，也需要一套逻辑，即幻相的逻辑，或者更精确的说，如何避免幻相的逻辑。先验分析论是关于如何取得真理的，叫真理的逻辑；而先验辩证论则是教我们如何避免幻相，所以叫做幻相的逻辑。

先验分析论又分为概念分析和原理分析，它们相当于形式逻辑里面讲的概念和判断。我们在形式逻辑里面讲到，形式逻辑研究的无非是三个层次的东西，一个是概念，一个是判断，一个是推理。先验分析论主要讲的是概念和判断，概念和判断构成真理，所以它属于真理的逻辑。先验辩证论讨论推理，推理产生幻相，所以先验辩证论被称作幻相的逻辑，具有一种批判性。分析论是建设性的，它研究如果我们要获得科学知识，就必须要采取一套什么样的框架。我们可以把认识比作一张网，先验分析论要做的事情就是把这张网描述出来。首先是网上纽结，它们指那些被称为范畴的概念。亚里士多德的《工具论》里面也有“范畴篇”，康德的范畴就是从亚里士多德借来的，但是经过了改造。他认为亚里士多德对范畴的论述太粗糙了，而且混杂不堪，因为他采取经验的方式去获得范畴，而康德的范畴表乃是经过严格的逻辑分析和引导而建立起来的。

如何编织出这样一张网呢？那就要靠原理分析。康德这里说的原理指的是判断原理，它们通过那些纽结把认识之网织成了。原理也就是法，人为自然界立法，到底立了哪些法？我们根据这些范畴可以把它们一条一条地列出来。由此，我们就可以通过这面认识之网去获取真理了，所以分析论才叫做真理的逻辑。

先验辩证论，就是说你把范畴不用在经验的材料之上，而是用到更高的东西上，你就会产生幻相。我们知道形式逻辑的推理是有前提的，但是它不管这个前提的真假，你给我一个前提我就可以推，我只管这个推理过程本身正确就够了，至于这个前提对不对，并不是形式逻辑讨论的问题。但是先验逻辑要关注这个前提，它不像形式逻辑那样碰到什么对象都去推，因为当推理超出经验范围之外，是会产生出幻相的。先验逻辑要管推理是否具有真理性，你光具有正确性还不行。如果你单纯依赖逻辑上的正确性，你就有可能推出像上帝、灵魂和宇宙整体这样一些理念，就会得出上帝是实存的，灵魂是不朽的、同一的，是能够和身体发生作用的，宇宙是有边界的等等这样一些伪命题。在康德看来，这些伪命题是要清除掉的，靠什么清除呢？就要通过先验的辩证论。先验辩证论专门考察在什么情况下，我们运用范畴和原理进行推理时会产生幻相。推理在它的平常运用中是没有问题的，你可以对任何事情进行推理；在先验逻辑中，也可以进行推理，譬如因果性就可以进行推理，通过结果寻求原因。但是一切推理都是有条件的，你当然可以再用推理追溯这个条件，并且追溯条件的条件，然而这种追溯是无止境的。比如原因后面还有原因，如果你这样一直推下去，当你推到一个终极原因的时候，就会出现幻相。推理有这样一个特点，或者说有这样一种本性，即它是趋向于无限的，你要追溯一个事物的原因，你可以无穷地追上去。在形式逻辑里面前提是给定的，是不容你推的，但先验逻辑是关于真理的逻辑，它不能够容许你随便指定给它一个前提，所以它要对前提进行回溯，一直到无限，这样就会产生幻相。为什么会产生幻相呢？因为无限是不能通过经验得到的，所有经验的东西都是有限的，都在一定的时间空间中。如果因为某个东西不能确定，你就笼而统之地说它是“无限的”，那就会出现幻相了。所以，推理也是一种综合，你把因果链条连贯起来，从有条件的东西一直推到最后的条件，推到某一个点上，以便把所有的因果链条综合在一起。当然这个点不可能是最终的原因、最后的条件，只是暂时的终点，如果就此罢手的话，你就可以获得某种知识。但是理性总是不满足，在先验逻辑中理性总是要追求真理，追求真理就是要追求绝对真理、最后的真理，否则它的整个因果链条就还是立不起来，有可能整个崩溃。所以它总要预设一个理念放到前面，或者说假设有一个无限的终点在前面，那个终点可以引导我不断地去接近它。这个时候就容易产生幻相，因为那个无限的终点不是在你的推理链条之中的，而是你另外设定的，为的是使这个综合的推理最终达到完成。但是这种综合很可能出现幻相。如果你把那个无限的终点比如说上帝，当作一个终极的原因，然后对它加以描述，就会导致幻相，因为它本身并不在经验之中，因而也不在知识之内，而在知识之外。但是如果你不是把它当成知识，而只是当成知识的引导，这倒是可以允许的。先验辩证论就是要讨论这样一些问题，即推理在什么情况下会出错、会导致幻相、我们该如何避免幻相等等。

先验辩证论分为三个部分：第一部分是关于理性心理学的。理性心理学中有一些谬误推理，譬如灵魂是一个实体等等。我们没有办法经验到灵魂，如果你推出来灵魂是实体，那就是先验辩证论要考虑的问题了，就要检查你在哪里出错误了。第二部分是关于宇宙整体的。宇宙整体也是经验不到的，我们所经验到的只是具体的万事万物，当你对宇宙整体作出判断的时候，就会产生二律背反，这也是我们后面要讲到的。第三是对上帝存有的证明。康德分析了对上帝存有的各种证明，将它们归为三类，即本体论的证明、宇宙论的证明和目的论证明。由于我们同样也没有对上帝的经验，所以从理论上进行推理是不能推出上帝存在的。

4. 先验逻辑的意义

先验逻辑的提出是很了不起的，它为哲学史开辟了一个新的方向。在康德之前的哲学家眼中，逻辑就是形式逻辑，是不管内容的，只具有工具性和技术性。由此，理性派的哲学家陷入到了独断主义之中，而经验派哲学家陷入到了一种工具主义之中。经验派哲学家也讲逻辑，比如说培根，他既讲归纳法，也不完全忽视演绎法，但是他仅仅把逻辑当作工具。理性派也把逻辑当成工具，只是到了莱布尼茨才开始有一种不把逻辑当成纯粹工具的倾向，因为他同时也把逻辑看成了世界的结构，但是这种断言是独断的，也就是超经验的。康德的先验逻辑的提出，使逻辑学从工具主义和独断主义的限制中摆脱出来，进入到了认识论、真理论，进入到了对认识的批判、对理性的反思；同时也从以往的形式逻辑的分析的观念，进入到了一种能动的综合的观念。先验逻辑是一种能动的综合的逻辑，它虽然也有“分析论”，但它不完全是分析的，因为它分析出来的东西都是能动的综合的要素。但正因为康德对形式逻辑的模仿，使先验逻辑带有一种主观的形式主义特征，它的主体部分就是分析论，它采取一种分析的方式，而不是像黑格尔那样采取一种辩证综合的演进。所以，先验逻辑可以说是逻辑发展史上的一次不彻底的革命，它一方面把以往的形式逻辑提升到了先验的层次，它是辩证逻辑的前身，但另一方面它只是采取一种外在分析的方式，把本来具有能动性的成分完全被动地一个个分析出来，所以它是一次不彻底的革命。后来经过费希特和黑格尔的发展，特别是后者，它才变成了辩证逻辑。在辩证逻辑那里，范畴就不是你分析出来的了，而是它们自己发展出来的。这种逻辑就与本体论，特别是与历史挂上钩了，因为范畴的演进本身呈现出一个历史的过程，一个生命的过程，这只是后来的发展，康德自己还没有到这一步。

第五讲　概念分析：范畴论

我们前面讲到，先验逻辑是《纯粹理性批判》一书的核心部分，它也最能体现康德在哲学上的创造力，而先验感性论只是为之做铺垫的。先验逻辑里有先验分析论和先验辩证论，先验分析论又分两个层次，即概念分析和原理分析。由此，我们可以看到，康德的思想是非常有层次感的。他首先要我们把概念搞清楚，然后从概念的应用中引申出相应的原理，这原理就叫法则，“人为自然界立法”就是指人为自然界建立一整套的原理体系。康德在这里所说的概念主要是指范畴（Kategorie），范畴是最高的概念，概念分析论主要是研究范畴的。

“Kategorie”，来源于希腊文，它本来的意思是“规定范围”、“划定界限”。我们中文的翻译则取自于《尚书》中讲的“洪范九畴”，“洪范”就是“大的规范”，“畴”就是“区域”，“范畴”就是指那些大的概念，或者说最高的纯粹的概念，它与一般的概念不一样的地方就是它能够放之四海而皆准。概念有很多种，凡是我们能说出来的语词都可以成为一个概念，譬如“一朵花”、“红色的”、“马”等等都是概念。这些不同种类的概念是有等级差别的，低的概念可以上升到高的概念，而在自然界中一旦上升到“物质”概念，那就达到最高了，不能再往上升了，物质的概念由此也就成了哲学概念，我们也可以把它叫做范畴。当然，康德的范畴与这种从低级的经验的概念渐次上升而得到的抽象概念还是不太一样，因为他的范畴有一套独特的体系。所以，范畴的通常含义就是指那些具有最高普遍性的概念，它们能运用于每一个事物之上，比如说，万物莫不包含实体性和因果性，因果性范畴和实体性范畴对任何事物都是能应用的。

康德的范畴还有一个限定，就是它又叫做“纯粹知性概念”。最大的概念不光知性有，理性也有。康德把纯粹理性的概念称为“理念”，理念和范畴也是不一样的。范畴虽然是无所不包的，但又是比较具体的，比如说因果性、实体性这样一些范畴，它们总是包含有经验性的内容。理念则可以不包含任何经验性的内容，它完全是理性推出来的。理念和范畴都是最大的概念，都是哲学概念，但它们本身的层次是不同的。

在古希腊，“范畴”这个概念最早是由亚里士多德带进哲学中来的，他专门写过《范畴篇》。但是在康德看来，亚里士多德的范畴是不完备的，因为它们只是被偶然地搜集起来的，是非常零散的。亚里士多德通过对我们日常语言的考察，通过对各种概念的对比和抽象，先是从中找到了十个最具有普遍性的概念，即“实体”、“数量”、“性质”、“关系”、“处所”、“时间”、“状态”、“姿态”、“能动”、“受动”。他认为任何一个事物都可以用这十个范畴之一进行描述，尽管那些子虚乌有的也许很难描述，比如说鬼魂等，但凡是能够作为科学的对象的，都能够被这些范畴所描述，或者说凡是能够被这些范畴描述的都是科学对象。可以说，亚里士多德为搜集这些概念绞尽了脑汁，他是非常渊博的，在修辞学方面也是很有造诣的，所以他才能勉为其难地搜集了十个。但是后来他发现十个有些少了，于是他又加了“对立”、“同时”、“在此之前”、“运动”、“具有”。这五个范畴又被他称为“后宾位词”，宾位词就是宾词，是用来描述主词的概念。所以，我们可以看出亚里士多德的范畴是不成体系的。虽然凭借经验的搜集能够找到一些比较突出的普遍概念，譬如实体、关系、数量等——亚里士多德最重视的是实体概念；但是这些普遍概念并不构成一个完整的体系，有些根本不在同一个层次上面，有些甚至就不是范畴。像“时间”、“处所”，在康德看来它们根本就不是范畴，虽然它们也是放之四海而皆准的，但是它们并不是概念，而是直观的形式。

康德的范畴概念是从亚里士多德那里发展出来的，但对之进行了一种根本性的改造，他要使这些范畴成为一个逻辑体系。虽然亚里士多德也有这个意思，但最终也没能做成。康德继承这个思路，他要搞清楚不同的范畴之间有什么样的关系、有什么样的层次和等级差别。他认为所有的范畴应该构成一个有机体系，在数量上不多也不少，没有一个范畴是多余的，也没有一个被漏掉。这样的体系只能是逻辑的，因为经验的东西总是不完善的，而逻辑的东西则是绝对的。但是如何发现这个范畴体系呢？这是康德在概念分析论中首先致力于解决的问题。

一、范畴体系的发现

前面讲了，亚里士多德采取一种经验的方式去搜集范畴，这样固然也可以偶然碰上一些真正的范畴，但不能对范畴的体系加以揭示，所以他发现的东西是零零星星的。康德认为，要对范畴体系加以揭示，就必须要有科学的方法和步骤，要排除一切不纯粹的因素，把问题提高到一个纯逻辑的层面。所以，他就力图对亚里士多德的范畴进行一番彻底的改造，摒弃了那种零零星星搜集的方法，把诸范畴按照一种逻辑的方式建构起来。

那么，这一点如何能做到呢？康德认为有一个最好的榜样，那就是亚里士多德自己已经建构起来的形式逻辑。形式逻辑与范畴在亚里士多德那里是两回事，虽然二者也有联系，但并不是在一个系列里的。形式逻辑主要是三段论推理，当然还有一些附带的部分，亚里士多德讲形式逻辑最主要的著作就是《分析篇》，讲范畴的则是《范畴篇》，两者之间的关系不大。而康德就是要把二者联系起来，他认为我们只有在形式逻辑的判断分类表里面，才能够发现建构范畴体系的线索。判断的分类在亚里士多德那里已经做了，后来的人又有一些补充，但是基本的思路在亚里士多德那里已经奠定了。在康德看来，判断有很多类型，每一种判断的类型都对应着一个范畴，我们可以按照这样的思路去寻找范畴，而不仅仅是去碰运气。碰运气，就会是偶然的，你就可能会遗漏一些范畴，但如果按照逻辑的程序和思路去寻找，并据此把范畴建构成一个体系，这个体系就应该是绝对的，一旦建立就既不多一分，也不少一分。范畴体系是我们认识的一个骨架，其他的一切都可以在此基础上铺陈，但是这个骨架是不变的、永恒的，这是康德的一个设想。

如何能够把形式逻辑的判断分类里面所隐含的范畴揭示出来呢？康德认为形式逻辑的判断分类和范畴之间有一种内在的亲缘关系。因为它们都出自于人的知性，是人的知性能力的表现。广义上说，知性也是理性，它比狭义的理性要低一个层次，我们下面还要讲到理性概念。一般来说，知性是指形式逻辑和自然科学中所运用的通过概念进行的思维能力，用康德的话来说，知性是指那种提出概念、建立原理的能力。在形式逻辑里面，我们已经在运用知性了，我们知道形式逻辑主要研究概念、判断、推理，两个概念可以构成一个判断，两个以上的判断构成一个推理。知性在这里起的作用就是提出概念和形成判断，而推理则需要理性。

知性除了用来建构形式逻辑之外，还有一方面的能力，就是提出范畴。知性可以提出概念，如果这个概念是形式逻辑的概念，那么它就是形式逻辑的任务，而如果这个概念可以用来概括大千世界的万事万物，那它就是范畴。我们刚才讲，范畴就是指能够概括一切事物的那样一些最高的概念。所以，形式逻辑的判断和先验逻辑的范畴同出一源，即人类的知性能力。

形式逻辑的判断之间的关系是一种分析的关系。我们前面讲了分析判断和综合判断之间的区别，分析判断是先天的、必然的，它的谓词包含在主词之中，这正是形式逻辑所要求的。从形式上看，一个判断的谓词不能超出主词，不能和主词相矛盾，形式逻辑是要坚决排除矛盾的。比如说，“铁是木头制的”就是一个自相矛盾的判断，是不能成立的，你不看它的内容，只看它的形式，就会发现它已经是自相矛盾了。所以，形式逻辑的判断要求主词和谓词在形式上有一种分析的关系。与此不同，范畴则起一种综合的作用。范畴被用来加在天下万事之上，它和对象有关，而这种关系显然是综合的。譬如，一件事情或某种结果可能有多种原因，我们只能根据实际情况来判定具体原因是哪一个或者是哪些，但任何一件事情肯定都有原因。所以，由范畴所构成的判断是一种综合的判断，它与对象有一种综合的关系，或者说它被用来综合对象。

所以，虽然说形式逻辑的判断分类和范畴之间有一种内在的联系，但是二者也有一种区别，即形式逻辑的判断是立足于分析的关系，而范畴则起一种综合统一的作用，它能够综合经验的各种对象。但是范畴和形式逻辑的判断的分类都是要达到一种判断，因为康德认为判断是一切知识的细胞，一切知识都是基于判断之上的，单个概念还不是知识。判断是以综合为前提的，我们可以从形式逻辑的判断分类中发现隐藏在背后的范畴，也即在分析关系背后发现综合的关系。范畴虽然只是概念，但它是用来综合的，用来加在一个经验对象之上的。

所以，形式逻辑的判断分类与康德先验逻辑的范畴之间有一种内在的联系。简单说来就是，形式逻辑的判断不管对象，所以它只是形式的，但是一旦对它的内容作理解，它就形成了范畴。也就是说，范畴是形式逻辑的形式关系下面所隐藏的一种认识之网的纽结，它是用来捕捉对象的。形式逻辑不管经验对象，它自己结了一个网，自得其乐。但是，它之所以能结一个网，那是因为在它的底下有范畴起作用。形式逻辑是从人的认识中抽象出来的一个独立的体系，然后好像变得和认识论不相干了，它不管真理性，只管正确性。康德则把形式逻辑拉回到认识论的基础之上，认为它还是从认识论里面生发出来的，是范畴的体现。所以，我们如果把形式逻辑的每一类的判断作一种内容上的理解，或者说把它用于认识一个对象，我们就会发现它里面包含的是范畴。因此康德把判断的分类表看做是发现范畴表的“线索”。

二、逻辑判断表

我们先来看看形式逻辑的判断分类：

判断分类表

1. 量：全称的、特称的、单称的
2. 质：肯定的、否定的、无限的
3. 关系：直言的、假言的、选言的
4. 模态：或然的、实然的、必然的

这个分类与亚里士多德以来的传统的分类有所不同，传统的分类非常散漫，远没有这么规整，而且常常是"二分法"的，比如全称—特称、肯定—否定、简单—复杂，等等。康德则对此作了大幅度的调整和修改。这些修改都是有道理的，就是说，康德是从先验逻辑的眼光看出了形式逻辑的不足，因而想要对它进行补足。我们来分析一下。

这个表中，量的三个判断很好理解，全称判断是说：一切 A 都是 B；特称判断是说：有些 A 是 B；单称判断是说：某个 A 是 B。质的判断中，肯定和否定也好理解：A 是 B，以及 A 不是 B；但"无限判断"是说：A 是非 B。那无限判断和否定判断有什么区别？看起来没有区别，"A 是非 B"就等值于"A 不是 B"。当然在逻辑上是有区别的，一个讲"不是"，一个讲"是"。不过这种区别纯粹是形式上的，实际运用中似乎意义不大，可以等值。但康德说，这种区别很有必要，因为"无限判断"不仅仅是一种形式上的安排，而且在内容上有特定的含义。就是说，当我们说"A 不是 B"时，我们并没有提供任何积极的信息，只是否定了"A 是 B"而已；但当我们说"A 是非 B"时，我们却已经提供了一个信息，就是 A 可能"是"除了 B 之外的任何东西。当然这些东西即"非 B"的范围是无限的，而且并没有特别指定是其中的哪一个，所以叫做“无限判断”。

要注意康德这种观点已经不是从传统的纯粹形式逻辑的立场来划分判断的类别了，而是暗中加入了先验逻辑的立场，也就是从知识的内容和对象上来考虑问题的立场。例如原来形式逻辑的量的判断只有全称判断和特称判断，因为人们通常都把单称判断也看作一种全称判断，或者只不过是一种最小的、没有外延的全称判断，因此没有必要分出来。如我们说“苏格拉底是白的”，和说“一切苏格拉底都是白的”，这两句话没有区别，因为世界上只有这一个苏格拉底。但康德认为单称判断不能归到全称判断中去，而应当单列，因为它表达的不单纯是概念上的等值关系，而且是客观对象中的量的关系。单称判断的主词是构成全称判断和特称判断主词的基本量，是量的单位或标准，所以必须确立起来。同样，也正是从客观知识的性质出发，康德认为必须在质的判断中把无限判断单独列出来，虽然无限判断和否定判断在概念上可以互换，但在有关对象的信息方面却有所不同，否定判断否定了就没事了，而无限判断则指向了一个无限广阔的对象领域。另外，量的三个判断是着眼于主词（A）的量的大小，质的三个判断则是着眼于宾词（B）的性质。而下面要讲的关系判断是着眼于主词和宾词的不同关系的。

在关系判断中，“直言判断”又翻译为“定言判断”，表达为“A是B”；看起来与“质”中的“肯定判断”是一样的，但又有所不同，它不是着眼于宾词对主词的肯定的规定性，而是着眼于主词和宾词直接相关的关系。“假言判断”则是间接相关的：“如果A，那么B”；其中A和B各自都是一个判断，因此实际上假言判断是两个判断的关系。“选言判断”则是两个以上判断的协同关系：“A要么是B，要么是C，要么是D……，几者必居其一。”中间的判断可以不断添加，但最后这个“必居其一”很关键，它使那些零散无关甚至有些是对立的判断全都被综合到A上来了。比如刑侦人员破案，总是尽量找到各种可能性的迹象，通过排除法，最后归结到尽可能少的几种可能性，如果能达到两种可能性，归到“二者必居其一”，这就离破案不远了。

模态判断在亚里士多德那里只有很模糊的提示，从康德以来才受到重视。

这三个判断着眼于我们的思维对系词"是"的一种主观确定，因此对判断的内容（A、B及A和B的关系）没有任何贡献，但却比这些内容更高，它们直接显示了在做判断时思维和存在的关系，只不过这个"存在"还不是客观的经验对象，而是逻辑上的系词"是"：是或然的"是"呢，还是实然的"是"呢，还是必然的"是"？这实际上已经预示着形式逻辑不只限于主观上的概念和概念的关系，而是涉及概念和客观对象的关系了，它们对应于后面要讲的可能性、现实性和必然性三个范畴。只不过康德还是在形式逻辑上的模态形式与认识论上的模态范畴之间做出了区别。如逻辑上的可能性并不等于现实的可能性，逻辑上凡是一切不矛盾的都是可能的，而现实的可能性还需要一系列经验的条件；逻辑上的实然是在假言判断的前提下得出来的，是逻辑上假设的实然性，而并非对象的经验的现实性；逻辑上的必然性也只是一种必然推断，而不是经验世界的规律。但这一切区分都只在立足于先验逻辑的认识论视野中才能够看得出来，而以往的人们常常把两种不同的逻辑含义混为一谈，特别是理性派的逻辑学家总是把逻辑的或然性、实然性或必然性当作是客观对象的可能性、现实性或必然性，把逻辑上的系词"是"误当作经验性的实在。不过，毫无疑问，模态判断在形式逻辑中接触到了最高层次的规定，即思维和存在的关系方面的认识论规定，它已经不去规定各个概念之间的逻辑关系，而是规定由这些逻辑判断所产生的命题在主观思维中被认可的程度。主观思维的这种觉醒下一步必然会将自己的眼光转向客观对象，因而就直接引出了先验范畴表。

三、范畴表

我们刚才讲的是逻辑判断表，或者说是判断分类表。我们现在开始进入范畴表，这是康德最具独创性的部分。他继承了亚里士多德的范畴学说，并加以发展，从逻辑判断分类里面引出了范畴的体系。前面我们列出了形式逻辑判断的十二个类型，它们构成了一个非常严谨的体系，任何判断都逃脱不了这十二个类型。你随便说一句话，我都能够把它归入到这十二类中的某一个。判断的分类表已经把所有知识的判断形式都概括在内了，凡是知识，在逻辑上都无法逃出这个表。甚至不仅仅是知识，包括非知识，甚至包括一些合理的想象、幻相，也都可以纳入进去。

前面讲过，当我们从认识对象的角度去看待每一个判断的分类，而不仅仅停留于形式，那么我们就可以从里面引出范畴。诸范畴也构成了一个表，即范畴表。在康德那里，范畴就是纯粹知性概念，所以范畴表也就是纯粹知性概念表：

范畴表

1. 量：单一性、多数性、全体性
2. 质：实在性、否定性、限制性
3. 关系：实体—偶性、因—果、协同性
4. 模态：可能—不可能、实有—非实有、必然—偶然

我们从上表可以看出，范畴也分四大类，每一大类有三个，共计十二个，它们和前面的判断分类是一一对应的，但这种对应的关系是需要加以解释的。

首先是量的范畴与量的判断之间的对应关系。一般来说全称判断应该对应于全体性，单称判断应该对应于单一性。但是康德却把它们颠倒过来了，全称判断反而对应于单一性，单称判断又对应于全体性，为什么会这样呢？这是因为康德在讲范畴的时候，与前面讲判断分类的时候所持有的立场是不同的，他已经从单纯的逻辑学转移到认识论上面来了。范畴在这里是与对象有关的，而不仅仅是思维的纯形式，从形式上或者外延上看是全称的东西，在内涵上却恰好是单一的。形式逻辑上有一个法则，即一个概念的外延越大，内涵就越小，二者是呈反比的。所以，从内容上看，全称判断恰好对应的是单一性，因为只有内容上单纯的东西，才具有一定的普遍性，才能够把某个种类的所有对象都概括起来。单称判断则对应于全体性，因为个别的东西在内容上是最丰富的。譬如，“苏格拉底”这个个别的人就具有很多丰富的内容，在他身上就显现出了一种全体性；而“人”这个抽象概念则要贫乏得多，只是苏格拉底的某一方面。

其次是质的范畴和质的判断的对应关系。前两个对应比较好理解，即肯定的判断对应于实在性，否定的判断则对应于否定性。但是第三个则比较难理解，“无限的判断”怎么会导致一种“限制性”呢？其实，这里面也是一个从形式到内容的立场转换。譬如，从形式上看，“灵魂是不死的”是一个无限判断，因为根据这个判断，灵魂可以是死的以外的所有的东西，所以它是一个无限判断。但是从内容上看，你实际上所获得的只是对某个对象的排除，只是一种限制性。无限的东西不是任何现实的知识，而只是一种可能的知识。通过无限判断，我们可以把握到的只是，在认识一个对象的时候必须首先把某个东西排除掉，这只是做出了一个限制。所以无限判断在范畴表里面对应于限制性的范畴。

再次是关系范畴和关系判断的对应关系。直言判断对应于实体和偶性，假言判断对应于因果性。这前两个都好理解，比较难理解的也是第三个，即选言判断对应于协同性，因为二者在字面上意思恰好相反。“选言的”德语词是 disjunktiv，它的拉丁文的意思本来是“分离的”、“分开的”，“协同性”的德语是“Gemeinschaft”，意思是“共同的”。“分开的”和“共同的”在字面上看正好是相反的，只有从认识论的角度来看，两者恰好是相辅相成的，即分开的东西才是全面的，根据它们才能把所有的东西都放在一个共同体里面来。也就是说只有当你把所有的方方面面都考虑到，甚至把反面的意见都全部考虑到，才能全面地把握同一个事物。譬如我们刚才举刑事侦探的例子，如果你要采取排除法去查找犯罪嫌疑人，你就不但需要考虑到正面的情况，也还要考虑到相反的情况，也就是要尽可能地把各种各样可能的情况都囊括在内，只有这样你通过排除所得出的结论才没有漏洞。你由此所得出的答案只能是一个，多者必居其一，这是由选言判断的特点所决定的，在各种选择项里，只有其中的一个是正确的。但是这个“其一”是在全体的背景之上的其一，如果没有这个背景，这个其一是不可靠的，因为你可能漏掉了一些情况。而一旦你把所有的情况都考虑到了，那就“必”居其一了，最后从中所选择的那个就是可靠的，这就是知识了。但那些被排除的可能性在得出这种知识的过程中都作出了贡献，因为假如没有它们，你的考虑就不周全，最后的知识就还不牢靠。所以，从形式上看各种情况之间好像是杂乱无章互不相干的，有时甚至是互相冲突互相矛盾的，但恰好因此，才成全了一个协同性，也就是把所有的这些信息都包含在内，协同起来加以通盘考虑，最后才能得出可靠的结果。

我们注意到模态范畴都有一个反面，它们都是一对一对的。为什么是这样呢？按照康德的说法，模态判断只着眼于中间的系词“是”，而系词取决于主观的态度，即你的断言究竟是一种大致的可能的断言，还是一种确实的断言，抑或是一种必然的断言。因此，模态范畴和客观事实本身的结构没有关系，它们只是我们的主观对待客观的态度。

模态判断是最高级的判断，模态范畴也是最高级的范畴，但是它们都要以前面所有的判断或范畴为前提。模态判断之前的判断涉及知识的形式结构，譬如知识到底是全称的还是单称的，是肯定的还是否定的，是直言还是假言的，等等。在范畴里面，涉及客观事物本身的构成，如单一性和多数性，实在性和否定性，实体性和因果性，等等。唯有模态范畴，既不涉及知识的形式结构，也不涉及客观事物的构成，而是涉及主观对客观的态度，涉及我们的主观思维和客观存在之间的关系。所以模态范畴是最能够突显出范畴的认识论性质的。因为认识论就是考察思维和存在、主体和客体之间的关系的，模态范畴就是专门讲这个关系。前面的范畴都是在讲客观存在是怎样建构起来的，有关对象的知识是怎样形成的，而这种知识一旦形成起来，提供给我们之后，我们就会对它有某种态度，这就是模态。

模态所关注的是所有前面的那些判断是否可能、是否实有、是否必然。

如果所有在前的那些范畴都不成立的话，我们得出的就是不可能，非实有，或者顶多是偶然的。也就是说一旦这些范畴不应用于经验的对象之上，或者说虽然应用于经验对象之上，但是没有获得经验对象的支持，没有对象的经验根据，这个时候你所得出的就只能是否定的结论。所以主观的态度实际上是双面的，就是看看它是否可能，是否实有，或者说是否必然。当它缺乏某些材料的时候，我们就只能说它是偶然的，再缺乏某些材料，我们就说它是非实有的，甚至当你连可能的经验都不能提供的话，那它就是不可能的。所谓的连可能的经验都没有，意思是你不但现在没有关于它的经验，而且无法设想将来能得到这种经验。

所以，这里的可能性与形式逻辑的可能性是有很大区别的。我们通常所讲的可能性，实际上只是形式逻辑的可能性，即凡是逻辑上不矛盾的都是可能的，这叫做抽象的可能性。但是到了范畴这里，就不是抽象的可能性了，而是一种具体的可能性，也即有没有一种可能的经验。自然科学中的假设就不是单纯凭借逻辑上的不矛盾做出的，如果一个有关自然规律的命题仅仅是由于在形式上不矛盾，你就把它假设下来的话，就不是科学的态度了。在科学中，任何可能性的假设，都必须建立在已有的经验知识的基础之上，由此再去推测有没有一种可能的经验，如果没有就是不可能的。实有和非实有也是这样，就是看有没有关于某物的现实经验，你手中是否已经把握到了现实的经验材料，如果没有就是非实有。这些都是主观的态度，只是把已有的客观知识拿来加以判断，而不去建构客观知识。这样一些范畴具有一种应用于经验对象之上的作用，所以必须考虑它们的反面。必然性也是如此，你有了现有的知识，你还要考虑这个知识是必然的，还是仅仅是偶然的。如果没有摸清它里面的规律，你只能说它是偶然的。在科学研究中，有些看起来偶然的东西，可能只是因为我们缺乏一种新的眼光或者新的范式，或者它只是最初被人们发现的时候如此，在继续的研究中还是能寻找到它的规律性的。比如说放射性的发现，居里夫人等科学家最开始都认为它是偶然的。在没有找到这种现象的规律的时候，它确实是偶然的，但是当人们深入研究之后，最终找到了它的规律，那它就是必然的了。所以，可能和不可能、实有和非实有、必然和偶然这几对模态范畴，作为主观的态度，在科学研究中是很有必要的。模态范畴是和关系范畴类似，它们不像量和质那样是单一的范畴，而是成对的，只不过模态范畴是一种主观的态度，而关系范畴是一种客观的结构，如因和果、实体和偶性。

上述这四类范畴里面也有一种区分。首先，量和质可以归于一类，它们都是单个的范畴，是一切自然科学最起码的基础。近代以来的科学追求定量化、精密化，如果一门科学不能进行定量的研究，那说明它还不成熟。比如说人们普遍认为中医就不是成熟的科学，因为它的很多东西是不能够被定量化的。在定量化的基础之上，再去确定它的质。质和量是一切科学的两个基本的要素，康德把它们命名为“数学性的”范畴，而把关系和模态称为“力学性的”范畴。数学性和力学性有一种区别，数学性是一种构成性，数学性的范畴是一切科学知识的基本的构成要素；在这些已经构成的要素的基础之上，我要再加以推演，就是力学性的。力学性的范畴起一种调节性的作用，有人也把“调节性”翻译成“范导性”，像李泽厚等人。其中关系范畴属于客观上的调节性，而模态范畴则属于主观上的调节性。

数学性的和力学性的，或者说构成性的和调节性的，这对概念在康德那里不仅仅是在范畴表上面运用，在很多其他的方面都运用。所以，每次遇到这样一对概念的时候，我们不要以为他讲的就是数学和力学，他只是用它们来打比方。因为数学是比较确定的，是对象本身的结构；而力学是考察对象的运动，即在动态中考察事物之间的关系。他只是借用数学性的和力学性的概念，而不是直接讲数学和力学。通常来说，数学性的思维方式是理性派比较强调的，而力学性的思维方式是经验派比较强调的，这表现出康德调和理性派和经验派的倾向。

总而言之，范畴表与逻辑判断分类表有一种对应关系，虽然这种对应不是机械的，还需要加以解释，但是二者在总体模式和结构上确是一一对应的，由此引出的范畴表就是先验逻辑的主体部分。先验逻辑的分析论主要就是研究这个范畴表，范畴表可以说是康德的整个先验逻辑的一个大纲。我们要把这样一套范畴牢牢记住，因为它们在康德哲学中经常被用到，它们可以说是一种方法论，是他的建筑术。凡是讨论到形而上学问题、哲学问题，康德往往就把他的范畴表搬出来，有时候归于这个部分，有时候归于那个部分，甚至在讨论道德、审美问题的时候，他也把这一套搬出来，要么是质，要么是量，要么是关系，要么是模态。他认为只有经过这样一番考虑，才能够穷尽所要考察的领域所有的问题。如果没有这一套模式，问题可能就是不成系统的，因为经验归纳永远是不能完成的，它总是有遗漏的。如果没有这样一种清晰的线索，就可能会把一些不相干的东西掺杂进来。只有通过这样一套严整的逻辑构架，我们才能全面地去思考问题。比如说道德的问题、自由的问题，在《实践理性批判》里面，自由的分类表也是按照量、质、关系、模态来加以分类的。审美也是这样，美的四个契机也是按照质、量、关系、模态进行分类的。在这些高层次的问题上，康德都把他的范畴表作为一个考虑问题的框架搬出来。而未来的形而上学，比如说自然的形而上学，也是在范畴表的模式之下建立起来的，《纯粹理性批判》就是为了给未来的形而上学奠定基础。康德写了一本小册子叫《自然科学的形而上学基础》，这个书我们已经有中译本，有兴趣的可以去看一看。我们看看目录标题就可以知道，它就是按量、质、关系和模态四类范畴建立起的自然的形而上学。道德的形而上学也是如此。所以，范畴表是为先验哲学奠定基础的一个模式，你要谈康德哲学，如果连范畴表都没有了解，那么你就还没有入门，你必须首先把范畴表的结构搞清楚，记在心里。后来的人谈康德也好，甚至建立自己的体系也好，很多情况下你都可以在他们的体系中隐隐约约地看到康德这样一套构架的影子。比如说黑格尔的逻辑学里面很多地方就是把康德的表照搬过去，但是他同时也引入了自己新的解释，把很多隐藏的含义展开了。

再一个要注意的就是三分法，三分法也是对形式逻辑的一种超越。在康德之前，人们一讲到逻辑，首先想到的就是两分，肯定和否定，正和反，非此即彼。唯独从康德开始，在“正”和“反”的后面提出了“合”，这是非常重要的，它可以说是辩证法的萌芽。费希特、谢林、黑格尔的辩证法，都从康德的三分法里面受到了启示。我们自己也可以私下里考虑考虑这种思维方式，譬如说，你要写一篇文章，要论证一个问题，往往就会采用这种方式。中国古代的八股文讲究“起承转合”等套路，其实这里面是有一种思维的逻辑的，八股文也不是完全要不得的，如果你的思想按照这样一种程序表达出来，是最容易被人们所理解的。我们现在写文章也是要讲究分段的，通常如果只分两段的话，你会觉得这个文章还没有写完，最后还想加几句结论。所以，我们写文章起码得三个部分，最后要有一个结论，当然也不一定，有时候分上下两篇，有时候则有四五个部分，但是你心里要知道，最后一个部分是点题的。这是人类思维的规律，也是事物发展和运动的规律，既是认识论，也是本体论，也是逻辑学。所以，如果我们熟悉了逻辑学上的三分法，那是非常有好处的，我们写起文章来就会比较有思路了。

四、短评

在康德的范畴问题上，我们应该把握这样几个要点：首先就是他的两个表，即逻辑判断表和范畴表。康德在这里表现出一种非常强烈的倾向，就是要突破传统形式逻辑的那种形式主义。当然，一般来说康德也是形式主义的，而且康德是典型的形式主义，但是在形式主义里面，我们也是可以承认这一点的。为什么在康德之后能够发展出费希特的辩证法，就是因为康德的形式主义与以往的形式主义还不一样，他实际上是对以往的形式主义做了一种突破。从亚里士多德以来的形式逻辑，经过斯多葛派和中世纪经院哲学的发展之后，已经变成完全形式的、咬文嚼字的东西了。经院哲学家们常常是单纯从形式上、从字句上对《圣经》加以研究，所得出的结论完全与现实无关。康德对形式逻辑判断表的改造以及他的范畴表的提出，都是对传统形式逻辑的一种突破。可以说，他的先验逻辑是不同于形式逻辑的另外一种逻辑，是一种与内容相关的逻辑，虽然它本身还不是内容，还不直接和对象相关，但它和我们对对象的认识是有关的。正因为如此，他的先验逻辑也是认识论，甚至也同时是本体论，认识论、本体论和逻辑学在康德这里开始有了一种统一的趋势。这三者在亚里士多德那里是没有分化的，是混沌地统一的。一般来说亚里士多德的逻辑也是认识论，甚至也是本体论，是关于世界结构的宇宙论。后来经过斯多葛派和中世纪的神学家、逻辑学家的提炼和打造、补充和完善，逻辑学就与认识论和本体论完全不相干了，它成了一种思维的技巧和工具。到康德这里，三者又趋于统一，而到黑格尔那里就完全统一起来了。所以黑格尔的逻辑学，并不是我们通常讲的逻辑学，我们在图书馆里常常发现，黑格尔的《逻辑学》并不是放在“哲学”的架子上，而是在“逻辑学”的分类之下，其实这搞错了。他的逻辑学既是本体论，又是认识论，那本书应该放到西方哲学的架子上面去。

其次是范畴的正反合的演进。这种演进在康德那里表现得还不明显，或者说他还没有很明确地意识到，他把范畴表当作一种固定的形式框架，四大类、十二个范畴就固定在那里，它们是永恒的，不多也不少。你如果提出另外的范畴，他马上就会说，你可以把它归到其中的一个里面去。你也不能说，十二个范畴里有哪一个是多余的，每个都有自己的用处。这样一来，康德的范畴表就是固定的、僵死的，没有真正体现出范畴之间的推演关系，黑格尔就对这一点很不满意，他认为真正进行范畴推演的是费希特。费希特把范畴一个个地排起来，把它们变成了一个生命的过程，范畴内部有自己的推动力，推动自己从一个范畴走向另一个范畴。而在康德这里则不是这样，他是外在的把它们安在某一个地方，所以我们可以把康德的范畴理解成一个大厦，是范畴的“建筑术”。建筑术的概念表明他对范畴的理解不是历史的、发展的和有生命活力的，而是僵死的。尽管如此，康德的范畴表还是不自觉地体现出了范畴的内在的冲动，每一个范畴都不是自满自足的，正题必须要考虑到反题，而正题和反题必须要考虑到合题，它已经体现出了这种潜伏着的力量。到黑格尔那里，他就把这种力量充分发挥出来了。黑格尔的逻辑学就是一系列正反合的范畴，同时也被安排在一个历史之中，而不是安排在一个大厦中，它们是从低级到高级不断运动的过程，有着不同的阶段，这就是辩证法的发展。但是它的最初的萌芽，可以说在康德的范畴表那里已经孕育着了，我们要用这种眼光来读康德，才能看清他的观点的本质。

第六讲　概念分析：先验演绎（一）

康德把范畴表称为“先验的”范畴表，[1]这个表的作用康德认为是先验的，但是对范畴本身来说康德一般称之为“先天的”范畴，而不叫先验的范畴。先验的，前面讲到它也属于先天的范围，但是先验的和先天的这两个概念的用法有点不太一样，讲到先验的时候主要是讲它的动态的作用。那么今天要讲的“先验的演绎”也就具有了这样一种含义，它要探讨这样一个问题，即先天的范畴如何作用于经验的材料之上，以形成经验的对象，或者说形成我们知识的对象？这也就是追问先天的范畴运用于经验的对象上的“权利”何在。说到权利问题，我们大概会有些疑惑，因为一般来说权利是法律和道德领域研究的问题，怎么会和认识牵扯到一起去了呢？其实康德这里的权利指的是一种必然性，他要问的乃是先天的范畴为什么必然要运用在经验的材料身上，来形成经验的对象。为什么一定要这样，不这样行不行？或者说先天范畴的作用能不能由一些后天的偶然的经验的东西来取代，比如说休谟所讲的“联想”？休谟认为因果性并没有什么权利应用于经验的材料之上，它只不过是我们主观的习惯性的联想而已。如果我们重复多次地观察到两件事情总是先后发生，在我们的观念中就会形成一种恒常的联接，使我们产生一种路径依赖。我们看到石头热了，就会说太阳晒是石头热的原因，但是这种因果性不具有先天的必然性，它只是一种后天的偶然性。事情本身有可能是，太阳晒并不是石头热的原因，或者说石头热可能有另外的原因，甚至根本没有原因，只是我们心理上习惯于为石头热找到一个原因而已。这是休谟的观

1　参看《纯粹理性批判》B115。但这种说法比较少见。

点。康德要为因果性这样一些自然规律辩护，要证明它们的权利，说明它们是必然的，是能够形成客观知识的，而不仅仅是主观的联想。你不能说这个东西是没有原因的，你没有权利这样说。在自然科学里面，一切东西都是有原因的，这里头有一种必然性。康德把一个法律的用语用到认识论上来，我们中国人可能感觉有点不太适应，但是这在他看起来是很自然的，因为西方的法律本来就是从一种“自然法”、从一种科学的规律或法则中引出来的。

我们这里讲的先验演绎，就是考察范畴先验地应用于经验上的权利问题。“演绎”的西文是“Deduction”，它本来的意思是“引出来”、“带出来”、“来源于”等，转用到形式逻辑上面时，被我们译成“演绎”。但是康德的演绎和形式逻辑的演绎又不太一样，我们先来看看先验演绎的原理。

一、先验演绎的原理

康德的演绎是一种先验演绎，或者说是先验逻辑的演绎，它和一般形式逻辑的演绎是不太一样的。一般形式逻辑的演绎很简单，你设立一个大前提，然后我就可以通过三段论式推出它的结果，这在亚里士多德那里就制定好了，各种各样的前提都可以通过三段论式来演绎出它必然的结果，这就是形式逻辑的演绎。康德的先验的演绎则有一种追溯的意思，好像是一种倒过来的方式，因为它是先验的，是从内容上而不是从形式上来寻求问题的根据的。所以，康德虽然也用“演绎”这个概念，但这个演绎是有特定含义的。

康德首先举例说明了法律上的演绎是什么意思。譬如，我们在打官司的时候，证人往往会提供两种不同的根据，一种是经验的根据，一种是先验的根据。经验的根据就是事实材料，法官要求证人提供证词，证词里面就包含许多具体的经验事实。比如说打土地官司，有的证人就会说，他看到原告从小就住在那里，原告自己也能够提供出一些材料，证明他们祖祖辈辈都占有这块土地，耕种这块土地，在这块土地上生活。这种证据说明了一个历来都是如此的经验事实，这是一种经验性的演绎，原告为自己的土地占有权和使用权提供了经验的证据。但是法官不会满足于这种经验的根据，因为这种经验的根据有可能是偶然的。你说你祖祖辈辈就在这里住着，难道就能够证明这片土地必然是你的吗？那可不一定。你还必须提供先验的证明，也即法律上的文凭根据。只有在法律上判给你的东西，才是你合法的所有。你不能只提供事实根据，事实的占有不能证明你法律上合法的所有。占有和所有是不一样的，你占有了它，并不等于它就归你所有。你祖祖辈辈在这块土地上耕种，但是这块土地到底是不是你的，还要另外提供合法的根据。如果你追溯到最后，发现是你祖上一次冒险非法占有了这块土地，那么你现在占有也就会是非法的，就不能得到法律承认。

当然法律也是由政府制定的，它最后也是经验的。但是通常在西方的法律观念中，自然法是有先天的成分的。人们一般认为有两种类型的法，一种是自然法，是先天的，比如说人天生是自由的；另一种是人为法，就是规定在现实生活中具体怎么样去表现你天生的自由，譬如你如何自由地占有一块土地，这就还需要人为法。人为法的根据是自然法，先天法规定的是每个人天生就具有的权利，是不用证明的。如果人为法违背了自然法，违背了一个人的先天的自由，那么人为法就可以被修改，甚至可以被推翻。当然，在打官司的时候是不会追溯这么远了，但是它起码要追溯到由自然法而定下来的人为法，这叫做先天的根据，或者说先验的证明。比如说在欧洲人跑到新大陆之前，当地祖祖辈辈世世代代生活着印第安人，占有着那里的土地，把那片土地看成当然的谋生之地。可是他们并没有合法的根据，因为印第安人不是法治国家，他们怎么能够拿出合法的凭据呢？所以欧洲人跑到那里去，就把土著赶走了，并且他们并不认为自己这样做是违法的，根据他们国家的法律，凡是没有合法的手续的土地都是“无主的”土地，无主的土地是谁都可以去占有的。那么，我跑到那里去把印第安人赶走，然后跑到联邦法院里去办一个手续，我就是这块土地的合法主人了。当然人们对殖民地的历史有很多争论，是不是你占有了那块土地，你就是那块土地的所有者呢？关于这个问题，黑格尔也谈了很多。黑格尔非常怀疑，仅仅凭借法律的一纸空文，就可以断言一片土地是你的。黑格尔倒是比较强调“耕者有其田”，你在那里世世代代耕种，你就对那块土地具有所有权。当然黑格尔最终也没有讲明白这个事情，还是马克思说的比较清楚。在康德这里，这个前提还不存在，他基本上就是从启蒙理性的观点来看的，理性是最高法庭，而理性在契约方面就表现为合法的证据。我们今天讲，你买一个房子必须要有两证，否则你只有居住权、使用权，而不具有所有权，你就不能进行房屋买卖。

以上是康德谈先验演绎时的一些背景，可以帮助我们理解他为什么会在认识论中提出权利问题。如果没有法律上的先验的演绎的话，财产所有权的合法性最后就只能追溯到偶然性，比如说“运气”。按照休谟的观点，所谓的必然规律其实不过是主观的习惯性联想，你联想到这两个东西具有因果关系，他联想到那两个东西具有因果关系，这完全是偶然的。就像一块地产，你的祖先冒险和别的家族械斗，然后把那个家族打败了、赶走了，于是你们家族就世世代代住在那块土地上了，但是你们的这种占有毕竟还是非法的。因果性也是这样，如果它完全是联想的结果，我们就不能把必然性赋予它，因为归根结底它还是偶然性，只是你以为它是必然的，其实不过是你习惯了而已。

如何能够证明这样一种知识是必然的呢？也就是如何证明由范畴运用于经验的材料身上所形成的那个对象具有客观必然性，而不是主观随意联想出来的呢？这就需要演绎了。很显然康德在这里把经验派当作自己的对手了，因为经验主义者，尤其是休谟，他们都否认范畴的客观有效性。但是他们有一点还是对的，就是单纯从经验里面是抽不出先天范畴来的。康德也是同意这一点的，但他和休谟的思路完全相反。他认为，正因为我们不可能从经验中抽象出范畴，我们才必须把范畴看成是另有来源的，即来自于认识主体的先天能力。先天范畴在应用于经验材料之上的时候，具有一种先验的必然性，这意味着，诸范畴乃是这些经验对象之所以可能的必要条件。这也就是说，如果我们不具有这样一套范畴体系，不具有这样一套先天的人类认识之网、并且拿着这一面网去捕捉那些经验的材料的话，那些材料就完全会是偶然的、飘忽不定的，不能形成任何知识，甚至也无法形成一个对象。我们今天看到的大千世界是五光十色的，但是我们还是要把它们区分为一个个的对象，这一点只有大人能做到，婴幼儿还做不到。刚出生的婴儿眼睛里面是一片五颜六色，他们甚至分不出远近，分不出这个和那个。当然，你可以说他们后来经过生活实践，经过不断的尝试，最后形成了实体的概念和原因与结果的概念。但是康德不这么认为，他认为我们之所以能够分辨五颜六色，还是因为我们头脑里面有一套先天的范畴，我们把这些先天的范畴加在那些经验材料身上，才使它们形成了一个一个的对象和自然规律。

比如说，根据因果性的范畴，我们说这个是原因，那个是结果，不能倒因为果；根据实体性的范畴，我们不能说某个作为实体的东西突然一下就消失了。很小的小孩子就没有这些观念，当一个幼儿看到一辆玩具车跑到门后面去了，他就哭起来，他以为这个玩具没有了，当大人把门打开给他看时，他才知道玩具并没有消失，还在那里，于是破涕为笑。大人知道它是不会消失的，因为它是一个实体。康德的解释是，我们之所以有实体的概念，并且知道实体不会消失，是因为我们的认识框架就是由这样的范畴构成的。所以在我们的眼睛里面，这个世界是清晰的，这些范畴可以被看作任何一个对象可能的先天条件。如果我们再从这些先天条件里面把经验的对象推出来，那就是先验的演绎了。先验演绎的意思就是说，首先为经验的材料追溯它们之所以可能的先天条件，然后再用这些先天条件来说明我们所看到的经验对象是如何形成的，而这就证明了我们是有权把范畴运用于经验的对象身上的，“有权”就是能够必然把这些经验的对象看成是范畴的一个结果。

由此先验演绎就分成两个阶段，第一阶段叫主观演绎，第二阶段叫客观演绎，把顺序颠倒过来也是可以的。人们对这两种演绎之间的关系，历来有很多争论。康德自己对这个问题的表述也是有所变化的，在《纯粹理性批判》第一版中，康德比较重视主观演绎。主观演绎就是我们刚才所讲的，追溯我们经验对象之所以可能的先天条件；客观演绎就是从这个已经追溯到的条件里面，推论出这些经验对象的客观必然性，由此说明这个先验条件是有权运用于经验对象的。也就是说，从经验里面找到经验所包含的先天条件，就是主观演绎；从这些先天条件来说明经验对象必然是如何形成的，就是客观演绎。主观演绎是从下往上进行的，即从经验材料往上追溯到它之所以可能的先天条件；客观演绎则是从上而下，用这些先天的范畴来说明经验的对象是如何形成，如何获得客观必然性和客观实在性，也就是如何形成科学知识的对象。《纯粹理性批判》第一版比较重视从下而上的演绎，因为这种进程比较好理解。对一般人而言，一下子提升到最高的抽象是很困难的，他们必须从眼前的东西开始，从能够直接把握的经验的东西开始，然后分析现有的经验里面包含着一些什么样的先天条件。我们前面讲到，人类的经验里面包含有两个层次的知识，一个是先天的知识，一个是后天的知识。经验本身当然是后天的，但是经验一旦获得之后，我们就可以发现，它里面其实是包含先天成分的，比如说时空形式和范畴，我们今天主要讲范畴。我们通过对经验进行分析，可以发现它里面所包含的范畴以及它之所以可能的最高条件，即先验的自我意识或统觉，这个进程是顺理成章的，一般人比较容易接受。然后我们从已经追溯到的范畴和自我意识下降，再来解释我们是如何能获得各种各样的经验对象的，这也是顺理成章的。在《纯粹理性批判》第一版中，康德基本上就是这样做的。但是这样的做法有一个致命的缺陷，就是容易被人看成是心理主义的。你搞了半天，还是在主观经验里面打转，你在主观经验里面分析得到的东西不还是主观的东西嘛，然后你再把它们应用到经验对象上面去，那些对象不也成主观的了吗？你讲那是客观的，但只是你主观中的客观。所以第一版《纯粹理性批判》发表以后，引起了很多误解，很多人认为康德弄的其实还是休谟那一套，与贝克莱的“存在就是被感知”也没有什么区别，不过是多加了几个字眼而已，那些所谓先天的东西还是从经验里面分析出来的，它们本身还是不能独立。为了消除人们的误解，康德在第二版中对演绎的问题作了大幅度的调整，把整个思路都颠倒过来了，他开始先从客观演绎入手了。他认为客观演绎本身不是经验的问题，演绎里的那些范畴，先验自我意识的统觉都不是从经验里面得出来的，它们本身是逻辑前提，而不是经验前提。原来我们是从经验中追溯它们，但我们要意识到，其实我们所达到的是逻辑前提，它已经超越了心理学的东西。然而这一点并不是所有人都能意识到的。于是，第二版他就把次序干脆倒过来了，先把逻辑前提讲定，然后再来分析经验何以可能；讲完这些以后，再又回过头来检验一番，从那些已经可能的经验里面，来看看有没有哪些东西是可以逃出范畴和先验自我意识的。这后面一步可以说是作为一种“验算”，就像数学里面，一道题目做完了以后，你要回过头来验算一下。由此主观演绎就变成了一种验算的手段，而客观演绎就变得更加重要了，因为他是在讲先验逻辑嘛！他要为自然科学的客观必然性做出辩护，仅仅停留在经验的层面上是不行的，所以在第二版中，他进行了大的修改。但这并不意味着他对第一版的程式有所抛弃，二者只是说法不同而已。第一版是先从下而上，再从上而下；而第二版是先从上而下，然后再从下而上来验算。有关第一版演绎和第二版演绎的争论是非常多的，它们之间的关系也是非常微妙的。我们下面先从第一版中的演绎讲起。

二、第一版演绎

第一版中的演绎相对来说比较容易进入，它和心理学的确非常相似，好像康德就是在讲认知心理学和微观心理学。后两者从康德那里确实也得到很多启发，因为他在这里对认识经验作了非常细致的分析。第一版中的演绎采取的是一种先从下而上再从上而下的方法，这是一种分析的方法，它符合该章的标题，即“先验分析论”，从摆在我们面前的经验入手，对它们进行深入分析。一般来说，人们对日常经验是不加分析的，得到了就得到了，去运用就可以了，基本上是知其然而不知其所以然。康德的贡献就在于，他把那些可能的经验拿来，然后对它们进行分析，看看它们的可能性条件是什么，是什么东西使得它们成为这样，如果没有那个东西它们是不是就不可能成为这样，他探讨这样一些问题。所以，他的主观演绎和心理学其实还是不同的，心理学就是单纯分析主观经验，把那些分析出来的成分摆出来就完了；而主观演绎则需要解释这些成分之间的关系，特别是要解释经验的可能性条件和经验本身之间的那种必然的决定性的先验关系。所以不能把主观演绎完全等同于心理学，当然它里面有心理学的成分，以至于后来像胡塞尔等人，就批评康德没有能完全摆脱心理学。

第一版演绎采取了一种分析的方法，开始于主观演绎，结束于客观演绎。虽然主观演绎和客观演绎都有，但二者的分量是大不一样的，前者占大部分，后者则只是在收尾的时候讲了一下。在第二版《纯粹理性批判》中，情况刚好相反，主要讲客观演绎，对主观演绎则只是在最后提了一下。主观演绎就是分析现有的经验，发现其中所包含的先天根据，所以它采用的是层层剥离的方式，就像剥洋葱头，最后出现的那个胚胎才是最根本的，整个洋葱头都是从那个胚胎生发出来的。这也是经验派比较看重的方法，当时经验科学的典型代表牛顿物理学，主要运用的就是这种分析的方法。一般来说，自然科学是重归纳而不重演绎，重分析而不重综合，牛顿时代的自然科学在方法论上也有这种特点。虽然康德在先验分析论中也是从分析着手，但是他分析出来的东西却都是综合的，这一点要引起我们的注意。在康德那里，分析和综合有一种非常奇妙的关系，这在以往的哲学家那里都没能意识到。康德认为，分析的每一层次都以相应的综合层次为基础，通过他的分析我们发现，人类的认识经验有三重综合关系。

1. 直观中领会的综合

我先讲一下我对这一部分涉及的几个概念的翻译所作的改动，《〈纯粹理性批判〉指要》的第二版[1]已经对第一版的译法作了调整。首先是“Apprehension”这个拉丁词，它有“把握”、“领会”的意思，但“把握”的概念太泛了，很多词都能翻译成把握，而“Apprehension”在这里比较强调一种内在的把握，所以我把它改译成“领会”。“直观中领会的综合”是第一个层次的综合，下面两个层次分别是“想象中再生的综合”和“概念中认定的综合”。原来的翻译是“概念中认知的综合”，“认知”这个概念也太泛了。一般说来，把“Recognition”翻译成认知，也是可以的，但是它有“re”这个前缀，这就说明它有“再确认”、“再认识”的意思，所以我把它改成“认定”。“认定”的意思就是说，你最初有一个认知，然后你通过再次确认，把它确定下来，这个我们下面还要讲。我们这里先看看他的第一重综合，即直观中领会的综合。

我们在先验感性论里面已经讲过直观了，它的先天形式就是时间和空间的表象。所以，这一层的综合与先验感性论有非常密切的关系，或者说它就是从先验感性论里面进一步得来的。在讲完先验感性论之后，我们就可以从这里出发，来看看知性是如何在感性的基础上来综合的。先验感性论是不讲综合的，因为一讲综合就讲到了知性，就要讲范畴了，所以只有在范畴的领域里面才有综合。但是，在直观中进行领会的时候就已经有一种综合了，只是在进行这种综合的时候，我们没有意识到自己在使用范畴，但我们已经意识到我们是在进行综合了。这就是说，在先验感性论的阶段，你在时间和空间的先天形式之下，通过自在之物刺激你的感官，你可以接受外部世界的一些经验材料；然而，是不是把这些材料接受在时间和空间中就能够使它们成为知识呢？我们常常说的感性知识，好像指的就是在时间和空间接受的那些东西。康德通过对人的认知心理的分析，发现事情并没有那么简单。比如说，你可以在时间和空间中接受一些声音或一些颜色，但是如果你想要接受任何一个声音或一片颜色，你就必须把这些声音或颜色看作是一个整体，而不是

1　杨祖陶、邓晓芒：《康德〈纯粹理性批判〉指要》，湖南教育出版社 1996 年；人民出版社 2001 年版。

零散的，而这就需要你在一定的时间和空间中对你接受到的东西有个综观。我们说这一片颜色，这一个音符，当你说“这一个”的时候你就有一个综观了，因为你已经把一些东西综合起来了，如果没有这个综合的话，你听到就会和没听到一样。也就是说，即使你耳朵听到了，眼睛看到了，但你视若无睹，充耳不闻，这就和没看到没听到一样，因为你的注意力没有转向它，你就不能形成感性对象的知识。所以，在直观中必须有一种领会的综合，只有通过它我们才能获得初步的感性知识。

这种综合当然是在时间中进行的，你通过时间这种先天直观形式，把杂多的直观表象勾连在一起，把它们综合在一起，或者说把它们紧扣在一起形成一个对象。比如说，你看到了一片颜色，它有多大，持续了有多久，你只有在你的注意里面，把它们都综合到一起了，才能说你看到了这一片颜色，不然的话你视若无睹，看到就等于没有看到，因为你没有真正的接受。并不是仅仅有了时间和空间，你就有了接受的能力，因为仅凭它们还无法造成接受的事实，你还必须注意到它们，对它们加以综观。这种注意或者说综观，是出自知性的自发性的，这一点很重要。即凡是讲到综合或综观，它背后都有一种自发性（Spontaneität），而自发性是知性的特点，它实际上就是一种能动性。你要把一些东西综合成一个对象，就需要一种自发性，这和先验感性论是不一样的。自发性和接受性在康德那里是一对相反的概念，先验感性论只讲接受能力，但是如果没有一种自发性把接受到的东西综合起来的话，就不能造成一种现实的接受。所以，直观中领会的综合与先验感性论中的接受相比，在内容和基础上是相同的，但是比它的层次更高，因为它已经上升到知性的层次了，它的综合后面有范畴在起作用。具体来说，在背后起作用的是质和量的范畴，某个东西有多大，持续多久，它在形式上是肯定还是否定的，如果是肯定的，那它又在多大的程度上是肯定的，等等，这些都需要范畴来定。所以，在直观的领会中，量和质的范畴已经在后面起作用了，知性已经参与进去了，只是认知主体并没有清楚地认识到这一点。他只知道调动起自己的注意力，来接受某个东西，而这个过程中在后面起作用的知性不向他显现。只有经历了想象中再生的综合和概念中认定的综合，知性才会一步步地显示出来。

在先验感性论里面，通过时间和空间已经为数学提供了条件。在直观中领会的综合的层次，虽然也回到了数学，回到了数学中的量和单位，但它是把数学放到了自然科学的视野里面来看了。你单凭时间和空间形成的数学是没有对象的，虽然它也是先天知识，但它只是知识的形式，还没有具体的内容，算不上真正的知识。要想使数学具有内容，使它成为物理学的数学原理，那就必须要进到直观中领会的综合，就必须要有知性在里面起作用。所以，先验感性论形成了数学的知识，但是如果它要形成有关对象的知识，比如说物理学的知识，就必须提升到直观中领会的综合，必须要有注意力。数学是不讲注意力，也不讲综观的，它只讲最初的那种时间和空间的直观，因为数学还不是真正的关于具体对象的知识。虽然我们通常认为，数学也是有对象的，譬如三角形就是几何学的研究对象，但是严格说起来它们还不足以称为对象，它们还只是对象的形式，还没有对象的内容。要想有对象的内容，就必须要有直观中领会的综合。知性的层面和感性的层面是不同的，它们的不同在于由知性带来的是直接面对自然界对象的客观知识，而由感性带来的则只是知识的形式。对物理学等自然科学来说，数学知识只是一种可能的形式，一种可能的知识。在今天，还有很多数学家只顾埋头做数学研究，而不管物理学，当然这样也可以。但是归根结底，你所讲的那些数学知识，在自然界是有它的对应物的。因为按照康德的说法，数学是与时间和空间紧密联系在一起的，不能脱离时间和空间，既然你讲时间和空间，那它就和物理学的东西相关，就和对象密切相关。

这是综合的第一个层次，它是最简单的，是康德通过对我们的经验进行分析得出来的。他最后的目标是引出范畴，以证明这些范畴归根结底具有应用于经验对象上去的资格和权利。但是在这里连第一步还没有真正的实现，只是提到了后面有一种知性的自发性在隐秘地起作用。

2. 想象中再生的综合

想象中再生的综合比直观中领会的综合高出一个层次。通过上面一个层次，我已经达到了某个对象的概念，比如说一片红色。我亲眼看到了，在自然界中存在着这么一片红色，它引起了我的注意。但是，仅仅注意到这一片红色还不够，它就像休谟讲的第一印象，可能会马上就消失掉，或者被别的印象所取代。我们所看的大千世界里，并没有固定不变的一片片红色，而是变化万千的，很多知觉印象在你面前飘来飘去，你一会儿注意这个，一会儿注意那个。但是如果你没有注意到在这样的飘来飘去中也有一种关联，那你还不足以形成有关对象的知识。你可以怀疑你刚才的那种感觉是不是一种幻觉，因为它突然就消失了。你如果要寻根究底的话，那就需要有想象力起作用了。首先是回忆，我要把刚才的那个印象保持在我的记忆之中，如果你接受一个印象，又马上就把它忘记了，那所有的东西都会是一些杂乱无章的感觉碎片。你如果想要把它们连接起来，首先就要能把过去的东西保持在你的想象中，保持在你的观念中。所以想象力是很重要的，它是一种把已经过去了的、当下不再存在的东西在观念中保持下来的能力。通过想象力，你就会知道当下这个表象就是从刚才的那个表象过来的，它们是同一个东西的表象，只不过在时间上有变化而已。

而当你把想象调动起来，就可以把刚才的某个事物的表象和你现在所看到的东西加以比较，这种能力就叫做联想的能力。休谟特别重视联想，他把一切实体性、因果性和必然性产生的根源都归因于习惯性的联想。康德并不否认联想，他认为联想和想象力有关，也是非常重要的。譬如说，如果没有联想的话，因果律确实是无法形成的，如果你把原因都忘记了，你只看到它的结果，那怎么能形成因果关系的概念呢？你必须把原因保留在你的记忆之中，当你看到结果的时候，你能把原因联想起来，这样你才能把事情看成是从因到果的过程。实体性也是这样，只有你记得你刚才看到的东西的表象，才能说它和现在看到的东西是一个东西，这就是实体性。像因果性、实体性这些范畴，在休谟那里都被认为是由联想造成的。康德在某种程度上对此也不否认，他要追寻的是我们何以能够造成这些联想。康德认为这些联想之所以能够造成，是因为有一种先验的可联想性。他把这种先验的可联想性称为"先验的亲和性"（Affinität），就是说你之所以能够把两个东西联系起来，是因为这两个东西本来就是能够亲和的，它们之间先天地具有亲和性。你之所以能够通过想象力把它们再生出来，是因为这两个东西本来就是可以被你再生的，它们之间有一种连贯性，这种连贯性依赖于先验的想象力。

再生的想象力依赖于先验的想象力，这是康德与休谟大不一样的地方。休谟只承认再生的想象力，即那种我可以不断地把过去的东西回忆起来的能力。但是康德指出，你之所以能够把它们回忆起来，是因为这些东西本身就具有一种亲和性，而这种亲和性是依赖于一种先验的想象力的。先验的想象力是人的一种先天能力，它具有自发性和创造性，所以康德又将之称作生产性的（produktiv）想象力。"produktiv"也可以翻译成"创造性的"，就是说联想乃是由人主动创造出来的，而不是完全被动的。按照休谟的观点，联想就完全是被动的、偶然的，有一个知觉在这里，随后又有另外一个知觉在这里，于是我们就自然地把它们连接起来了。康德反对休谟这种机械的被动的联想观，他认为联想也是需要创造力的，联想具有自发性。但这并不意味着它就能随随便便造成，有些人就是缺乏想象力，缺乏联想所需要的创造力。当然，在康德看来每个人都有创造力，在认知中，每个人都有一种生产性的想象力，它使我们能够进行联想。哪怕模仿或者最拙劣的联想都需要创造力，如果没有创造力的话，你是不可能把两个不同的东西联系起来的。当然在这后面都有范畴在起作用，我们刚才讲实体性、因果性就是依靠这种创造性的联想，才能够建立起来。那么这后面就有一种实体范畴、关系范畴、因果范畴在起作用，只是范畴在这个时候还没有浮出水面，在面上起作用的仍然是直观。

康德在《纯粹理性批判》第一版中，尤其强调想象力的这种创造性的作用，康德甚至说一切综合都是想象力的表象。你要把两个东西综合起来，就必须要有想象力，所以一切综合都是由于想象力才可能的。那想象力本身是什么呢？想象力首先是一种直观的能力，它能够把已经不在眼前的直观表象再生出来，这就是记忆。昨天的那件事情虽然已经消失了，但我们仍然可以记得它，就好像它仍然在面前一样，这种想象力就是一种直观能力。但另一方面，想象力和一般的直观能力有所不同，它可以说是一种高级的直观能力。它和时间、空间不同，它具有一种自发性，时间、空间则只具有接受性。想象力是一种介于直观和知性之间的能力，它首先是直观，但它同时又像知性一样具有自发性，并且由此它也具有综合能力，而直观则只有接受能力。通过想象力，我们能够直观地、能动地把两个东西综合起来。

但康德又认为，通过想象力的再生的综合，还是不能够去完全认识一个确定的对象，因为它还缺乏一种统一的能力。只有知性才具有综合的“统一性”，而想象力只是“综合”而已。想象力可以是天马行空、胡思乱想的，《西游记》中各种各样的妖魔鬼怪都是人们想象的产物，但是只有知性参与进来，才能够把由想象力综合起来的东西放入一个系统之中。知性和想象力都是自发性的能力，但是知性的层次更高，它在想象力再生的综合的层次中还没有出面，一直到第三个层次知性才出场。

现在我们来看看综合的第三个环节。

3. 概念中认定的综合

概念的德语是“Begriff”，它是动词begreifen的名词形式，有“抓取”、“抓到一起”、“概括”等含义，所以它是非常能动的。这种能动的含义在康德那里已经有所体现，到黑格尔那里就完全发挥出来了。虽然你不能说由前面两种综合所获取的不是知识，它们已经是一种认识了，但是只有到概念中才把它们“认定”下来。我们在想象中再生的综合里发现，所有的再生最终都是立足于生产性的先验想象力，再生的想象力是以先验的想象力为前提的，否则它就成了休谟的那种没有规范的天马行空的幻想了。先验的想象力能够认知，但还不能够认定，只有概念才能够认定。在先验的想象力那里，概念还没有出场，虽然它已经在背后起作用了。想象力能够综合，概念也能够综合，但是概念还能够给综合带来一种统一性，可以赋予前面所讲的联接以必然性，而这是通过先验想象力所实现不了的。

我们说先验的想象力已经把休谟的联想提升到了一个先验的层次上，它由此就应该有必然性了，那这种必然性是由谁赋予它的呢？就是由概念。所以，概念能够赋予这样一种联想以必然性，比如说因果性范畴。不是说你这一次碰到的东西有原因和结果，下一次碰到的就没有原因和结果了，因果性原理所说的是任何发生的事情都是有原因的，这里面就有一种必然性。而这一点靠联想是做不到的，只有通过先天的概念，也就是纯粹知性概念或者说范畴才可以。只有通过范畴，我们才能形成真正的认识对象（Gegenstand），"Gegenstand"的意思就是"站在对面"，对象就是站在你面前那种东西。所以，在康德那里认识的对象是由主观概念形成的，它不是物自体，而是由主体自己所建立起来的对象。我们首先有一大堆联想，我们已经证明它们并不是任意的，不是杂乱无章的，而是有一定必然性的，这个必然性是如何形成的呢？是因为它们具有一种统一性，能够形成一个对象。我们说只有对象才有必然性，对象是不以人的意识为转移的，是站在我对面的东西而不是我的东西。这个客观的东西是依赖于概念的统一性的意识的。

概念的统一性也就是范畴，而且主要指的是模态范畴。在直观中领会的综合里，主要是质和量的范畴在背后起作用；在想象中再生的综合里，则主要是关系范畴在背后起作用；而在概念中认定的综合里，起作用的则主要是模态范畴，即可能性，现实性和必然性这些范畴。所以，第三个层次的综合能够带来必然性，通过这种必然性能够形成一个对象，而这个对象是不以人的意志为转移的，不是你随便想有就有的，它是站立在你面前的，是不可动摇的，这就是知识的对象。前面两个层次，都还没有达到认识对象的高度，你可以把握一片红色，也可以把握一种联想，但要把握一个真正的对象，就必须要有概念的统一性，这就是概念的作用。如果没有概念的这种统一性，一切都会落到偶然中去，构不成任何必然性，也就不能够对联想、综观进行一种对象性的考察。如果按照休谟的观点把这些东西都归结为一种习惯性联想，就会如此。可是一旦有了概念，就不能把这些归结为习惯了，概念使这些东西统一起来，构成一个对象，所以它是前面两个层次之所以能够作为知识成立的前提。前面两项都可以说是感性认识了，但只有到了这第三项，加入了知性，感性认识才成为感性认识，才成为对于一个对象的感性认识，否则只是你感性的一种想象，或者说一种联想。所以它的背后有模态范畴在起作用。就此而言，四大类范畴都在里面了，在我们直观中领会的综合底下有量和质在起作用，在想象中再生的综合底下有关系范畴在起作用，在概念中认定的综合底下有模态范畴在起作用。

那么概念中认定的综合的统一性又是从何而来的呢？它本身能够带来必然性，但是它的统一性又是从何而来的呢？那我们就要看到它的顶点了，即主观演绎的第四个层次。

4. 先验统觉

先验统觉也就是自我意识，自我意识使得这些所有的认知层次统一起来了，我们所有的认识都是对一个对象的认识。休谟对这一点是怀疑的，你说你面前有一个对象，你怎么去证明它自身是真实存在呢，其实你所认为的对象只是你通过想象力把你的感觉连接起来形成的东西而已，用贝克莱的话说就是存在即被感知，或者物就是感觉的复合。康德是反对贝克莱和休谟的这种观点的，他认为最终通过先验统觉的综合统一性，我们是能够得到一个认识对象的。康德的统觉（Apperzeption）概念，是从莱布尼茨那里借来的。莱布尼茨讲万物都是由单子所构成，一块石头、一滴水、一个人和他的灵魂等等都是由单子构成，这些单子是有不同的层次之分的。构成人的灵魂的单子与其他的万事万物不同的地方，就在于它有统觉，它能够把它的全部知觉都统一起来，综合起来。用什么统一起来呢？用自我意识。只有人才能说出“我”，能够意识到“我”，所以统觉的概念相当于自我意识的概念，这两个概念基本上是可以互换的。

自我意识也有两个层次。我们通常所讲的自我意识是经验性的自我意识，每个人都会觉得自己是与其他人不同的，都会觉得我就是我，我有我的性格、经历和教养，这样一种自我意识就叫作经验性的自我意识。经验性的自我意识属于认知的对象，而不是认知的主体，康德认为在经验性的自我意识之上还有一个先验的自我意识，那才是真正的认知主体。先验的自我意识是一切认知的结构都离不开的一个基点，不管是张三也好李四也好，甚至外星人、天使也好，只要他有理性，他要认识，他就具有一个先验的自我意识。并且每个人的先验的自我意识都是同样的，没有什么张三李四的区别。康德认为先验自我意识是一个逻辑上的概念，就是一切“我的认识”都是在“我”之下才能够展开，你不可能想象出任何一个认识是没有“我”的，那是不可能的。每一个认识都是我的认识，甚至每一个表象都是我的表象，我和我的表象是统一的，我是我的每一个表象的基点，这样一个我就叫做先验的自我。从逻辑上说，任何知识都必须要有一个认识主体，先验的自我就是我们认知的先验主体，所以经验性的自我意识和先验的自我意识是不一样的，二者有质的不同。经验性的自我意识还是一个认识对象，属于心理学的范围；而先验的自我意识则是形成一切经验知识的前提，当然也包括心理学的知识。所以，经验性的自我意识是以先验的自我意识为前提的，经验的统觉是以先验的统觉为前提的。

先验统觉可以产生出先验的对象概念。我们上面讲到范畴的作用就是综合统一，这个统一是从哪里来的呢？就是从先验统觉来的。先验统觉可以把所有经验材料都统一起来，构成对象。一切可能的认知的对象都是由于先验统觉的作用才被构成起来的，这样一种对象就叫“先验的对象”。康德有时候也会这样表达先验对象，即“先验的对象 =X”，先验对象为什么会等于 X 呢？因为先验自我意识单凭自身就可以构成一个对象的表象，但是这个先验的对象的表象在先验自我意识的层面上还没有充实以经验的材料，先验统觉作为一种先天的能力，它可以先天地想出一个对象来，但是这个对象在它还没有应用于经验的材料之上的时候，它只是一个对象的表象，它的内容还是未定的 X。那么它可能是什么呢？它有可能是经验的对象。当你把经验的材料充实进去之后，它就成了经验的对象；但是它也有可能没有充实以经验材料，这个时候它就相当于一个物自体的空的表象。所以，任何经验的对象都有一个先验的表象在起作用，这就是先验自我意识的作用，先验自我意识建立起了一个先验对象的表象，使得我们可以用它来把握那些经验的材料，来构成经验的对象。经验的对象也就是由此才得以可能的，如果没有自我意识的主动性来构成先验对象的表象，并以此来统摄所有的经验材料，那么经验的对象是不可能的，你所拥有的只是一大堆凌乱的经验材料，甚至连经验和幻觉都分不清楚。

所以先验对象一旦充实了经验材料，就成了经验对象；但是如果它没有充实经验材料，它就仅仅是一个表象。你要问它是什么？它就可能是自在之物。所谓的自在之物，我们上面讲过，就是那种可以思维、可以想出来、但不可认识的东西。你现在想出来一个先验对象，又没有把经验的材料充实进去使它成为认识的对象，那它就是不可认识的对象。所以，“先验对象 =X”中的 X 也可以指自在之物。这个概念被搞得很混乱，有很多康德研究者都说不清它指的究竟是什么。其实，它指的就是由先验自我意识所建立起来的一个表象，也可以把它等同于对象意识。李泽厚在《批判哲学的批判》里面比较强调这个对象意识，但是“对象意识”并不是康德自己的用语，而是研究康德的人提出来的。自我意识和对象意识是不可分的，对象意识是靠自我意识建立起来的，是为了把握那些经验的材料，以形成经验的对象。但是如果没有形成经验的认识对象，那么它就只能够是物自体。物自体也是一种对象意识，现象中的经验对象也是属于对象意识，总而言之，对象意识是要依靠自我意识才能够建立起来的。但是单凭先验自我意识，它只能是一个逻辑上的概念，如果它想成为现实的经验对象，那就必须去把握经验。先验统觉是第一版演绎的顶点和终点，第二版演绎则把它称作“本源的统觉的综合统一”，成为了演绎的原点和起点。

那么，先验自我意识能够建立起对象意识，就意味着什么呢？就意味着，这样一种对象意识是可能具有一种客观实在性的，一旦它充实了经验的材料，它就具有一种实在性，这种实在性就是在对象意识的前提之下所建立起来的。对象意识是一个逻辑上必然的概念，自我意识通过逻辑上的一种必然性，建立起来对象意识，也就意味着，这个对象意识是具有普遍必然性的，它能够加在一切经验材料之上，使这些经验材料具有了对象性，也就是具有了一种客观实在性。我们前面讲到，经验性的实在性和先验的观念性就体现在这里，先验感性论讲到这样一对概念，一个是“经验性的实在性”，一个是“先验的观念性”。在先验分析论这里同样有这种关系，先验的自我意识从逻辑上建立起了一种先验的观念性，一种普遍必然性，那么这种普遍必然性一旦充实了经验的内容就成了一种客观实在性，就成了经验对象。这是先验统觉，先验统觉已经到顶了，我们自下而上，我现在已经上到了最高层。上到最高层，那么接下来下一步我们就要下降了，我们来看看客观演绎。

5. 客观演绎

前面都是主观演绎，对我们的经验知识进行一步步的分析，像剥洋葱头一样的，最后得出它们的胚胎，即先验自我意识和先验统觉。但是如果你觉得这样还不够彻底，你还想追问先验自我意识本身是什么，它的背后还有什么，那就没人能告诉你了。因为你追问的东西已经超出了经验的范围了，它们是不可知的自在之物。客观演绎是回过头来考察先验统觉是如何为一切先天知识的普遍必然性提供合法的根据的。康德所谓的演绎，就是为了提供合法的根据。现在我们已经找到了理性法庭的最高法官，即先验自我意识，那么它是如何使得这些先验知识具有合法性的呢？它如何使这些范畴能够合法地运用于经验材料之上的呢？为了证明这一点，他提出了以下两个步骤：

第一步是从先验自我意识到范畴，证明范畴的普遍必然性。所有范畴的统一性都是由先验自我意识的统觉带来的，这个统觉首先在于我的一切知识都是我的知识，都在我之下，都逃不出我。一切经验的东西都逃不出十二个范畴，这些范畴是为先验自我意识服务的，是贯彻先验自我意识的，因此它们就不能被归结为一种后天的习惯，而是被赋予了一种普遍必然性。我们上面讲了，范畴就是那种放之四海而皆准的普遍概念，一切东西都逃不出它们。你能说有一个东西是没有原因的吗？你能说有一个东西是没有实体的吗？除非是奇迹或鬼怪。所以，范畴就具有普遍必然性；但另一方面它又具有先验的“观念性”，因为它不是物自体，而是由先验的自我意识派生出来的一种普遍必然性。在康德那里，普遍必然性经常被等同于“客观性”，因为普遍必然的东西，就是你不能随意处置的东西，就具有客观性。康德的这种客观性的概念与我们通常讲的客观性是有点区别的，当然也有我们通常讲的意思，比如说自在之物是不以人的意志为转移的，它就具有一种“绝对的客观性”。但康德一般讲的客观性就是这种由主观建立起来的、相对的客观性。

第二步是从范畴下降到经验，证明范畴的经验实在性。第一步已经证明了范畴具有普遍必然性和先验的观念性，第二步则要证明，这种先验的观念性在经验上的运用导致了经验性的实在性，也即客观的实在性。那么这一步该如何进行呢？他认为从范畴到经验直观，这中间有一个想象力作为中介。先验想象力表现为一种先验的亲和性，也就是说你之所以能够用想象力把两个表象连接起来，那是因为这两个表象之间本来就具有可联接性，可联接性就是亲和性。这就像在化学里面，如果两个东西之间具有亲和性，你就可以把它们合成一个化合物。在人的认识中，你之所以能够把两个表象联接起来构成一个东西，也是因为这两个东西本来就有亲和性。那么这个亲和性是从哪里来的？也是从先验自我意识来的。既然我的一切表象都是“我”的表象，那么我的表象之间当然就有亲和性了，因为它们都是我的嘛！由此，我就能够通过亲和性，用这些范畴来综合这些杂多的经验材料，使对这些经验材料的综合不再是一种主观任意的东西，而是一种具有客观实在性的东西；不是像休谟所讲的通过习惯性联想，把所有的这些东西都变成幻觉，所有的东西都是联想造成的，那人生就不如一个梦了。相反，在康德这里，这些东西都具有了一种经验实在性，它是由先验的观念性带来的。你所认识的东西，成了一个扎扎实实的对象，具有了对象性，这个对象性最终来源于先验自我意识，是我把这些东西综合起来建构为对象的。

第七讲　概念分析：先验演绎（二）

第二版演绎

上一讲我讲了《纯粹理性批判》第一版中范畴的先验演绎，现在我们讲第二版。为什么要单独来讲第二版呢？因为康德在这里做了非常大的改动。一个是次序的颠倒，从第一版的自下而上，改为了自上而下；再一个就是他在很多地方做了不同于第一版的说明。当然两版的基本精神并没有变化，但是第二版演绎被公认是比较清楚的。对大多数读者来说，第一版演绎里面可能会有很多解不开的疙瘩，弄不明白康德为什么要这么说，而第二版演绎的逻辑线索是非常清楚的。在第二版《纯粹理性批判》中，康德在章节方面也作了一些调整，在小节前面加上了标号"§"，从§15到§26都属于第二版演绎的内容，第一版里面并没有这样一些标号。

一般来说，康德的演绎有两个类型，即形而上学演绎和先验演绎。在先验感性论里面，康德对于时间和空间分别作了形而上学的阐明和先验的阐明，其实"阐明"已经是演绎了，只是他没有用演绎这个词，因为时间和空间作为一种直观形式用不着来演绎，直接就呈现出来了。但是要对范畴或者说纯粹知性概念进行阐明，就必须进行演绎，必须运用逻辑形式来进行推演。第二版的§9和§10，就是对范畴进行形而上学演绎的。§9讲的是逻辑判断的分类表，是用来说明我们该如何发现范畴的。形式逻辑的判断分类是我们引出范畴的线索，范畴正是从逻辑判断的分类里面一个个引出来的。§10讲的是范畴表，它提供了纯粹知性概念的体系。我们可以把这两个表看成是对范畴的形而上学的演绎。所谓的范畴的形而上学演绎，讲的就是我们有哪些先天的范畴，我们又该如何去发现它们。通过对形式逻辑判断分类的重新解释，康德找到了获得范畴的方式，范畴表所列出的 12 个范畴，已经穷尽了所有的先天范畴，不多也不少。这就是范畴的形而上学的演绎。

先验演绎与形而上学演绎不同，它探讨范畴的功能和作用，看它们如何能够构成客观的知识。康德讲人为自然界立法，那这法应该怎样立？它的作用方式又是什么呢？这就像在先验感性论里面，对空间和时间的先验的阐明，就是讲空间如何构成几何学，时间如何先验地构成算术。由此我们就可以看出先验演绎的意思，其实就是要追溯这些范畴的客观有效性的根源。比如说，因果性范畴，我们相信它是客观的，是普遍的，是放之四海而皆准的，任何对它的偏离都是错的。“凡是发生的事情都是有原因的”这样一条原理为什么是客观的？为什么不能像休谟一样，把因果性理解成一种习惯性的联想，一种偶然形成的东西？为什么一定要把它看成是必然的东西？它的必然性何在呢？从 §15 到 §26，康德一步步地来说明这种必然性。他的说明是从上而下的，就是先把这个必然性作为自明的公理提出来，再看它在每个层次上如何发生作用。这和第一版不同，第一版是从下而上，在每个知识里面寻求它之所以可能的必要条件，然后一步步地推到最高层次，直到先验自我意识的统觉。而第二版则是从自我意识的统觉开始，然后往下推。当然在最后一节，即 §26，它还是有一个回头的，就是总结说，我们已经得出了每一种知识里面都有统觉，哪怕是最低级的知识，我们都发现它归根结底是以先验的统觉为条件的，这就又回到了主观演绎。我们下面来看看第二版演绎是如何进行的。

1. 对“联结”的概念分析 （§15）

“联结”的德语是“Verbindung”，这个词的本来意思就是把几个东西“捆起来”，“结合起来”。康德首先提出这个问题，即“什么叫联结”？他认为一切判断都是联结，我们前面也讲了，一切判断的基本形式就是“S 是 P”，

S是主词，P是谓词，由系词“是”把主词和谓词联结起来。在康德看来，如果我们对“联结”这个概念进行分析的话，就会发现你要进行联结，你就要形成一个判断，而每个判断在联结里面都有这样一种模式，即“杂多的综合统一”。所以，所谓的联结就是杂多的综合统一的表象。这句话很简单，也很容易理解，任何判断都是把杂多的东西综合起来、统一起来。主词和谓词是不同的，所以是杂多，是两个词，两个概念，你要把它们综合起来，联在一起，并且把它看成是一个统一体。任何一个判断都是这样，譬如“玫瑰花是红的”，“玫瑰花”和“红”是杂多，你把它们用“是”联结起来，并且把它们看成是一个统一体。

任何一个联结的判断里面都有这三个要素，一个是杂多，一个是综合，一个是统一。首先你要有杂多，要有两个以上的概念，才能形成判断。然后你要把这两个概念综合起来，综合起来以后你要对它们加以肯定，要从一个整体来看待它们，一个判断就构成一个整体。这是对联结概念的分析，任何一个联结里面都有这些成分。所以，联结是杂多的综合统一的表象就是一个分析命题。我们前面讲了分析命题和综合命题，分析命题分析出来的东西都包含在原来的主词里面。联结这样一个主词里面就包含着三个环节：联结肯定是杂多的联结，联结肯定是综合的联结，而且联结肯定是统一的联结，任何一个判断里面都分析地包括有这样三个环节。我们这里看到的实际上是一般逻辑的概念分析，在一个概念里面包含有这三个环节，有这三个环节，我们就能称之为联结了，其中缺了一个就不能叫做联结，或者不能叫做稳定的联结。所以我们可以把三者从联结这个概念里面分析出来。但是这里面已经隐含着一种东西了，就是这三个环节已经暗中包含着我们在第一版主观演绎中的三重综合了，在杂多里面已经包含着直观中领会的综合，在综合里面已经包含着想象中再生的综合了，在统一性里面则包含概念中认定的综合，在概念中你要把它认定，必须要有统一性，必须要有先验自我意识的统觉。所以，在这种概念的分析里面，其实暗中已经包含着前面主观演绎里面的三重综合了，哪怕是杂多也已经是包含着综合的内涵了。但是康德在这里并没有明确地说出这一点来，他采取的依然是一种形式逻辑的立场，不管联结的内容潜在地包含着什么东西，仅仅从形式来看，任何联结都离不了这三个环节。

我们由此可以看出康德客观演绎的出发点，即对联结的概念分析，是形式逻辑的，这就像范畴表是从形式逻辑的判断表里面引出来的一样。在演绎的时候，他首先要确定一个在形式逻辑上没有人能够否认的分析命题，即一切联结都包含有杂多的综合统一性的表象，或者说联结就是这样一个表象。康德以此为演绎的出发点，意义是非常深远的，他认为所谓的普遍必然性，说到最高无非就是逻辑，而其他涉及具体内容的东西都是可以怀疑的，像休谟就对因果律、实体性抱有怀疑。但形式逻辑是不能怀疑的，连休谟都不怀疑形式逻辑。形式逻辑有一种知性的普遍必然性，它放之四海而皆准，像“A=A”是没人能够怀疑的。所以康德才选择了从形式逻辑开始，来赋予我们在自然科学中所获得的一切知识以普遍必然性。自然科学中的那些经验知识，以及包括因果性、实体性等这些东西，它们的普遍必然性从哪里来？最后还要归结到形式逻辑的必然性。但仅仅是形式逻辑的必然性还不够，它还只是一个起点，是演绎的开端。我们讲客观演绎是自上而下进行的，最高的最上面的东西是什么呢？就是形式逻辑的分析命题。你通过什么为我们的经验知识提供一个资格认证？你又凭什么认为因果性等范畴是适用于一切经验对象之上的？我们在前面范畴的形而上学的演绎中已经看到，康德认为这些范畴最初是从形式逻辑的判断分类中引出来的。所以，他的客观演绎也要从形式逻辑的判断开始，即一切判断都是联结，而联结就是杂多的综合统一性。

客观演绎的开端，也即那个最高的东西，就是形式逻辑的判断的联结方式，形式逻辑的判断有不同的类型，联结也就有不同的层次，那么最高层次的联结是什么呢？我们可以在一切知识里面去寻找，可以先不管知识的具体内容，我们最终能够找到一个共同东西，即“我所有的知识都是我的知识”。这是没有人否定的，不管张三还是李四，他都认为每一个知识里面都有一个“我”，“我”是把所有的知识联结起来的一个条件。

2. 先验统觉（§16）

先验统觉的概念也就是说，一切知识最根本的联结就是用“我”来联结，也即我的一切知识都是我的知识。所有用来作判断的知识里面，那个最高的条件就是“我”，只有用“我”这个表象伴随我所有的知识，它们才可能成为知识。如果有一个知识不是我的，那它就和我没有关系，我就不能谈它，凡是我能够说这是知识，这里面就有一个我。所以，我的一切知识都是我的知识，或者我的一切表象都是我的表象，这样一个命题从形式逻辑说，是同义反复的。一般来说，这样的说法是没有意义的，它是一个分析命题，就像我们说“A 等于 A”，觉得它是一句废话。我的知识当然是我的知识了，它不可能是你的知识，这好像没有说出什么新东西来嘛。当然，单纯从形式上来看，确实如此，但我们现在谈的不是形式，我们现在谈的是用这样一种联结产生关于对象、关于自然界的知识。这样一来，我们要看的就是它的内容，而不仅仅是形式。我们所关心的是，我的一切知识都是我的知识，这是怎么可能的？或者我的一切知识是何以成为我的知识的？当然我是知道我的一切知识都是我的知识的，我所疑问的只是如何会这样。这个时候我就发现，是先验的统觉使得我的一切知识成为了我的知识。它本来是一个分析命题，但是如果我从综合的角度来看它，就会发现在我的一切知识里面，这个“我”起的不是其中的一个环节、一个分概念的作用，而是整个过程的一个能动的综合作用。这个“我”不是加在我的一切知识上面的一个简简单单的表象或概念，好像我的一切知识还不够，还要多加一个概念似的。从实质上来说不是这样的，或者说不仅仅是这样的，当然这个“我”它是伴随着我的一切知识的，但是这个伴随是了不得的，它不是一般的伴随，因为没有它的话，你所有的这些东西都成立不了啦。如果不是“我”的话，我的一切知识怎么能得到呢？正是因为“我”的作用，通过“我”把所有的这些知识综合起来，使它们成为“我的”知识，这才把一切知识变成了“我的知识”。我们可以设想一下，如果没有自我意识，没有一种统觉的把握，那所有的知识对我来说就等于是过眼烟云了，甚至还抵不上一个梦。做梦的时候还有一个我呢，如果你没有一个我的话，那这些知识就还不属于你，它究竟什么样的你就不知道。正因为你用一个“我”，把所有的这些知识统一在一起，它们才成为了你的知识，你才意识到它。

也就是说，如果我们从认识论上来看，而不仅仅从形式逻辑上来看，我们就可以发现，在认识论上最高的联结就是“我的一切知识都是我的知识”。这样一个联结，从形式上来说当然是分析的，所以它是具有一种分析的必然性的。如果我说我的知识中有一个不是我的知识，这在形式逻辑上就自相矛盾了。可是，它不仅仅具有分析的必然性，它同样也有综合的必然性。综合是从内容上来看的，综合的必然性要归结到先验的统觉上来。我们前面已经讲到了，所谓的先验统觉也就是先验自我意识，我们从形式逻辑的联结，进入到了先验的自我意识的联结，这正像我们在形而上学的演绎里面，从形式逻辑的判断分类，进入到范畴表。那么先验统觉的命题，即我的一切知识都是我的知识，或者说我的一切表象都是我的表象，究竟是分析的还是综合的呢？从形式上来看它是分析的，相当于 A 等于 A；但是这个分析命题之所以能够成立，乃是由于综合，它是以综合为前提的。所以，从内容上看，它同时也是一个综合命题，是由于“我”的综合功能才得以成立的。在日常生活中我们常听人说，“我就是我”，好像这个人很有个性。但是要说出这句话是不容易的，因为我们通常都把自己看作不是我，我们受别人支配，我们是某某人的儿子，是某某人的下级，某某人的奴才，我们经常把自己变成另外一个东西，我不是我了。所以，“我就是我”在形式逻辑上是毫无疑问的，但是在实质上，在内容上，却是要花力气的，你要坚持你自己是不容易的。在今天，如果你要坚持“我就是我”，你能坚持到底吗？你顶多能坚持一下，到了关键时刻你就不是你了，“我”就不是“我自己”了，我就是别人的工具了。所以，“我”在这里面不仅仅是一个抽象概念，而是一种力，一种能动的综合能力。康德的意思也在这里：先验统觉的能动作用，才使得我的一切知识成为了我的知识，使得我成为了我。当然，它还是有必然性的，因为它有形式逻辑的前提，形式逻辑没有人怀疑，“我是我”就相当于A等于A。通过先验统觉的作用，你就把这种形式逻辑的抽象的必然性，转换成了一种现实的能动的必然性。

所以，康德认为，“我的一切知识都是我的知识”这个命题当然是分析命题，但它是以综合为前提的，而且康德反过来提出，一切分析命题最初都是综合命题。你要把一个概念里面所包含的东西分析出来，就需要一个前提，即这个概念本身必须首先包含另外一个概念，只有这样，你才能从前者分析出后者，构成一个分析命题。那么后者如何被包含在前者之中呢？还是通过综合。比如说“一切物体都是有广延的”、“一切物体都是有大小的”等等，这些都是分析命题，因为广延、不可入性、体积、大小、数量这些东西都是物体概念的题中应有之义；但它们是你当初在形成“物体”的概念的时候，被纳入进来的，而这还是综合啊！所以，综合命题是一切分析命题的根基。形式逻辑其实要以先验逻辑作为根基，虽然先验逻辑要以形式逻辑为线索引出来，因为形式逻辑在先形成，在亚里士多德那里形式逻辑已经发展成熟了，但是先验逻辑只是到了康德这里才形成，所以他要借助于形式逻辑来引出先验逻辑。但是从根本上来说，康德认为先验逻辑是形式逻辑的根基，形式逻辑讲的那些分析命题，其实是以先验逻辑的那种综合能力、先验的统觉能力作为前提的，而这种统觉具有一种自发的能动性，这就是知性的本性。

先验统觉或者说先验自我作为一切知识可能的前提，是一个最高点。如果我们由此再往上追溯，追问先验统觉本身是什么东西，那就超出我们知识的界限了，就再不能分析了。也就是说，这个“我”本身是一个先验的顶级的概念，如果你要问它又是个什么东西，你就要把别的东西凌驾于它之上对它加以解释，可是已经没有什么东西能够凌驾于它之上了，它就是一切知识的根源，这种能动性就是一切知识的根源。你要对这种能动性加以规定，那你就需要一个更大的能动性，而这是我们所没有的，除非借一个上帝来。所以，他认为自我意识这个我，本身是什么东西，是我们不能再做分析的，我们只能够说它是一个物自体，是不可认识的。至于这个我底下有什么东西，是谁导致我的这种能动性，也是我们没有办法了解的。我们只知道我们有一种能动性，但这种能动性是按照一种什么样的机制起作用的，我们是没办法知道的。反过来说，如果真能找到一种机制，规定它怎样来起作用，解释它的作用原理，那能动性还叫能动性吗？那就被别的东西解释了。所以，自我意识后面的东西是我们所不知道的，它也是物自体。所以，康德的物自体通常有两端，先验自我是一切认识的根源，它上面再没有别的东西了，我们只能假定它上面有一个物自体，或者可以说“我自体”，这是一端；另外一端，是我们所把握的对象，它底下也再没有什么东西可以认识了，我们只能够假定它后面有一个不能认识的物自体。因此，通过物自体的概念，我们认识的两端都被限制定了，一端是自我意识的统觉，另一端就是我们所把握的对象。我们能认识的对象只是现象，现象底下的物自体我们不能认识；我们是用自我意识来把握现象的，自我意识后面有什么东西我们也不能认识。

3. 对象（§17-18）

自我意识是自上而下把握对象的，现在我们已经有“上”了，那该如何把握“下”呢？也即如何把握对象呢？首先要确认的一点是，康德把先验自我意识这样一种统觉称之为统觉的本源的综合统一。“统觉”就是自我意识，“本源的”表明它是最高根源。我们讲三江源是黄河和长江还有澜沧江的发源地，这种统觉就是一个发源地，一切后来的知识都是来源于它。同时，这种统觉还有综合统一的作用，而统觉的本源的综合统一，则是“一切知性运用的最高原理”。一切知性的运用，当然包括我们刚才讲的形式逻辑的运用，形式逻辑也是出于知性，先验逻辑也是出于知性，二者的最高原理都是本源的统觉。这一点在形式逻辑里面暂时看不出来，因为它不管自我意识，它只管思维自身的规则。形式逻辑通常都是这样，它不管认识论，也不管本体论，它只是思维本身的一种技巧，一种逻辑技术。现代的分析哲学，就是把逻辑当成一种单纯的思维技术。但是，在康德看来这样一种技术也是以认识论作为前提的。我们刚才讲了，一切分析的前提是综合，你要运用这种技术，你必须要有能够运用的前提，这个前提就是综合。只有你已经把这些概念综合起来了，你才能够在它们上面运用分析技术，逻辑的技术。分析哲学家就不管对象是怎么形成，只要你给了他一个对象的概念，他就对它进行分析。但他之所以能够进行分析，还是因为知性已经把这些概念综合起来了，提供给他了。而且他的那些技术，比如说判断的分类等，底下其实表示了某种范畴，只是他还不知道，或者说他不管。他只从形式上来加以运用，来做游戏，但它的根源还是要追溯到统觉的综合统一。所以康德讲，统觉的本源的综合统一，是"一切知性运用的最高原理"，就像在先验感性论里面，时间空间是一切感性的最高原理一样。但是它们的层次是不同的，感性是低级的认识能力，而知性则是高级的认识能力。

这个最高的知性原理自上而下地使得我们认识的对象得以形成。我们前面已经讲了，"对象"在德文单词中有两个："Gegenstand"和"Objekt"，这两个词在康德那里没有什么区别，英译者把它们都翻译成"object"。统觉是对象得以形成的条件，要形成一个认识的对象，就必须要有统觉把杂多的经验材料综合统一起来。康德在这里给对象下了一个定义，"对象就是在它的概念中一个给予的直观的杂多被结合起来的那种东西"。也就是说，我们首先要把"对象"理解成对象的"概念"，然后直观的杂多被结合在这个概念底下。对象的概念就是表达了这样一个东西，如果在这个东西的概念里面，被给予的直观的杂多结合起来了，那么我们就把这个东西称之为对象。但是这个东西到底是什么东西，康德还没有说，他只是说对象这个概念是由先验统觉所建立起来的，这个概念的意思是这样的；至于它实际上是什么东西，我们还要再看。由此我们可以得出的只是对象的"概念"是由主体所建立起来的，至于"对象"是不是也由主体建立起来，这里还没说。

我们要注意，在这个对象概念里面已经包含了主体的能动性，这和我们所理解的"对象"，特别是和唯物主义所理解的"存在"是很不一样的。通常唯物主义所理解的存在不是由我们建立起来的，而是本来就在那里，但是在康德那里对象首先是对象的概念，或者说一个"对象意识"。我们所知道的对象首先是一个对象意识，这个对象意识是由自我意识建立起来的，同时自我意识又离不开这个对象意识。因为自我意识要发生作用，就必须能够建立起对象意识，如果没有这个工作，它本身也就没有作用的对象，没有作用对象它就等于不存在。因为自我意识是能动的，它的能动性必须在它的活动中体现出来，没有这个活动，它的能动性就无以发挥了。那么这个活动是什么呢，就是去建立一个对象意识。所以，在某种程度上，自我意识又是依赖于对象意识的，但从根本上说，对象意识是依赖于自我意识的，它是由自我意识建立起来的。

我们现在有了对象的概念，我们用这个概念能够把那些直观的杂多结合起来。但是现在就有一个问题出现了，我们手头上所拥有的直观是个什么东西呢？我们发现人类所有的直观都是感性直观，我们通过五官所接受进来的那些感性的杂多的材料，是我们建立对象的必要前提。如果没有这些材料，自我意识也好，范畴也好，都是空的，“思维无内容则空”嘛。我们必须要有直观的杂多，才能建立对象，因为对象本来就是把直观的杂多结合起来的概念，没有直观的杂多，它就是空的，就形不成对象。但是直观的杂多到底形成的是一种什么样的对象呢？对于人类来说，只能是经验的对象。因为我们所具有的直观只是感性的经验性的直观，至于是不是还有另外一种超感性的直观，比如说知性的直观，即那种不通过感官，单凭知性概念直接就能产生出一个直观的对象的能力，我们是不知道的，反正人类是没有的。我们也没有见过什么存在者能够单凭概念就产生出直观来，我们只能够设想，假如有上帝的话，也许上帝会有知性直观。比如，《圣经》上面讲，上帝从虚无中创造了整个世界。那上帝凭借什么做到的呢？它不是凭借感官，而是凭借说话：“上帝说要有光，于是就有了光。”当然上帝也不是真就说话了，这是形象的说法，上帝是想到了光的概念，于是就有了光了，它只凭借思想，凭借知性，就能把直观对象产生出来。所以依照《圣经》的说法，上帝是有一种知性直观的。但是人肯定不具有，人的知性只能产生一些空洞的概念，它必须要用感性的直观来充实。而感性直观和知性又是两种完全不同的能力，它们的来源是完全不同的，我们不可能把直观和知性变成同一种能力。

知性直观这个概念是非常重要的，有人也翻译成“理智直观”、“智性直观”、“悟性直观”，这些都是翻译上的不同。当然，智性直观和知性直观的原文也有些区别，知性是“Verstand”，而智性则是拉丁文“intellektuell”，它们是可以互译的。所以以上几种说法其实指的都是一个东西，就是那种人类所不具有的直观。地球上的人类只有感性直观，至于究竟有没有一种知性直观，我们不知道，但我们只能设想，这种设想也只是一种假想，因为它是完全没有根据的。所以，我们所能够获得的对象只能是经验的或者说感性的对象，至于自在之物，那是我们所不能认识的。如果谁有知性直观的话，他也许能凭借自在之物的概念认识它，自在之物本身就是概念嘛。上帝也许会有知性直观，对于他来说自在之物就是能够认识的，但是对于有限的人类认识来说，则是不可能认识的。所以，从理论上说，对象有双重含义：一个是现象界的可认识的对象，一个是不可认识的自在之物。而实际上对象的概念则只是用来指我们人能够认识的对象，这种对象又叫“认识对象”。

4. 对象的客观性表现为判断（§19）

我们接着往下讲。刚才我们讲了康德的对象概念，他提出这个对象概念主要是用来反对休谟的怀疑论的。休谟认为我们所认识的东西都是知觉印象，顶多有一些习惯性的联想，他认为对象只是一个假定，有没有这个对象，或者这个对象有没有客观必然性，都是可疑的，我们没有办法知道。但是康德在这里，他通过对象概念把客观性引出来了。他认为，通过先验统觉所建立起来的对象是具有客观性的，是不以人的意识为转移的，你想要改变它，那是改变不了的，因为那是意识本身的一个先天结构。当然，这个客观性其实还是主观性，从它的发生的根源上来说，它是从人的自我意识来的，它指的不是自在之物的客观性。但它毕竟是种客观性，因为它具有先验的必然性。这就反驳了休谟的怀疑论。

康德在§19对这种客观性做了论证，这种客观性表现为判断的客观性。

在这里他同时也对理性派作了批判，理性派所理解的判断是不足以带来客观性的。我们知道，理性派喜欢运用形式逻辑来证明客观事物，比如说上帝存在的本体论证明，以及自由意志和灵魂的不灭等等，但是实际上是证明不了的。为什么证明不了？是不是这个逻辑本身没有用了呢？不是这样，而是因为理性派对逻辑的理解有问题。理性派通常对逻辑作一种单纯分析性的理解，他们把判断理解为任意两个概念用一个系词“是”联系起来，所以判断的基本形式可以用符号来表达，即“S是P”，S指Subjekt，即主词，P指Prädikat，即谓词。有了这个表达式，不管什么东西都可以往里塞，所以理性派对逻辑的理解完全是一种形式上的，而没有考虑到它的内容。康德在此对形式逻辑进行了一番批判，他说他向来不赞成逻辑学家对判断的理解，首先他们忽视了判断有很多种类，有直言判断、假言判断等等，还有几个判断构成的判断，那其实就是推理了，推理就是两个或三个判断构成的判断系列。其次他们把系词“是”仅仅理解为一种联系作用，可以用它来联系任何两个词。康德指出，系词的意义绝对不仅仅是一种主观形式上的联结作用，否则我们就可以想怎么联就怎么联，只要在形式上不出错，联结的两个概念不相矛盾就够了。他认为“是”的意义远不是这么简单，“是”的德语词是“sein”，英语是“being”、“to be”，我们也可以翻译成“存在”。它的实际的意义就在于赋予一个判断以客观性，它把两个概念综合起来，目的就是为了使两个概念达到统一，达到一种确定性和客观性。

所以，不是说你随便就可以把两个概念联结起来形成判断的，当你用“是”把它们联结起来的时候，你表达的是一种客观的含义。比如，当我们想说今天天气很冷时，我们就有两种表达方式，即“我觉得今天天气很冷”和“今天天气是很冷”，前一种表达中没有“是”，因为那只是你主观上觉得今天的天气很冷，后一种表达中由“是”把主词“今天天气”和谓词“很冷”联结起来了，这就构成了一种客观判断。所以，“是”在判断中表达了一种客观的含义，也就是说它是和对象有关的，而不仅仅与你的知觉有关的。康德把仅仅与知觉有关的判断称之为“知觉判断”，虽然你也可以在知觉判断中用“是”，譬如“我觉得今天天气是冷的”，但那只是含糊的说法，严格说来，把“是”用在这个地方是不对的，是不合法的。当没有“我觉得”这个前提时，它就不再是知觉判断，而是经验判断了。由此可以看出，康德把知觉判断和经验判断严格区分开来了，这种区分主要是从内容上作出的，单从形式上来看知觉判断和经验判断是没有区别的，它们都可以用“是”。但知觉判断里面的“是”，还是未定的，严格说起来是不对的。所以，康德主张形式逻辑的判断应该从先验逻辑的角度、从内容的角度来看，而不能单凭形式上的不矛盾，就把两个概念随便联结起来。主词和谓词之间不仅仅是一种分析关系，你还要考虑对象，因为“是”这个词本身就是与对象有关的，是要进入到先验逻辑的理解的。

康德对形式逻辑的判断的这种理解或者说修正，主要是为了从这样一种判断里面引出范畴来。范畴就是建立在“是”之上的，范畴的客观性就是建立在“是”的客观性之上的。你要从内容上来理解，你就必须用一系列的范畴，如实体性，因果性等等，只有这样你才能说“是”。也就是说，只有你从量和质、从实体和原因等多方面都证明了今天天气的确冷，你才能作出“今天天气是冷的”这个判断。这就是一个经验判断。所以，从判断引出范畴，就像从判断表引出范畴表一样，康德是着意于从判断的客观性引出范畴的客观性。接下来要讲的就是范畴的客观效力。

5. 范畴的客观效力（§20-21）

从这里正式进入到客观演绎了，前面的自上而下，是确定先天的条件，还是为先天条件如何能够具有客观作用来做铺垫的。真正的演绎就是要说明，范畴这样一些先天的概念如何能够在经验中有客观的效力，那么从§20和§21两节正式进入了这个演绎。

这个演绎就非常的容易了，因为前面铺垫已经做得很充分了。范畴的客观效力来自于逻辑必然性，直观的杂多被综合在自我意识的统一性中，又是一切逻辑联结的题中应有之义。我们前面一开始就讲了什么叫“联结”，联结不是随便把两个概念挂在一起，而是杂多的综合的统一性，而这种统一性又来自于自我意识的本源的统觉。把直观的杂多综合在统觉的统一性里面，是通过范畴来实现的，也就是说范畴是自我意识进行统觉的综合统一的手段，或者说体现，每一个范畴都体现出来自我意识的这种统觉的作用。因此，直观的杂多在判断中，必然要从属于各个范畴。直观的杂多要形成一个判断，哪怕最简单的一个判断，譬如“这朵花是红的”，都要从属于范畴：你要把“这朵花”看成实体，把“红的”看成偶性，你才能说出这句话来。所以任何一个判断，只要你用了“是”，它就肯定是从属于某一个范畴之下的，这就是范畴的客观有效性，要证明这个已经很简单了，因为前面已经做了铺垫。

但是范畴为何恰好是十二个，不少也不多呢？康德认为这是我们的知性没办法知道的，因为我们人类认识的结构就是如此。而这就留下了漏洞，有人就批评康德，你凭什么说知性就具有这十二个范畴，而再没有别的了呢？康德实在没有办法了，就拿出牛顿来做抵挡，他在《自然科学的形而上学基础》中说，[1] 牛顿的物理学也有一些东西是假定的，比如说超距作用、万有引力等。地球和太阳之间中间隔的是真空，为什么太阳能够吸引地球，让地球围绕着它转呢？太阳通过什么东西作用于地球的呢？它并没有用一根绳子拉着它啊！但牛顿就把这个万有引力给假定下来了，于是他的一切原理都由此建立起来了。那么我在这里也可以认定，我们的范畴只有这十二个。当然它们是从形式逻辑的判断表里面引出来的，但是形式逻辑的判断又为什么恰好就有十二种类型，我们仍然不知道。康德认为这些最后的问题，是不必去考虑的，当然如果我们有知性直观的话，我们也许可以解释它们，但是我们没有。或者如果真有上帝，上帝有知性直观，他就可以帮我们解释为什么恰好是那么多：那是因为上帝放到我们头脑里面的恰好是这么多。那么在这个地方就有一个问题：既然你没有知性直观，而只有感性直观，而范畴独自来说是空的，必须要应用到直观的材料之上，那么我们就必须确定这些范畴的适用范围。

1　参看康德：《自然科学的形而上学基础》，邓晓芒译，上海人民出版社 2003 年版，第 14 页。

6. 范畴的适用范围和作用方式（§22－25）

《纯粹理性批判》一个很重要的任务就是，先验地考察理性能够运用于什么样的范围来获得真正的知识。康德认为，我们只能够把范畴应用在感性直观的领域，只有在这范围内才能够形成知识。感性直观的领域也就是经验的领域，或者说更精确些，即“一切可能经验”的领域。因为经验的领域不仅包含我们现在的经验，还有那些已经过去的现在不再存在的经验，和还没发生但有可能发生的经验，这就是一切可能经验的领域，范畴就只能在这个范围内合法地运用。如果超出这个范围，比如说那种根本不可能经验到的对象，范畴就只能被用来思维一个对象，而不能用它来认识一个对象。在康德这里，思维一个对象和认识一个对象是有严格区别的，二者是完全不同的。也就是说，范畴是不能够运用于自在之物之上的，或者说它们是不能够作先验运用的，只能够作经验性的运用。范畴本身是先天的范畴，但不能有先验的运用，也即不能够单凭我的范畴就直接得到一个对象，这是我们做不到的。因为如果没有感性直观的话，范畴就是空的（以上为 §22）。

范畴应用于经验对象之上，有着不同的作用方式。首先是在数学上我们也可以运用范畴，像单一性、多数性和全体性等等。但是将范畴应用于数学上面，我们所形成的只是一种可能的知识。我们前面讲到数学和自然科学是两门已经被证实的知识，这个是无可怀疑的，但在这里康德又讲，纯粹的数学之所以被我们认为是无可怀疑的知识，是因为它能应用到可能经验的对象上去。譬如，你解决了一个像哥德巴赫猜想一样的数学难题，它好像在物理学、化学中没有什么应用，好像只是你在那里凭空想象，但它的确也是知识。康德指出，之所以称它为知识，那是因为它是有可能应用在某个经验的对象上的。现代物理学的发展，越来越显示出这一点，哪怕你是闭门造车冥思苦想想出来的一个数学结论，只要证明它是合理的，说不定哪一天它就会派上用场了。现代物理学和数学是完全不能分开的，任何一个高端的物理学家，都会遇到一些数学计算上的问题，数学家所发现的那些高级的新的命题，很可能对物理学家有所启发，暂时看不出物理意义的数学命题，也是对物理学敞开大门的。所以，数学之所以称为知识，是因为原则上它是对一切经验可能的知识。为什么会这样呢？因为数学是立足于时间和空间的，而整个物理世界都离不开时间和空间，你把时间和空间搞清楚了，物理学的规律实际上已经在里面了。当牛顿在写作《自然哲学的数学原理》时，他肯定是意识到这一点的，甚至在当时的人们看来，上帝就是按照数学原理来创造世界的。但是数学知识毕竟只是可能的知识，还不是现实的知识，所以它最终要落实到经验性的直观。数学知识可以说是纯粹直观，而我们的感性是一种经验性的直观，所以要从数学再进一步地下降，我们才能结结实实地、地地道道地获得我们的科学知识，数学实际上是为自然科学知识服务的。（以上为 §23）

再一个就是，范畴适用于经验性的直观，那它是通过一种什么样的程序呢？康德认为是通过时间的内感官的规定。我们前面讲了，空间是一切外部事物的直观形式，而时间是一切内部和外部事物的直观形式，空间的东西要纳入到时间中加以整理才能直观得到。范畴当然要运用于空间之上，但是归根结底还是应用到时间之上。空间是外感官，时间是内感官，所以范畴最后是通过时间的内感官的规定应用到经验性的直观上去的。而时间的内感官的规定，又是通过先验的想象力进行的。这个我们后面讲“图型法”的时候，还要详细讲。康德的图型就是先验的想象力对于时间加以规定，来建立起一种内感官的经验对象，也即“经验的自我”。因为范畴要建立起客观事物的知识，它必定首先要建立起一个经验的自我，它是先通过内感官建立经验的自我，然后再建立起客观的知识的。（以上为 §24）

我们可以把这个经验的自我归结为内感官，它和先验的自我是不一样的。经验的自我是每一个人自己的连贯性。比如说，我这个人从小到大接受的教育、我的记忆等等，都积淀在今天的这个自我意识之中，这个自我意识就是一种经验的自我意识，它在内感官的时间中呈现出来。每一个人对自己的感觉都是在时间中呈现出来的。我们把握任何外部世界的对象，都不但要通过空间，而且最终要通过时间，也就是通过经验的自我。这里头就有心理学的成分了，像认知心理学、微观心理学都是通过对经验自我的感觉印象、理性抽象活动等等进行分析，来考察经验自我的内心是如何起作用的。像经验派的洛克就做了大量的这样的分析，并由此去把握外界的对象。但是康德认为不能把这个经验的自我和先验的自我混为一谈，微观认识论能解决一些具体的问题，但是认识论的问题不能建立在心理学之上。经验自我是依赖于先验的自我才建立起来的，它本身就是一个认知对象，只不过它是心理学的对象，而外部世界则是物理学的对象。经验的自我是可以规定的，我是一个什么人，我觉得我很聪明，我觉得我有点傻等等，都是对经验自我的规定。但是先验的自我是不能规定的，每个人的先验自我都是一样的，它不是某某人的规定，它是知识本身的规定。所以，任何人的知识里面都有一个同样的先验自我，除非他没有认识能力，那他就不叫人了。凡是人，凡是有理性者，凡是认识者，都有先验自我。而这个先验自我不同于经验自我，但它也不是"我自体"，那它是什么呢？它只是一个表象，是纯思维活动的表象。由这个纯粹思维来把握经验的自我，再通过这个经验的自我来把握外在对象，或者说物理世界，这就形成了我们的自然科学知识。人为自然立法就是这样从上而下进行的，这里面所具有的客观必然性，最终要追溯到先验自我意识的先天综合能力。（以上为 §25）

7. 主观演绎（§26）

客观演绎到此已经进行完了，它说明了我们的一切自然科学知识的客观必然性何在。它从一种能动性的先验统觉出发，自上而下地解释了我们的一切有关对象的知识是不以人的意识为转移的。下一步主观演绎，就是通过我们所拥有的知识，反过来验证从一切知识里面发现的范畴。范畴是一切经验的综合即直观中领会的综合、想象中再生的综合和概念中认定的综合之所以可能的先天条件。我们前面已经讲到了，哪怕是最低级的直观中领会的综合，它里头就已经有范畴在起作用了。比如说，你看到一块红色，那它就有一个大小的问题，还有一个性质程度的问题，所以量和质的范畴已经包含在里面了。也就是说，我们在任何层次的经验知识里面，都可以发现先天知识，也即范畴。所以，范畴对一切经验对象都是有效的，这就是主观的演绎。这个在第一版中大加铺陈逐层次来讲的演绎，在第二版中就只是提了一下。我们可以举几个例子，来体会一下康德的意思。比如说，我看到一幢房子，它肯定要占有一定的空间，而空间是有大小的，这就涉及量的范畴了；我看到水结成冰，它必然是在时间中，从水到冰就有个时间上的先后问题，由此我们发现这背后是由因果性范畴在起作用的，水是冰的原因。也就是说，经验的三重综合归根结底都是知性的综合、范畴的综合。所以我们可以说人为自然立法，其实就是人通过自己主体中的范畴为自然界立法，当然这里讲的自然界指的是现象界，而不是物自体。

8. 三点结论

第一，范畴是能够自上而下为自然界立法的，它使得自然科学具有了一种客观必然性。

第二，范畴只能运用于一切可能经验之上。也就是说，范畴虽然能够立法，但它所立的法是有一定适用范围的，在这个范围之外，就是物自体了，这个法就不再适用了。

第三，我们要突出自我意识在这里头所起的作用。先验自我意识的统觉具有一种能动性，这种能动性正是范畴之所以能够立法的根源。

这三点结论都是在认识论的范围内讲的，但是在认识的领域以外，范畴还可能有其他的运用。比如说在实践领域里面也可以应用范畴，但这就不是为了获得知识了，而是为了宗教和道德。当然这是后话，在这里只是要提请大家注意。

第八讲　原理分析：图型法

这一讲主要讲原理分析论中的图型法。我们前面讲到先验分析论包含两个部分：概念分析论和原理分析论。概念分析论主要讲的是范畴表以及范畴的先验演绎。原理分析论讲的主要是图型法和根据图型法所得出来的纯粹知性原理体系。纯粹知性原理体系就是人为自然立法所立的那些法规，它是人通过自我意识的先验统觉，运用十二个范畴得出的。但是，在讲立法之前，必须引入图型法（Schematismus）。也有人把“Schematismus”翻译成“图型论”。“Shema”这个词来自于拉丁文，本来的意思是“图表”、“图型”，有的人把它翻译成“图式”、“构架”，我们是沿用蓝公武的译法，把它翻译成“图型”。图型有“型”，而不是单纯的图表。当然它也可以列成一个表，因为它也具有示意性，但它本身是有型的。

一、图型的必要性及其作用

我们在前面讲到，康德认为一切知识都采取判断的形式，而判断需要有概念，纯粹的概念就是范畴。原理分析则是要讨论这些范畴在运用于经验对象的时候，形成了哪些必须被遵守的法规。在康德看来，每一个纯粹知性概念里面都包含着一条法规，当我们把这个概念应用于对象之上的时候，就会形成一条与之相应的法规。我们在运用概念的时候，就要遵守这些法规，这是由概念本身的内涵所决定了的。这些法规就是康德所说的原理。

形式逻辑主要包含概念、判断和推理，与之相应，在先验逻辑里面，范畴论就相当于概念论，原理论就相当于判断论。判断论要解决的是我们如何作判断的问题，即当你用一些概念下判断的时候，你应该遵守哪些基本原理？如何通过这些判断来形成科学知识？所以，原理分析论也可以称为先验的判断论，如果能够把做判断的原理都列出来，我们就能够知道如何正确地作判断了，这乃是解决自然科学何以可能的最后一步。所以，“人为自然界立法”的意思就是，由人的知性提供出一系列的原理、法规，用这些法建构成一个用来判定自然科学知识的知性的法庭。

上面只讲了形式逻辑的前两个环节，而第三个环节，即推理，该放到哪里呢？按照形式逻辑的眼光，在探讨了概念和判断之后，就应该探讨推理了，这三者都属于形成知识所不可缺少的要素。然而，先验逻辑与形式逻辑是不同的，虽然在先验逻辑的分析论里面，并没有完全把推理赶出去，它还是部分容纳了推理。但是，推理仅仅是从形式上说属于分析论，而在内容上，则属于辩证论。所以不能简单地拿形式逻辑去套先验逻辑，虽然康德的先验逻辑是模仿形式逻辑建立起来的，但二者是有区别的。形式逻辑的概念、判断、推理是联系在一起的，而先验逻辑的分析论则只有概念和判断两个部分，只是在辩证论里面，才建立起了推理的一整套的原则。在形式逻辑里面，推理就比概念和判断高一个层次；在先验逻辑里面，推理可以脱离经验，推到经验之外，而概念和判断都是只能运用在经验的范围之内的。我们在先验演绎里面已经证明了这一点，即所有的范畴以及由这些范畴所生发出来的原理都只能运用于可能经验的范围之内。但是推理不一样，因为任何推理如果要作为一种知识来看待的话，它的大前提都是未经证明的。所以，虽然一旦有了前提，你就可以进行推理，但是前提本身不是这个推理或三段论里面所能证明的。每一个三段论推理，它的大前提都需要另外的前提来证明，而另一个又再需要其他的前提来证明，你这样一直推出去，就会推到经验之外。因此，推理是属于辩证论的。因为超出经验的界限，就进入到辩证论的领域了。

先验分析论是探讨我们的知识是何以可能的，先验辩证论则是检查我们是怎么犯错误的。所以，先验分析论属于真理的逻辑，而先验辩证论则属于谬误的逻辑或者说幻相的逻辑。在康德看来，推理是很容易出错的。当然，如果你不超出经验的范围，就不会出错，但这样一来推理的前提就是未经证明的。所以，在经验的范围内，推理知识总是未完成的，它无法提供出具有必然性的大前提。但是概念和判断不一样，你只要预先确定它仅仅应用于经验范围之内，就不会出错。推理要求不断地回溯它的大前提，直到超出经验之外，寻找到一个终极的条件。所以，康德没有把推理纳入到分析论里，但这并不等于否认推理的作用。在经过概念和判断形成了原理，并由原理形成了科学知识以后，一旦确定了某个大前提，你就可以应用推理了。但是从真理论上来说，这样的推理是没有完成的，因为它自身固有的领域是辩证论。概念和判断则不必到辩证论里面去，它们在分析论里面就已经完备了，我们通过这些概念和原理，就已经可以建立科学知识了。

人的高级认识能力有三种，即知性、判断力和理性，我们现在要探讨的是判断力。康德把判断力归入知性的范围，甚至在他看来理性的推理也属于广义的知性。判断力无非就是知性范畴的应用嘛，但是康德又使它独立出来，与知性划清了界限。也就是说，在知性的范畴之上，还有一个判断力的问题，它是对范畴进行运用的能力。判断力与知性有一点区别：知性是形成概念的能力，它把感性经验提升到一种先天的层次；判断力则是把知性的范畴应用于具体的经验对象之上的能力。我们前面提到过，知性的范畴能够形成原理，但这不是通过简简单单地扩展开来就可以的。当然，一般这样说也没有错，原理本来就是由范畴扩展开而形成的，但是这种扩展是通过与知性不同的另一种能力，即判断力进行的。

康德认为判断力是不可教的。在课堂上，老师可以教给我们一些知识，但是运用这些知识作判断的能力，则不是手把手教出来的。譬如，老师可以教给我们一些数学，但真正做运算的时候或者拿这些原理去解决实际问题的时候，还是需要我们自己作判断的。所以，判断力不是通过书本和口头教授获得的，而必须自己去练习、去锻炼。甚至在有的地方，康德曾说过这种能力是天生的，有的人生来就没有判断力，尽管他可以把书读得很好，可以门门功课考得一百分，但在真正解决问题的时候，却显得无能为力。这种情况我们见得很多，比如说，有的医生就是不适合做临床工作，尽管他的脑子很灵活，能够触类旁通，记忆力又好，掌握了很多医学知识，但就是手笨，动手能力差，在实际诊断和治疗疾病的时候总是犯错误，这时候他就只能到医学院去当老师了，教些生理学和病理学之类的还可以。打仗也是如此，有些人看了很多有关军事兵法的书，但那只是纸上谈兵。比如马谡，虽熟读兵书，最后却失了街亭，因为实际上他根本就不会带兵打仗，而只会读兵书，也只是适合在军事学院里面当老师而已。

再者，人们常讲"不想当元帅的士兵就不是好士兵"，这其实是不对的。因为各个人的能力是不一样的，有些人可以当一个好的士兵，有些人能够当一个好的将军，但是只有极少数的人能够当统帅。士兵只需要有知性就可以了，一般人都有健全的知性；而将军则需要有判断力，在两军交战的时候，战况是瞬息万变的，将军的判断往往是决定一场战争胜负的关键因素；将军可以将兵，但不一定能够将将，只有统帅才有这个能力，因为他有足够的理性，能够掌握全局。由此可以看出，知性、判断力和理性三者是分工不同的。

实际上，判断力虽然不可以教，但却是可以培养、锻炼的。假如你天生的判断力不够，你是可以通过不断的实践得到增强的。我们的大学本科生，之所以要在最后一年参加社会实践，就是要看你能不能把所学到的知识运用到具体的工作中去。经过长期的磨炼，我们的判断力还是可能有所提升的。所以，一个人的判断力虽然可以说大部分是天生的，但在天生的基础之上还是可以改善的。

判断力就是那种把知性的概念运用于具体的场合的能力，也就是把知性和感性相连接的能力，因为具体的场合就是感性直观的场合。知性已经提供了一套范畴的体系在那里了，如何把这样一套体系运用在具体的感性对象上，就是判断力所要解决的问题了。所以，判断力就是一道中间的环节，是连接感性和知性的第三者。这是由于知性和感性的性质是完全不同的，知性的来源是先天的，感性的来源是后天的，如何能够把先天来源的能力应用于后天来源的材料之上？这就需要一个中介来实现了。这个中介必须满足两方面的条件：一方面有先天的普遍性，另一方面也具有感性的直观性。如果有某个东西能够满足这两个条件，它就能把知性和感性的两端连接起来，而康德的图型法就是解决这个问题的。

图型法是一套方法，也即图型论，但这不是纸上谈兵的图型论，而是关于具体操作的方法。“图型”具有双重特征，它既是“图”，即感性的具体内容，又是“型”，即知性的先天形式，康德称之为“先验的图型法”。图型能够充当把知性和感性这两个性质截然不同的东西连接起来的中介，因为它是中性的，兼具双方的特点。康德在这里的思维方式与牛顿物理学的思维方式有点类似，即要把两个不同的东西连接起来，就必须要有一个中间的东西，这个中间的东西与两端的东西都具有一种同质性，可以与两边叠合，给两边搭桥。在判断里面，要是把主词和谓词连接起来，两者之间就应该有某种同质性。比如说，在“盘子是圆的”这个判断里面，圆和盘本来就是同质的，当然我们先暂且不管那些奇形怪状的盘子。盘子的概念本身就隐含有“圆盘”的意思，所以我们才能把“圆”这个概念加在“盘子”的概念之上。这个日常的例子是非常好理解的，但对于纯粹的概念来说，问题就不那么简单了。范畴如何能应用于直观之上呢？这是需要一个中介的，需要一个兼有二者特点的东西。康德最终把这个第三者找到了，他称之为“时间的先验规定”，即图型。

时间的先验规定是范畴应用于对象之上的一个条件，它既具有先天性，同时又具有直观性。我们上面讲过，时间首先是属于感性的，但它本身又是感性里面的先天的层次，是直观的纯形式，一切感觉印象没有时间都是不可能的。所以，时间是介乎先天的范畴和后天的感性的内容之间的东西，与二者具有一种同质性，能够把这二者连接起来。人们在此可能会产生疑问，为什么不讲空间呢？空间不也是直观的纯形式，不也是既具有直观性又具有先天性的东西吗？这是因为，一方面，在时间和空间的关系里面，康德把空间最终归结为时间，一切内部和外部的现象都以时间作为先天的直观形式，而空间只是外部对象的直观形式，所以时间比空间更加根本，抓住时间就抓住了要领；另一方面，时间具有一定的能动性和自觉性，它是“直觉”而不仅仅是“直观”，空间则只是摆在那里、供人观看的。由此，康德才把时间单独提了出来。

时间就其自身来说只是直观，是未被规定的，但它可以被规定、被限制。我们上面讲到，康德的时空观与经验派不同，在经验派看来，时空都是一点点地堆积出来的。康德在这方面是理性派的，他认为时间和空间都是一次性被给予出来的，所有具体事物的时间和空间都是从一般的时间和空间里面限制出一部分而形成的。但是，具体之物所体现的只是时间的经验规定，它们在经验的长河里面，占据了属于它们的某段时间。那么，时间的先验的规定是怎样的呢？时间作为先天的直观形式，虽然可以对之进行形而上学的阐明和先验的阐明，但它本身是单一的，是没有各种规定的，是不能够划分的。既然时间就其自身来说是如此的单纯，那到底是什么对它进行先验的规定的呢？康德的回答是先验的想象力。我们前面已经提到过先验的想象力了，它是康德哲学中非常费解，但同时至关重要的一个概念。我们正是通过先验的想象力才能对本身是单纯的时间做出规定，比如时间的序列、时间的内容、时间的包容性、时间的持续性等。由于这些划分是先验地做出的，所以它们就被称作“时间的先验规定”。

除了时间的图型以外，康德实际上还提出了空间的图型。他举了一些例子，比如说“三角形”，它本身就是一个图型。当我们把这个图型运用到具体的三角形身上的时候，我们会发现，我们所看到的具体的三角形要么是直角的，要么是锐角的，要么是钝角的。但是“三角形”这个图型自身是不分的。那么会不会因为图型自身是不分的，我们就不能理解它了呢？当你说“三角形”的时候，你脑子里浮现的也许是三种三角形其中的一种，也许是三种都有，那你是凭什么把它们都看成是三角形的呢？就是由于有一个三角形的图型在你的脑子里面。康德的这个说法是回应贝克莱的，贝克莱是一个经验主义者，他只相信具体的东西，不相信抽象的东西。贝克莱在《人类知识原理》里面曾经提出这个问题，他认为任何一个人都不可能看到或想象到一个既非直角，又非锐角，也非钝角的三角形，由此他就否认了普遍的三角形的存在。康德则认为，虽然三角形的图型是一个空间的直观，而不是一个概念，但这个直观和具体的关于某个东西的直观是不一样的，具体的直观是经验性的直观，而图型则是先天的。三角形的图型和具体的画在黑板上的一个三角形是不一样的，它是三角形的一种可能性，但是这种可能性是每个人都能够直观到的，虽然它还没有具体地实现为一个三角形，但是所有的三角形都逃不出它。

三角形的图型是一个纯粹的空间图型，除此之外，还有经验的空间图型，比如说"狗"的图型。我们日常所看的都是具体的狗，有大的，有小的，有狮子狗、沙皮狗、斑点狗、狼狗、藏獒，等等。尽管如此，我们心目中还是有一个"狗"的图型。我们一提到"狗"，就能想到它是怎样的一种动物。所有具体的狗都属于这个"狗"的图型之下，这个图型与概念类似，但又不那么抽象。从概念上说，狗是一种哺乳动物、脊椎动物、犬科动物，这就比较抽象了，但"狗"的图型是很具体的。当然说它具体，并不等于把它看成是你画出的任何一条狗或所见到的每一条狗，而是说这个图型是属于空间的。空间图型还不是先验的，而是经验的形象的图型，真正来说，先验的图型只能是时间的图型。

时间的图型是和范畴直接打交道的，它是范畴运用于经验对象之上的条件。所以，时间图型并不是"形象"。三角形和狗都是形象，你可以画出来，但是时间是画不出来的。画一条直线，再加个箭头，那还不是时间本身，时间图型是超越形象之上的东西，而空间图型是一种略图，它还有形象。我们把图型法理解为一种产生出直观形象来的普遍的方法，但它自身并没有形象。因为时间图型具有一种普遍性和自发性，它是由先验的想象力所造成。自发性也就相当于能动性，图型的自发性具有一种神秘的意味，正如我们上面讲到先验的想象力时，说到康德认为它是一种很难说明白的能力。时间的图型植根于先验想象力，它是人类心灵中隐藏得很深的技巧，康德自己就是这么说的[1]。休谟认为，我们通过对象的直观，是看不到范畴的。比如说，你直观到了“太阳晒”和“石头热”，然后你说“太阳晒是石头热的原因”。休谟就会反驳你，因为你并没有看到因果性范畴，你从“太阳晒”里面并没有看到“原因”。这一点康德也承认，他也认为我们不能在直观的对象上面发现范畴本身；不过他还补充了一句：我们可以在直观里面发现范畴的图型。

二、范畴的图型化

我们前面讲了，范畴必须通过图型才能应用到经验上去，图型是沟通知性范畴和感性经验的中介，而范畴的图型化指的就是将范畴与作为中介的图型直接连接起来、贯通起来。所有的范畴都是先天的，而且都具有自发性；产生图型的先验想象力也是一种创造性的能力，它和知性类似，都有一种自发性和能动性。一般的想象力是感性的，是被动的，但是先验的想象力是能动的。据此，我们就可以把范畴和图型联系起来考察，范畴表现在图型之中，然后我们再借助于这个图型去把握经验之物，这就实现了从范畴到感性经验的过渡。

我们上面讲到有四大类的范畴，即量、质、关系、模态。下面我们一个个来看，它们分别是如何图型化的。

1. 量的图型

康德认为，量的图型就是数。我们通常讲“数量”，把数和量等同起来，认为二者没什么区别，所谓量就是数嘛，数越大，量就越大。但康德把二者区分开来了：量是个概念，而数是一种直观。“数”有两个发音，即三声和四声。三声的“数”是个动词，四声的“数”是个名词。譬如我们说“数数”，

1 参看康德：《纯粹理性批判》，A142=B181。

前一个数是动词，后一个是名词。名词是动词的结果，是我“数”出来的“数”，这里面含有一种能动性。

数作为量的范畴的时间图型，它属于“时间的系列”这个先验规定。这系列有一个前提，即它所含的单位必须是同质的，只有这样你才能数。譬如说，“1”和“2”必须具有同质的单位，如果它们所含的单位是不同性质的，那数与数就构不成一个均匀的系列了。一个个同质的单位组合成量，在这种组合的过程中，我们在数数，而在数数的时候则形成一种时间的系列。我们运用先验的想象力，就可以对这种时间做一种先验的规定，即任何时间里面都是有系列的，这个系列是通过数数形成的，而数数就是量的范畴的一种体验。量的范畴是很抽象的，但是我们把它归结到数数的图型上来，就变得很具体了。量的范畴有单一性、多数性和总体性，单一性就是一个单位，而同质的单位不断地累加就成了多数性，直到全部都加完，就成了总体性。所以，量的范畴就表现为我们数数的活动的时间系列。这也就是说，量的图型就是数数，在时间的先验规定上属于时间的序列。这是我们的先验想象力作出的规定，我们在数数的时候，实际上已经在运用我们的先验的想象力了，通过它来对我们数数的活动加以规范。一旦有了数以后，我们就可以把量的范畴运用到任何一个经验对象上去了。譬如，我们可以数一数一筐苹果有多少个，路边树木有多少棵，等等。在这个时候，我们都在运用量的范畴。虽然说在一筐苹果上面我们并没有看到量的范畴，但我们却看到了数。数数是一个很直观的动作，你在数数的时候，不可能说我没有看见我在数数，而量的范畴就蕴含在这个数数的图型后面。

2. 质的图型

质的图型是度，或者说是程度。度属于“时间的内容”，时间的内容与时间中的充实度相关。在一段时间之中，如果有很多东西与你的感觉相应，你就可以说这段时间很充实；如果少，你就说这段时间很空虚。在空虚和充实中间，也即在零和绝对的充实之间有着无限的等级。当时间里面什么都没有的时候，它的内容就是零，就是说那一段时间等于没有。但是实际上我们所经历的时间不可能是零，里面总是有内容的。所以，零只是一个理想的极限，以这个理想的极限作为标准或底线，我们总是能在时间里面经历不同程度的性质，质的范畴就从这里得到了体现。质的范畴主要强调的是多么强烈、多么充实，所以质的范畴有三个环节，实在性、非实在性和限制性。实在性是绝对的充实，它是个理想，是个极限；非实在性是绝对的虚无，也是一种理想；在两者之间是大量的限制性，即具有一定的充实性，不是完全的无，也不是绝对的充实。绝对的充实是不可能的，它只是一种理论上的假设，所有的充实总是有空隙的，只有这样它才能够变化，如果彻底充实了，就变化不了了。所以，质的图型在时间的先验规定上属于时间的内容，它体现为度。譬如，颜色是有浓度的，当画家在作一幅水彩画的时候，他如果觉得颜色调得太浓了，他就可以给颜料加点水，稀释一下，但是水不能加得太多，多了又会颜色太淡，所以说这里面就有一个度的问题。我们常说最难把握的就是度，多一点少一点都不行。从这里我们可以看出来，康德的自然科学的观点是定量化的，质也可以通过量来加以规定，即通过程度的量来加以规定。

量和质都属于直观中领会的综合，一个通过数数，一个通过测定程度。

3. 关系的图型

关系的图型是“时间的秩序”。时间的秩序有三类：持存、相继和并存。时间的秩序也靠先验的想象力来规定。比如说持存，它必定需要有回忆，回忆就是想象力，就是把已经过去的当下不再存在的东西唤回来，想象它在场。我们发现，我们眼前所看到的东西就是刚才那个东西的持存，虽然很多方面它变了，但是变中有不变，变化的只是偶性，从前那个东西现在还是持存下来了。由此，通过先验的想象力，我们就可以在时间中规定一种持存不变的秩序，从这种持存中我们就看出了“实体性”范畴的作用。

“因果性”的范畴是通过“时间中的相继性”来起作用的。我们讲前后相继，即后面的东西跟着前面的东西而来，这两个东西可能是不同的实体，可能有变化，这个变化是在时间的相继中发生的。时间中的相继也需要想象力才能把握，你首先要能回忆起昨天的东西是怎么样的，然后通过与今天的作比较，才能够发现它们是相继的。然而，凡是时间中相继的并不一定就是因果关系，也就是说发生在前面的东西不一定就是发生在后面的东西的原因。这一点休谟早就说过，即“在这个之前”不等于“由于这个”，在此之前有件事情发生了，不等于说那件事情就是现在的东西的原因。康德举的例子是，当我看一座房子时，我可能先看房子的右边，再看房子的左边，这两件事情也在时间中相继；但由此我们不能说房子的右边是左边的原因或左边是右边的结果，那只是我的视线扫过去了而已。又譬如，昨天有一大群乌鸦在某个村口乱叫，今天这个村子就死了人，有人就会说这两者之间有一种因果关系，但这是迷信的看法，是人主观地将两个东西联系在一起。实际上，这两者之间虽有前和后的比较，但并没有一种真正的时间中的秩序。但是，如果一种相继是真正客观地在时间中相继，而不是两个东西偶然地碰到一起的话，那它就是因果关系，后者才能被称为因果性。

“协同性”范畴与“时间的并存”相对应，也需要运用想象力来把握。譬如，我们眼前的东西和远处的某个东西是并存的，而不是相互孤立的；这种并存并不是偶然的，而是通过一种交互关系而并存。我们常说，万物都是有联系的，但是很多事物之间的联系是没有呈现出来的。并存是事物之间联系的一种方式，如果我们把并存理解为一种时间的秩序，那么万物在同时性的意义上确实是有联系的。在今天，“同时性”已经是一个非常不确定的概念了。自从爱因斯坦之后，什么东西叫做同时以及有没有绝对的同时，都好像已经很难确定了。你能说我们通过天文望远镜所看到的几十亿光年以外的恒星与我们是同时的吗？既然它在几十亿光年之外，当它的光线走到我们眼睛里面时，我们所看到的只是几十亿年以前的那个恒星，它们“现在”可能已经早就毁灭了，我们现在所看到的很可能只是一个幻相。甚至你的天文望远镜中所看到的整个星空也许早在几万年前就不存在了，你还怎么能说你所观察到的东西与你是“同时”的呢？爱因斯坦的理论为这个方面提供了解释。同时性并不是绝对意义上的同时存在，绝对意义上的同时性是没有的；所谓同时性只是某物作用于你的那一瞬间的同时性，几十亿光年之外的恒星，它的光线作用于我们的望远镜和我们的肉眼，我们就可以把它设为同时的。所以，同时就是“交互作用”的概念，我们应该用交互作用的概念取代传统的绝对同时的概念，后者是没有实际意义的。也就是说，追问几十亿光年以外的那个恒星现在还存不存在是没有意义的，只要它和你有交互作用，它就是存在的，没有作用就没有存在。而有作用就是同时作用，同时作用就是并存。这个并存并不是用绝对的同时性进行衡量的并存，而是在一种交互的或协同的关系上面的并存，万物都是在协同关系中才存在的。当然康德还处在牛顿物理学的时代，还没有爱因斯坦这一套东西，但是我们可以看出来，他是非常高明、非常超前的，他的这一套协同性的同时观有极大的伸缩性，可以适应现代爱因斯坦的理论。我们说爱因斯坦已经把牛顿物理学推翻了，那么康德基于牛顿物理学提出来的这一套东西是不是就没有用了呢？不是的，在很多场合下它还是有用的，而且非常有用。协同性这个概念是非常有意思的，我们可以结合现代物理学一些观念的革命来理解它。

以上是关系范畴的图型，它依靠想象中再生的综合，即依赖于回忆和想象，把已经不存在的东西纳入到跟前来。甚至于几十亿光年以外的，被认为现在可能已经不存在的东西，只要它对我起了交互作用，我们就能把它纳入到并存的关系中来考察。

4. 模态的图型

模态的图型属于“时间的包容性”。模态的范畴有三对：可能性和不可能性、现实性和非现实性、必然性和偶然性。按照康德的说法，时间的包容性有这样一个特点，即时间不能同时包含对立的东西，对立的东西只能一个接一个地出现，而不能同时被包容。如果一个事物在同一时间包含对立的东西，那它就自相矛盾了。但是如果放在不同的时间中，对立的东西就是可能的了。比如说，苏格拉底不可能同时既是白的又是黑的，但是苏格拉底可以原来是白的现在变黑了。可能性就是建立在“同一时间之中不能包容对立的东西”这样一条原理上面。我们可以举个例子来说明这一点，假设有一个刑事案件发生了，侦探通过对现场的勘察和对目击者的调查，推测出了案发的时间，后又经过摸底排查，找出了几个有犯案动机的人。这个时候，作案时间就成了确认犯罪嫌疑人的重要因素。如果有证人证实某个有犯案动机的人在案发时间正在和他喝酒，那就可以确定他不可能是犯罪嫌疑人。因为同一时间之内，是容不得对立的东西存在的，他不可能一边在一个地方喝酒，一边在另一处作案。所以，可能性和不可能性，都取决于有没有不冲突的时间。如果你能证明案发的时间，你正在干其他的事情，那你就被排除了嫌疑；如果没人能证明你那时正在干什么，就有可能是你干的。当然实际上是不是你干的，单纯通过作案时间是无法确定的，这还需要其他方面的证据。所以可能性取决于时间不能够同时包含对立的东西，而只能够一个接一个地容纳它们。这样说很抽象，但是通过上面所举的例子就很好理解了，喝酒和作案不能同时存在，要么先喝酒后作案，要么先作案后喝酒，一个人不可能在同一时间又喝酒又作案。

现实性和非现实性着眼于时间中是否包容存有或实有，即在时间中有没有“此在（Dasein）”。我们原来把“Dasein”翻译成“实有”，其实也可以译成“存有”、“此在”。“此在”就是此时此地的存在，在海德格尔那里“Dasein”就被翻译成“此在”。如果某件事情在此时此地发生了，那它就有具有现实性，如果没有发生，它就是非现实的。这也就是说，现实性和非现实性讲的是在某一个时间段里，或者某一瞬间，有没有什么东西发生，所以它们也属于时间的包容性，即在时间里面包不包含存有，如果包含就是现实性，如果不包含，就是非现实性。

第三种包容就是必然性和偶然性，也即实有或者此在是否被包容在一切时间中。如果是，那它就具有必然性；如果不是或者它只被包容在一段时间中，那它就只具有偶然性，这也比较好理解。我们说一件事情的发生是必然的，因为它早就在准备着发生了，只是迟早而已，前面虽然没有发生，但它已经在为发生做准备。所以我们可以把它扩展到整个发生过程，在一切时间中都有它的存在，不论是潜在的还是实在的，这就能把它的发生看作是必然的。譬如，我们常说“三岁看人到老”，我们从有些小孩子三岁时就能看出来他将来是要犯罪的，所以不能说他以后犯罪的那一瞬间是偶然的，因为他早就在做准备了，他“迟早”是要犯罪的，他在一切时间中都存在犯罪的因子，当这种因子积聚到一定程度的时候，他就犯罪了，所以他的犯罪是必然的。另一个人从小就受到良好的教育，一念之差犯了罪，但他没有前科，原来也没有受到什么不良的影响，我们就说他的犯罪是偶然的。所以，被包容在一切时间中的此在，就是必然的；没有被包容在一切时间中，而只是被包含在时间中的某一段的此在，则是偶然的。

所以，时间的包容性有三种：第一种包容性是可能性，涉及时间中的不确定的某一个时间段；第二种是现实性，涉及时间中的一个确定的时间段；第三种是必然性，涉及时间中的所有时间段。时间的包容性是模态范畴的图型，属于概念中认知的综合，可能或不可能等三对范畴与事情本身没有关系，这只是我们看待事情的一种态度。

5. 两个结论

以上是康德的一套图型体系，量、质、关系、模态四大类范畴，每一类都有自己的图型，每一个范畴都是通过与之相应的图型与感性事物打交道。康德由此引出了两个重要的结论：

（1）一切直观的表象都必须从属于这些先天的时间规定，即时间的持续、内容、秩序、包容性。一切直观表象都必须从属于这些图型，凡是我们要认识一个经验对象的时候，我们都在无形中运用这些图型来规定它们，只有通过这些图型的规定作用，我们才能建立起经验的知识。所以，通过这些图型，我们已经暗中使用了量、质、关系、模态这样一些范畴。当然，不通过分析我们看不到它们，我们直接看到的只能是直观的材料和时间的各种图型。其实休谟虽然否定我们能看到因果性范畴，但是他也承认我们看到了“在前”

的东西和“随后”的东西，我们的知觉和印象是离不了前和后的。休谟没有看到范畴并不奇怪，因为范畴是更高的层次。但是既然看到了“前”和“后”，那你无形中就已经看到了“前（因）后（果）”，所以已经无形中使用了诸范畴，休谟却没有自觉到这一点。这就是康德和休谟的不同之处。康德的范畴是用来把直观的材料提升到能够被范畴所接受的层次上来的，而休谟则不愿意提升，他只是停留于那些感性的材料、知觉印象之上。其实休谟明明已经看到了有更高的东西，比如时空形式，它们是抽象的，而不是从知觉印象里面把握到的，必须用先天的能力才能把握，只是他不愿意承认。所以一切直观的表象都必须从属于图型之下，并且通过图型从属于范畴之下，这是从下往上的一个追溯。

（2）那么从上往下来看，一切范畴都要受到图型的限制。也就是说一方面图型对直观有引导作用，另一方面图型对范畴也有限制作用。范畴离不开图型，范畴就是要运用于图型，并且通过图型运用到经验性的材料之上的，除此而外，范畴没有别的用途。如果范畴不运用于图型之上，那将会怎么样呢？我们知道范畴是从形式逻辑的判断分类表里面引出来的，如果范畴在判断的时候抛弃了图型，那它做出的判断就只具有形式逻辑的主词和宾词的关系的意义，而不具有认识论的意义。按照康德的说法，这样一种判断就不能被称为判断了，那就是形式逻辑的命题了。形式逻辑可以随便提出一个命题，譬如“金山是金的”，只要这个命题没有矛盾就可以了，至于到底有没有金山，它是不管的。形式逻辑只管主词和谓词之间的关系，而不管对象。范畴恰好要管认识对象，恰好要管我们经验的材料到底有没有，如果有的话，又是如何形成对象的。那么范畴是用什么来管经验的材料呢？就是通过图型。所以，只有通过图型范畴才具有认识论的意义。

由此，康德在后面提出来，范畴只可能有经验的使用，而不可能有先验的使用。我们知道，范畴本身是先天的，但是它又不可能有先验的使用，你不可能离开经验的东西，单纯凭借知性的思维去认识一个对象。譬如说物自体，它不是一个经验的对象，如果我们把范畴应用到它之上的话，我们就做了对范畴的先验运用。这种运用是不合法的，因为范畴只能运用于经验的对象。康德有时候说范畴的先验的运用是一种误用，有时候又说这种运用是不可能的，说这种运用实际上是没有运用。譬如，你通过范畴推出上帝的存在，推出灵魂的实体，康德在先验的辩证论中对此作了详细的批判，它们都是由于把范畴运用到了一种先验设定的对象上面，而没有考虑到它们的经验材料而造成的。因为我们无法为上帝、灵魂、世界整体提供出任何可能经验的材料，所以那种运用是白费的，是没有结果的。

我们下面做几点评论。

康德在图型法里提出了一个中介的问题。长期以来理性派和经验派争论不休，康德认为要把这两派调和起来，就应该有一个中介，由此来说明知性的纯粹概念是如何能够应用于经验的对象上面以构成真正意义上的知识的。他认为任何知识里面都有先天的成分，同时也有后天经验的成分，如何能够把这两个成分结合起来呢？由此他提出了中介的问题，并且通过这个中介把理性派和经验派这两个互不兼容的派别调和起来了，因此，这个问题是有一定的积极意义的。

然而，康德的这种调和是在一种割裂的前提之下进行的。他首先把知性和感性相互割裂开来，认为它们彼此的来源不同，二者是互不相谋的，由此才存在一个调和双方的中介的问题。也就是说，你先把它们割裂开来，然后再寻找一个中介。这就带来了矛盾，而且这个矛盾很难解决，你越是想解决，越是无法解决。你找到一个中介，这个中介既能和知性相容又能和感性相通；然而它同时又不等于知性和感性，它一方面和知性不同，于是它和知性之间还需要一个中介，另一方面它和感性也不同，那么它和感性之间也需要一个中介。这就是“第三者”的悖论，在柏拉图那里就已经提出来了，柏拉图就认为中间的理念是一个悖论，是永远可以无穷细分，永远也解决不了的。

另一个与之相关的难题是：先天的范畴和先验的想象力究竟是什么关系呢？二者好像是一回事，都具有自发性、能动性和创造性。范畴是自我意识的统觉的本源的综合统一能力的表现，想象力也是一种综合能力，而且有时候康德认为想象力就是用来综合的，范畴反而要借助于想象力的综合，它只是给想象力的综合带来统一性而已。所以，在康德那里，这两者之间的关系是很难澄清的，它成了经常被后人批判的把柄。像海德格尔抓住先验想象力，说康德的范畴都是凭空虚设的，都可以不要，只一个先验想象力就可以解释人的认识是如何发生的了。费希特的自我意识的哲学也是这样，他高度扩张了想象力的作用，通过想象力产生出一些知识来。当然费希特是主观唯心主义者，但他的这些观点是从康德那里引申出来的，他把康德那样一套范畴和知性的体系都解构了。

还有，想象力和时间规定又是什么关系呢？时间的先验规定是由想象力进行的，到底是怎么进行规定的呢？康德对此也没能做出解释。所以，康德遇到一个很大的矛盾，即要么撇开知性的范畴，单单依靠先验想象力，要么就陷入到中介的悖论中去。

再一个就是有关知性直观的问题。先验的图型法已经暗示了知性直观的存在，即一种既有知性的自发性又有直观的接受性的能力的存在，但是康德自始至终都不承认人有知性直观。康德在讲知性和感性不同的时候，认为感性是接受性的，而知性是自发性的，知性可以自己先天地提出范畴，它是先验统觉的体现。而先验想象力能够先验地规定时间，对时间造成先验的规定，那么它与知性不是就打通了吗？同时想象力又是一种直观的接受能力，它能够把直观到的表象保持下来；既然它又与知性相通，那它不就是一种“知性的直观”嘛！但是康德始终不承认这一点，他认为人不可能有知性直观。其实，康德所设想的那种知性直观本身就是一个自相矛盾的概念。知性自身所提出的概念，即纯粹知性概念，是完全抽象的东西，要把这种抽象概念变成直观，只有上帝能做到，人不可能做得到，因为你在定义中就把它抽空了。所以，像后来的费希特、谢林和黑格尔，都把这个概念从抽象的转化为具体的，使它本身具有能动性，具有建立起“非我”的功能。而由之建立起的“非我”与“自我”有一种经验的关系，由此经验世界就被看做是自我意识自身建立起来的。到了黑格尔那里，就变成了从逻辑学那里外化出自然界，这个问题才较好地得到了解决。

知性直观的问题在康德那里始终是没有解决的，他认为知性要能够直观，就必须要知性本身在抽象概念的水平上面使自己能够直观化，而这是自相矛盾的。因为如果把知性看成抽象概念的话，那它本身就排除了具体，排除了直观。所以，“抽象的概念不可能直观化、具体化”这句话从形式逻辑上是个同一性命题。如果你设想一个抽象的概念能够具体化，能够直观，那就是逻辑上的自相矛盾。但是，如果这个概念不是一个抽象的概念，而是一个具体的过程，那就没有困难了。所以，后来的哲学家所走的道路，都是康德所认为不可能的路，即他们都认可知性直观。牟宗三批评康德的知性直观，这是对的；但他把否认知性直观看成是整个西方哲学的特点，认为大部分西方哲学家都认为知性直观是不可能，这个就不对了。实际上，在西方哲学史上，除了经验派哲学家认为知性直观是不可能的之外，理性派里就只有康德是否认知性直观的。在康德之前和在他之后的很多哲学家都认为知性直观是可能的。所以牟宗三的那个批评是不对的，毋宁说西方的传统是承认知性直观的，而康德是一个叛逆者，并且马上就被别人纠正过来了。也就是说，你既然要做一个理性主义者，你就必须承认直观。知性是有直观能力的，这并不是中西哲学的分野。

第九讲　原理分析：纯粹知性的原理体系

这一讲的原理分析论属于纯粹知性的原理体系，具有比较实在的内容，前面几讲都是提供前提和基础的，而这一章则讲如何把基础应用于科学之中，这些基础为自然科学提供了一些怎样的法规。我们说人为自然界建立了法庭，那么这个法庭的法律是如何规定的？譬如，我们现行的法律有宪法、刑法、民法，等等，它们都有相应的条款。那人为自然界所立的法，即纯粹知性的原理体系也是有条款的，这些条款是按照范畴表建构起来的。所有的经验现象都要拿到这个法庭上来打官司，以判定哪些是对的，哪些是错的，以判定它们的规律的根据何在，合不合法。不合法的肯定是错误的，合法的就可能是正确的，但是并不能排除有些是看起来合法，而实际上并不合法，这就需要不断地打官司。所以，人为自然界立法是康德的一个基本原则。以往的人们在谈到自然科学的时候，都是在讨论我们的观念如何符合对象，只有康德把这个颠倒过来了。他认为我们更应该讨论的是对象如何能够符合于我们的观念，即合法。因为在他看来观念不是随便的经验的观念，而是一种先天的观念，一种法则。自然界如果能符合我们建立起来的这一套法则的话，我们就判定它是真的，我们前面讲过先验分析论是真理的逻辑；如果不符合的话，我们就可以把它否定，然后再去探讨。

纯粹知性的原理体系有两个层次。康德的知性概念与我们日常所讲的理性概念是比较接近的，甚至大部分是重合的。我们通常讲的理性，一个意思是逻辑，我们说“这个人理性很强”，就是说他很善于运用逻辑，这里的逻辑指的是形式逻辑；另外一个意思是指，把逻辑应用于经验的事物之上，从中得出自然规律。对应于此，纯粹知性也有两个层次，它的最高原理也有两条：第一条是分析判断的最高原理。分析判断就是我们通常的形式逻辑的判断，形式逻辑的判断都是分析的，至少它的法则是分析的。所以，分析判断的最高原理就是形式逻辑的不矛盾律。第二条是综合判断的最高原理。他是这样表述这条原理的："每个对象都服从在可能经验中直观杂多的综合统一的必要条件。"[1] 这句话很不好理解。简而言之，就是任何一个对象都必须符合经验可能性的条件，这些条件其实就是那些范畴。任何对象都必须符合范畴，"对象要符合观念"就是在这个意义上说的。观念在这里就是指范畴，就是一切经验的直观杂多的综合统一的必要条件。这是我们在先验演绎中已经讲过的，统觉的本源的综合统一是知性的最高原理。这个最高原理要比分析的原理更高。为什么呢？因为一切分析判断都要以综合为前提，这个我们前面也已经讲到了，一切分析判断首先都是由综合来的，都要在综合的基础上才能进行分析。譬如，我们说"红花是红的"，这是一个分析判断，但是首先把"红"和"花"联结起来的则是综合。所以综合是分析的前提，只有首先综合起来了，才能够再去分析它。所以，纯粹知性的最高原理就是这个综合原理，就是任何对象都要从属于可能经验的必然条件，这个条件即范畴。譬如，要把"花"和"红"综合起来，就必须把它们放到"实体和属性"这一对范畴里面。

在先验感性论里面，我们已经解决了"数学是如何可能的" 问题。在先验分析论里面，在搞清楚纯粹知性的最高原理的问题之后，我们现在就可以来解决"自然科学是如何可能的"这个问题了。前面的东西都是在为了解决这个问题做铺垫，把可能性的条件逐层列出来，现在我们要具体解决这个问题了。纯粹知性的原理是一切自然科学知识或者说是一切知识对象所依赖的最高的先天综合命题。

所有纯粹知性原理里面都蕴含着一个结构。首先，它们是由先验统觉作为最高的点。一切纯粹知性的最高点，都是由先验统觉或者说先验自我意识的功能所表现出来的。纯粹知性的原理是先验自我意识的一种体现，是人的

1　康德：《纯粹理性批判》A158=B197。

认识的主体性或者说自我意识的主体性的体现，当这种主体去把握对象时，它首先就体现为这些原理。其次，这些原理要通过范畴才能得出，或者说这些原理就是这些范畴的展开。十二个范畴不是单纯的抽象概念，它们是要应用于经验对象上的，它们必须要展开自身，要从范畴变成原理。再次，这些原理要借助于图型才能形成经验对象。

每一条原理里面都包含上述这样一个结构。当你提出一条原理的时候，你要意识到：它首先是由统觉或先验自我意识来的，然后它是范畴的展开，而范畴是借助于图型才能展开的。不借助于图型，范畴就只是抽象概念，就没有用，因为范畴不能做先验的运用，只能有经验性的运用，用范畴把经验性的材料凝聚起来、统摄起来，这才构成了我们的经验对象。构成经验对象也就是构成经验对象的知识，在康德那里两者基本上就是同一个概念，由此我们可以说他是主观唯心主义的。但我们要知道他的主观唯心主义里面有客观唯心主义的成分，也就是说经验对象虽然是主观的，但不是任意的，它们具有不以人的意志为转移的客观性，所以康德称它们为对象或者客体。

康德把纯粹知性的原理分为两类，即“数学性原理”和“力学性原理”。十二条原理对应于十二个范畴被分成四组，每组有三条，前两组，也即前六条属于数学性原理，后面两组即后六条属于力学性原理。我们要注意康德在这里的用语，当他讲到数学性的和力学性的时候，我们不要误以为他在讲数学原理和力学原理。数学原理在先验感性论里面已经讲了，即那些使数学得以可能的原理，当然康德并不称它们为“原理”，因为它们是直观的形式，即时间和空间。这里所说的数学性的原理，不是真的在讲数学，而是在讲自然科学，自然科学和数学是不可分的。康德在这里讲的，实际上是我们在研究自然科学的时候，把数学应用于经验对象之上以便对之作定量化的研究时所必须遵循的原理，而不是在讲数学本身的原理。我们之所以把它译作“数学性的”，而不是“数学的”，就是为了避免误解。“数学原理”是不考虑对象的，它只关心原理自身；而“数学性的原理”所要考虑的则是如何将数学应用于对象之上。当牛顿在讲“自然哲学的数学原理”的时候，他其实已经不是在讲纯粹的数学了，而是在讲物理学，他所关心的正是，当把数学应用于自然科学的对象上的时候，应该遵循哪些基本原理。

力学性的原理也是如此，我们不能把它当成力学自身的原理。力学性的原理和数学性的原理讲的都是自然科学的原理，它们的区别在于：数学性的原理是可以通过直观来确定的，力学性的则不能够直接地直观到，而必须通过论证。数学的东西一眼就看出了，因为它们必须通过时间和空间的形式，但是力学的东西则需要通过一些推测、预测，才能被把握。比如说一个运动着的物体，它的速度和加速度是多少，它下一步会有怎样的变化等等，都不是一下子能把握到的。我们必须进行预测，要计算出它当前的速度和加速度，才能够知道它下一秒的状态，而当我们这么做的时候，我们就遵循了一些力学性的原理，这些原理不能够直观地得到，必须要间接地推出来。

康德又把这两类原理分别称为构成性（konstitutiv）的原理和调节性（regulativ）的原理。我们前面已经提到过这两个概念："konstitutiv"也可译成"构造性的"，它强调的是直接的构成事物的结构；"regulativ"也可译成"范导性的"、"引导性的"，我们翻译成"调节性的"或者"调控性的"，是为了突出这些原理不是直接去决定事物的，而是作一种调控和预测。这一对概念在康德那里用得比较广泛，这反映出当时他的知识背景，即数学和物理学。数学是构成性的，而物理学则是调节性的，康德也是照此把他的知性原理体系分成了两类：数学性的、构成性的原理有两组，即属于量的"直观的公理"和属于质的"知觉的预测"；力学性的、调节性的原理也有两组，即属于关系的"经验的类比"和属于模态的"一切经验思维的公设"。

一、量：直观的公理

康德是这样来表述直观的公理的，即"一切直观都是外延的量"。他认为我们是用一种量的眼光来看待经验对象的，所有在经验中向我们呈现出来的东西都可以纳入到外延的（extensiv）量的概念里面。譬如，某物有多长、有多高、有多重，等等，都是可以通过测量得到的。我们以前讲西方的学问，倾向于把它归为一种“质测之学”。像康有为那个时代的一批人，就认为西方之学的长处在于它非常精密，可以把对象精确地测量出来加以算计，所以我们才搞不过他们。西方之所以能用坚船利炮打开中国的大门，靠的就是这个建立在“质测”基础之上的科学技术。他们在外延的量的方面，做得非常精密，他们的船的质量、大炮的准度都远远超过我们。

西方近代科学的基本原理就是定量化，自然科学就是量化科学。其实这种观点一直延续到了今天，数学现在仍然被看作自然科学的基础，不能够定量化和精确化，就不能够被称为科学。为什么有人否认中医是科学，就是因为它没有定量化，不够精密，你不能够对它列出数学公式来。扎针也好，气功也好，都是不能定量化的，都没有提升到科学的层次。当然定量化也有它的弊病，并不是所有的东西都可以量化的。我们今天把文科也量化了，要求在什么等级的刊物上发表多少篇文章，这个就不对了。但是就自然科学本身来说，定量化是不可避免的。马克思曾说过，一门科学只有达到能够用数学来表达的时候，才是一门成熟的科学。我们今天的科学，包括生物学、基因学说已经到达这样一个层次了。人类的基因可以用一种数学模型来计算，通过 DNA 的比对，就能够查出来谁和谁有血缘关系，这是近代自然科学的威力所在。科学中对定量化的追求是从伽利略、牛顿的时代就已经开始，康德对此更是深信不疑，你讲经验科学的知识，一定首先要从定量化讲起，这是最起码的条件，没有这个东西，还谈什么自然科学呢?

“一切直观都是外延的量”的意思是，量的范畴通过“数数”这个图型，成为了一切现象的知觉之所以可能的条件。你要对现象有所知觉，就必须通过数数，必须知道这个比那个大多少或小多少，等等。在康德看来，一切对象都是在量上复合起来的。“复合的”是和“单纯的”相对而言的，“单纯的”就是不能再分的，复合的就是还可以再分。所以，在量的概念之下，事物是无限可分的，你总可以把任何事物分成两半。在中国古代也有这种观点，《墨经》里面讲到，“一尺之棰，日取其半，万世不竭”，说的就是这个意思。一尺长的东西每天被砍掉一半，砍一万年都砍不完，因为它是无限可分的。所以，一切直观得到的对象在本质上都是复合的，不存在那种单纯的不可再分的东西。现代物理学对康德的这种观点提出了疑问，当基本粒子被分到夸克的层次时，如果再继续往下分的话，被分出来的东西就会比原来的东西更大。因为根据现代物理学的观点，这个时候你不但要把被分的对象考虑进去，还得把分的行为考虑进去。当你对夸克进行分离的时候，你要对它施加很大的力，所以根据质能转换关系，分出来的东西就会比原来的东西更大。但是在康德和牛顿的时代，人们还没有这种认识，一般都认为对象都是复合的，是无限可分的，而且是可计算的。也就是说，你可以计算出事物应该按照什么比例进行分割。在他们看来，我们只能对可计算的东西形成科学知识，这是当时的信念。

因此，“一切直观都是外延的量”这样一条原理，成为了数学应用于经验对象之上的充分必要条件。只要有这个条件，数学就可以应用到经验对象之上了。由此证明了数学对于自然界必然具有客观的效力，并且也只能应用于自然界。我们上面讲到，数学在某种意义上可以脱离自然科学，单独成为一门科学。比如说，有的数学家对自然科学根本是一窍不通，但是他懂得数学里面的各种复杂的情况，尝试去解决像哥德巴赫猜想这样的数学难题，而不管它们对物理学等自然科学会产生什么样的影响。但是从本质说，数学只能应用于自然，因为按照康德的前提，数学本身是时间和空间的形式，时间和空间是不能单独存在的，它们只是经验对象的直观形式，并且时间和空间各自只能有一个，所有的经验对象都在同一个时间和空间中限制出它的那一部分。这样一来，数学作为时间和空间本身的结构，当然就是自然界本身的形式了，数学的复杂也就是自然对象的时空形式本身的复杂，因为时空形式是不能脱离经验对象的，离开经验对象是存在不了的。

二、质：知觉的预测

它的原理是这样表述的，“在一切现象中，实在的东西作为感觉的一个对象具有内包的（intensiv）量，即具有一个度。”[1]“extensiv”和“intensiv”可以对照着理解，“ex”和“in”是两个前缀，前者是“向外的”，后者是“向内的”，“tensiv”是“张力”、“扩张”的意思。所以，按照字面意思来理解，“extensiv”就是“向外扩张的”，“intensiv”就是“向内扩张的”，向内部扩张实际上就是向内部凝聚。有的人把“intensiv”翻译成“强度的”，这当然也可以，但如此一来，就无法体现它与“外延的（extensiv）”的对应关系了。我们把一个翻译成“内包的”，一个翻译成“外延的”，这样就可以对应起来了，因为在康德那里，量和质本来就有一种对应关系。

直观的公理是不需要预测的，大和小，通过比对一下就能看出来，但知觉需要预测。在知觉里面，要找到一条纯粹知性的原理是很难的。一般来说，知觉属于个人的感觉，你感觉到某物是红的、软的、有香味，等等，在这些东西里面怎么能找到一条原理加以概括呢？它们是偶然的，你无法预测你将得到的是一种什么样的知觉。直观的公理是可以规定的，但知觉的预测是不可料想的，无论你把一朵玫瑰花说得多么美、多么漂亮，对一个没有见过玫瑰花的人来说，都是不可能预测到它到底是什么样子的。就像我们必须亲口吃到梨子，才能知觉到梨子的滋味，所以知觉本身是无法预测的。

但是，如果现在我已经有了一种对某物的知觉，我就可以在这个基础上进行预测，我可以预测它自身可能有什么样的等级关系。比如说，我看到了一种红色，然后我就可以设想，如果这红色再淡一点会是什么样，再深一点又会是什么样。画家经常干这事，他对他要画的颜色胸有成竹，因为他可以预测到这个颜色的种种层次。国画里面通常讲“墨分五色”，就是说墨自身就有各种颜色，也即各种不同的浓淡的层次，而每一层次是什么样的，画家

1　康德：《纯粹理性批判》B207。

是完全可以预测到的。一种颜色在极浓的时候是饱和状态，在极淡的时候就近乎是零了，在极浓和极淡之间就构成了一种色差的等级系列，这是我们每个人都能够预测到的。所以，知觉的预测可以超出我当下的感觉能力的限制，也就是说我现在虽然没有感觉到某种东西，但我可以把它设想出来。你把它设想为零，那是它的极限，而实际上是不可能淡到为零的。在时间和空间中，没有什么东西是可以为零的，知觉的预测是在从零到饱和的两端受到限制的。根据这个体系，我就可以对其中某个受限制的状态做出预测，它是逃不出从零到饱和、从非存在到存在这个范围的，这个范围内有无限个等级。所以，康德反对牛顿的所谓空虚的时空，即没有任何内容的单纯的时间和空间。康德认为，任何时间和空间里面都有某种东西，有时也许是由于我们的感官太弱，才把那些淡得几乎无法知觉的东西当成是空虚的，但实际上里面是有东西的。

在康德看在，知觉预测的等级系统同样是可以计算的，可以用量加以确切地规定。这里的量就属于“度”，即程度。这个量是质的量，是内包的量，而不是外延的量，它关系到程度的强和弱，所以有的人把“intensiv”翻译成“强弱的”。强和弱的中间有一个限制的度，比如我们常说“不要太过度了”、“什么东西都要把握度”，等等。度是最难把握的，但毕竟还是可以把握的，只要你心中有一个等级作为标准。一旦有了一个坐标，我们就可以对任何发生的东西做出某种预测，比如说天气预报。我们搜集了大量的天文气象资料，然后在坐标系中把它们排出来，再结合现在台风的位置、移动速度和方向，就可以预测出它将会在某月某日某时到达某地，虽然它不一定精确，但是这个度还是可以把握的。你不能因为几次预测的偏差，就说天气预报是不科学的，科学是不能绝对的，但是我们可以利用高速计算机，把数值计算得更加精确。根据现有的资料，我们可以预测还未发生的事情，这叫知觉的预测。之所以如此，是因为现有的资料给我们一个不断变化的等级系统，我们可以把它的起点和终点找到，然后再去确定那个度，现代自然科学也正是这样做的。我们讲定量化的科学，定量不是死板的定量，而是在运动中根据事物性质的程度的不同，对它们加以预测，这对自然科学来说非常有用。如果科学中没有预测，而仅仅是把直观中接受到的对象规定下来，那科学就只能够对付既成事实了，就成了“事后诸葛亮”。只有有了知觉的预测，科学才能在现有的经验对象的基础之上探讨未知，才能对我们有用。

所以，知觉的预测还是定量化的，康德最后还是要把质归结到量。量的公理和质的预测一起表达了自然科学的基本倾向，即定量化、精确化。知觉的预测在一定的范围之内有变化的可能，但是它不可能超出这个范围。比如说，台风只可能以某种速度前进，而不可能超出一个极限，它此时在台湾海峡，不可能一个小时就到了内蒙古。所以，近代自然科学的两大基本原理首先是量，然后是质，而质也可以归结为量，即度。度就是把质考虑在内的量，它在自然科学中几乎是无处不在，我们讲温度、强度、湿度，等等。这在康德看来，是无可置疑的，你要讲科学首先要讲量，然后要考虑质。可是到了黑格尔《逻辑学》里面，量和质的次序就颠倒过来了，他认为必须先考虑质，然后才是量，因为黑格尔所说的“质”与康德的“质”是不同的。其实康德自己也有过不同的说法，比如说在《判断力批判》里面，虽然他也是对应着范畴表来排列美的四个契机，但是质的契机被排在了第一位，然后才是量的契机。他认为美的问题和科学没有关系，如果你谈科学，首先就应该是量。那黑格尔为什么把二者颠倒过来呢？因为黑格尔谈的是哲学，他认为从哲学的角度来看，质应该在量之前，量是一种外在的规定，而质则是一种内在的规定，一种更为本质的东西。康德则常常把哲学和自然科学混为一谈。

三、关系：经验的类比

前面讲的量和质的原理都是数学性的原理，而关系的原理则是力学性的。单凭数学性的原理还不足以完全规定对象，由量和质所规定的对象是孤立的、个别的，但自然界中的事物都是运动变化的，都是相互作用的，单纯去考察摆在那里的僵死的东西，还不能叫做自然科学。牛顿的物理学主要是对事物之间是怎么发生关系的加以考察，所以必须要提升到关系的范畴，才能够真正地全面地来解释自然的经验现象。这些经验现象不能单凭量和质加以规定，还必须要有某种关系加以综合统一的规定。

这种关系首先是一种类比（Analogie）的关系。如果一个东西与另一个东西不发生关系的话，它们就只是孤立的个体，但实际上，在运动变化的过程中，一个东西总是要与其他的东西发生关系的。我们可以通过一种类推的方式，间接推断出各个知觉之间的关系，而不是凭借直观去把握。这种间接的推断当然不能够脱离经验，它不是随便的胡思乱想，而是就在经验之中进行，所以是“经验的类比”。经验的类比区别于理性的类比，它不是单凭理性的三段论进行的推理。康德认为，把三段论应用在经验的对象上是很容易出错的，因为人们在用它进行推理的时候总是倾向于离开经验的地基，推到自然之外去，推出灵魂，推出上帝。但是经验的类比不是这样，它不会超出经验，而是发现经验与经验之间的类比关系。

通过经验的类比，我们可以找到某种规律性。而这种规律性之所以成立，要追溯到关系范畴。比如说，“太阳晒，石头热。”“太阳晒”在前，“石头热”在后，这两个事实摆在那里，那么前者是不是后者的原因呢？这一点通过直观是看不出来的，单凭我们用眼睛看，用手去摸，用皮肤去感觉，是完全推不出它们之间有什么必然联系的，即使得出某种联系，也许只会是休谟所说的心理联想。但是如果我们在先已经知道有另外一种关系，比如说，“用火烧水”和“水开了”，两者有一种因果关系，我们凭借这样一种因果关系去推断“石头热”的原因是“太阳晒”。就是说，我们可以通过一种比较的关系，来引导我们去寻找“石头热”的原因。到底这原因是不是“太阳晒”，还不肯定，它只是其中一种可能的原因。康德讲，这就像数学中的比例，比如说，先有一个比例“2 比 5”，然后给你一个数字 10，你就可以根据数学中的类比原理计算出“2 比 5”与“10 比 25”相等了。但是自然科学中的经验的类比，又不同于数学中的类比，你只能依据经验内容对它们加以比较，从中看出某种必然的规律性。

康德特别强调一点，即这种经验的规律只能在可能经验的基础上来设想，即使某件事情现在还没发生，只要它在经验中是可能的，你就可以设想。石头热的原因到底是什么，是太阳晒的呢，还是刚刚有人在这里烤火，我们都可以进行设想。但有一点是我们不能设想的，就是这个石头热是没有原因的。尽管石头热的具体原因是不确定的，但它必定是有原因的，这一点却是无可置疑的，而不是像休谟所讲的那样，因果关系只是一种习惯性的联想。联想是可以不发生的，我也可以随意改变联想，但因果关系不是这样的，它是先天根据。所以，经验的类比是知性的先天原理，我们之所以作这种类比，不是由于后天的心理上的习惯，而是它后面有先天的原理在起作用，这个先天的原理就是"一切发生的事情都是有原因的"。正是这个先天原理引导我们去寻找那个第四项，即在看到前面三项之后，通过类比寻找第四项，不论它具体是什么，反正它肯定是有的。但是这种类比是经验的，就是说它必须依据时间的图型，如果没有时间的图型，类比就成了理性的类推，就容易推出幻相。我们讲到关系的图型是时间的秩序，它有三种，即持存、相继和并存。由此，就有三种类比，即实体性的类比、因果性的类比和协同性的类比。

1. 第一类比：实体和偶性

我们现在看看第一类比，它是由关系范畴的第一项，即实体和偶性扩展得出的。康德是这样表述第一类比的："实体在现象的一切变化中持存着，它的量在自然中既不增加也不减少。"[1]这是通过类比推出的，因为在经验对象中，我们常常能看到有些东西能够在变化中持存下来，自身的量没增加也没减少。譬如，你把一块木头在一个密闭的容器内烧掉，木头虽然变成了烟和灰烬，但是整个容器内的东西的质量并没有变化。所谓的实体就是持存之物，持存就是持久地存在，实体是不可毁灭的。实体的持存原理对应于物理学中的物质不灭定理，拉瓦锡的实验第一次确立了物质不灭，它在形式上可以变来变去，但在总量上没有变化。木头可以变成烟，变成灰烬，可以变成

1　康德：《纯粹理性批判》B224。

气体，但它的量既不增加也不减少。这个量首先是重量，其次我们确定这个重量其实是质量，质量守恒。实体也是着眼于量，但它是着眼于量的关系。一个事物的量在前一段时间与后一段时间保持不变，这不是说这个事物的量就一直固定在那里，而是要在它的各种变化中来确定它的量一直不变，即现在这个量和原先的那个量是相等的，它们有一种相等关系。所以，对实体来说，它的这种量的关系是不变的。

不变是相对于变而言的，你说它不变，但是它有些东西确实改变了。比如说，你把一块木头烧成了灰，它的形态就改变了。在不变之中才有变化，同样在变化之中才有不变，所以变是相对于不变而言的。那发生变化的是什么呢？是偶性，即偶然的性质。偶性可以变来变去，一块木头变成气体，变成灰烬，一块蜡也可以从固体融化掉，变成液体，但这些都是偶性，实体本身是不变的。在时间之流中，变化的东西在不断地消失，但是河床是不变的，实体就相当于河床。因此，实体是一个基础，在关系范畴里面，实体是最基本的一种关系，是其他两种关系，即相继和并存或者说因果性和协同性的基础，这两者都要以实体性作为它们的前提。我们所看到的大千世界，是万物皆流、万物皆变的，如果我们反思一下就会发现，之所以会如此，乃是因为它们都以不变的东西作为前提，只有这样我们才能理解万物皆变。譬如说，如果一个东西原来是那样的，后来成了这样的，我们说它变了，但是如果前后根本就不是同一个东西的话，那就成一团浆糊了，那就是五颜六色晃来晃去了，我们就根本不能说是什么东西在变。所以，变总是某个东西在变，这个某个东西是不变的。变化的东西必须以不变的东西为前提，才能理解，这就是实体的类比关系，它是通过与自然科学的物质不灭定理作类比而得出的。

2. 第二类比：因果性

这就是“按照因果律的时间相继的原理”，它的表述是：“一切变化都按照因果联结的规律而发生”[1]。这个类比是康德最看重的，因为它直接针对

1　康德：《纯粹理性批判》B232。

着休谟。休谟主要通过对因果性的怀疑，使得当时自然科学的哲学基础发生了动摇。康德自己也曾说过，是休谟的怀疑论激发了他做批判哲学，所以他着重对休谟有关因果性的观点进行批评。因果性是在时间中相继性的原理，实体性是在时间中的持存性。能不能像休谟一样，把这种相继性归结为一种习惯性的联想呢？有些情况确实是这样，比如我们上面曾举过乌鸦叫和死了人的例子，把二者结合起来的就是心理联想，但是这种联想是没有因果性的。如果全是这种联想的话，那就没有任何科学知识可言了。康德认为除了这种习惯性的联想以外，还应该有一些情况是客观必然的。凡是确实发生的事件，如果我们去考察它，我们就可以找到它之所以可能的条件，每个正常人都会这么判断。但是如果按照休谟的观点，人就不可能有这种判断了，在他看来没有什么事情是真正发生的，一切都是偶然的，都是你联想的。

但是在康德看来，实际上发生的事情和心理联想出来的事情是不一样的，两者之间有一种本质的区别。比如说，当我观察一所房子的时候，我可以先从左边看到右边，也可以反过来，这时候没有任何事情发生，只是我观察点的不同而已，房子自身并没有变化。并不因为你从它的左边看到右边，左边就成了右边的原因，右边就是左边的结果了，这里面肯定没有因果关系，无论你往返看多少次都是这样。但是如果说“一艘船从上游行到下游”，这就是一个发生的事情了。你观察一艘顺水而下的船，你会发现当船到达下游的时候，上游肯定没有船了，或者说当它还没有到达下游的时候，下游是肯定没有船的。所以，这是一个确实发生的事情，是客观的，它与你看房子的时候观察顺序的改变是不同的。生活中间有很多这种不能用休谟的习惯性的联想加以解释的东西，这时你就必须要引进因果性。比如上面那个船的例子，在上游的那条船是到下游的那条船的原因，也就是说因为上游有一条船，所以过一会儿在下游出现了一条船，这里头有一种因果的关系。

因果关系是不能逆转的。你看房子的时候，从左到右可以，从右到左也可以，这是可以逆转的。但是船从上游流到下游，这是不可逆转的，而且你已经意识到这种不可逆转性，即原因在前，结果在后，或者说先因后果，因必然导致果，等等。所以，你从中得到一条原理，即“一切发生的事情都是有原因的”。其实这就是莱布尼茨提出的充足理由律，一切事情都是有充分的理由的，也就是一切发生的事情都是有原因的。如果事情并没有真正发生，比如说当你看房子的时候眼光虽然变化了，但房子本身并没有发生任何事情，这时候就不适合用因果性。只有事情真正发生了，我们才能够找它的原因。

在这种情况之下引进的因果性原理，也就是在时间中的相继性不是偶然的相继，而是必然的相继，有一种先天的必然性在里面，结果必然继原因而来。时间中的相继性充当了一个媒介，使得因果性能够运用于经验中的现象。但康德只是提出了一个原理，并不是说我有了这个因果性，就可以确定任何一件发生的事情的原因和结果了。比如说，我先看到河流上游有艘船，然后我在下游又看到了一艘与它一模一样的船，但我并不能就由此断言二者有因果关系，可能上游的那艘船在驶到下游的时候，被一艘与之一模一样的船调包了，所以你所判定的上游和下游的船之间的因果关系，有可能是虚假的。康德的这条原理，只是告诉我们一切真实发生的事情都是有原因的，但它并没有告诉我们，也不可能告诉我们，任何一件事情的具体原因是什么。他只是提出了一个原理，一条法律，使我们能够在理性的法庭打官司。既然是打官司，就不可能一上来就断了案，必须要经过审理，要提供充分的经验的证据。并且即使你搜集了大量证据都提供出来，还是有可能判错案子的，你以为证据都在这里了，也许中间一个细小的但很重要的环节被漏掉了。比如，根据你的经验，你判定太阳晒是石头热的原因，但是其实是有人在石头底下烧火，只是你没有看到，或者说几分钟之前，有人往石头上泼了一盆开水，所以石头热了，虽然太阳还在晒，但是它并非是石头热的真正原因。所以，康德提出的这条原理，只是用来打官司的一条法则，或者法规。至于具体打什么官司，那要视情况而定，但是只要有这条法规，即一切发生的事情都有原因，我们就必须去找事情的原因，只不过是否能够找到真正的原因，并没有绝对的把握。像现代物理学中爱因斯坦和玻尔的著名的争论：当我们不看月亮的时候，月亮是否存在？爱因斯坦肯定它的存在，但是反对他的人就说不一定，我们不看月亮的时候也许它就不存在了，我们一看到它可能它突然就存在了，因为在你不看它的时候，你就不知道它是怎么样，这中间有个缺环，你怎么能断定它一直存在呢？它完全是有可能不存在的。当然康德的时代还没有爱因斯坦，但是他也估计到了这种情况，就是说这些纯粹知性的原理不是要断定某个事情具体来说会怎么样，不是要断言 A 一定是 B 的原因，或者 B 一定是 A 的结果，而是要断言 B 一定有它的原因，这个原因到底是 A 还是什么，是可以打官司的。但是如果没有这一条原理，你就连官司都没法打了，像休谟那样完全把它们当作联想，一件事情就完全有可能没有原因，而这样一来我们面对的就是一个无法无天的自然界了。

我还要提醒大家一点，这里所说的先因后果只是从逻辑上讲的。如果从时间上来讲的话，因和果可以是同时的。比如说，你在床垫上放一个铅球，床垫凹下去了，铅球是床垫凹下去的原因，床垫的凹陷是铅球重量的结果，这两个事情是同时发生的，因和果被压缩成了一瞬间。但是从逻辑上看，先因后果仍然是有效的。时间中的相继性原理是因果性的图型，这个是没法取消的，但相继性可以被压缩成一点，可以消失为零，这时候两件事情就是瞬间同时的。我们可以把这种情况看成是一种特例，就是说相继性有时间的持续，这持续可以有长有短，最极端的情况是为零。总而言之，时间的相继性原理，或者说因果性原理是一条先天的原理，它可以用来对我们的自然科学加以把握。所有自然的因果关系都是这条因果性原理的类比的例子。

3. 第三类比：协同性

我们前面已经初步讲述了协同性。康德对第三类比的表述是，“一切实体就其能够在空间中被知觉为同时的而言，都存在于普遍的交互作用中”[1]。我们上面也讲到，协同性和因果性都是以实体性作为前提的。实体性是同一个实体和偶性的关系；因果性则是这个实体和那个实体之间的关系，也就是

1　康德：《纯粹理性批判》B256。

说我们可以从一个实体那里，找到另一个实体（或另一时间中的同一个实体）的偶性的变化原因，所以从实体性可以推出因果性；从因果性又可以推出协同性，协同性实质上是一种交互因果性，所以一切实体都处于交互作用之中。

协同性的德语词是“Gemeinschaft”，它有两个意思，一个是“共同性”，一个是“交往”，“交互性”，康德的意思应该是后者。协同性不只是共同性，不是说所有的事物都是共同的或者说都是有共同之点的。真正的协同性应该是交互作用，彼此必须发生交互的影响。协同性的交互影响是同时并存的一个根据，在时间中的同时并存就是交互性。我们上面讲过什么叫“同时并存”，康德对此的理解非常前卫，不是说两个东西摆在那里，一个在左边一个在右边，它们就是同时并存了，而是说左边的东西和右边的东西同时发生了作用，这相当于牛顿力学里面的作用力等于反作用力。所以，协同性不仅仅是共同性，而是交互作用，互为因果。单纯位置上的并存，是不可能知觉到的。譬如，当你说你知觉到了你身旁有个东西时，这一定是因为你看到了或者触摸到了这个东西；你知道月亮在天上，是因为你看到了月亮，月亮的光线到了你的眼睛里面，与你发生了交互作用，所以你才认为它和你同时存在。但如果你闭上眼睛，那个月亮是不是存在，我就不知道了。月亮在你闭上眼睛的那一瞬间可能发生了变化，可能爆炸了或者被其他的星球吸引过去了。所以我们不能离开交互作用来谈协同性。万物都在交互作用之中的这种协同性，可以说是自然界的最高原理。它是作为关系的关系，它把实体性和因果性都包含在内了。因此，恩格斯在《自然辩证法》里面高度赞扬这一条原理，说它是终极的原理，在它后面再没有什么别的原理了。

关系范畴的所有原理，都是力学性的原理，它们都具有一种预测性。我们上面讲了，知觉的预测是质的原理，但是关系的原理也都可以用来预测。比如说，我通过物质不灭定理，可以预测出某物烧掉了以后它的量还是不变的，虽然现在还没有显出它会不变，但是我可以预先肯定它是不变的。因果性也是这样，我们可以从原因预测出结果。协同性也是如此。关系范畴的原理是经验的类比，类比就不是直接的确定对象，而是通过它进行预测，所以三条关系原理都是一种预测。但这是有一个前提的，即这里的类比都是经验的类比，它们必须在可能经验的范围之内进行预测，来反推出作为它们条件的那些范畴。你给我一些经验，我就可以推出那使经验之所以可能的那些范畴，经验之所以这样呈现给我们，是因为它背后有那些原理在起作用。因此，这里的类推只是在可能经验的范围之内所做的类推，而不是超出可能经验之外所做的类推，要是后者的话，就会产生幻相。而下面要讲的第四条就把这一点限制住了。

四、模态：一切经验思维的公设

公设相当于数学里面的公理，这里就是设定上面所讲的东西都在可能经验的范围之内，而不能超出可能经验的范围之外去涉及一个自在之物。根据这个公设，我们在进行自然科学研究的时候，首先要把研究的对象设定为现象，而不是自在之物。对应于模态的三对范畴，公设也有三条。

1. 可能性的公设

康德对可能性的公设的表述是，“凡是（按照直观和按照概念）与经验的形式条件相一致的，就是可能的”[1]。简单地说就是，凡是与经验的形式条件相一致的就是可能的。你不能和经验的形式、比如说时间和空间相违背。你说某个地方可能有一个东西存在，但是如果那个地方已经有另一个东西存在了，那么你所说的那个东西就不可能在那里存在了，否则你就和空间的条件相违背。我们前面也讲了，如果某人在案发的时候不在现场，那他就不可能是犯罪嫌疑人。一个东西只可能在某时处在某个地方，而不可能同时处在两个地方，如果同时处在两个地方，那就与可能经验的条件相违背了。另一

1 康德：《纯粹理性批判》B265。

方面，如果经过证实某人有作案时间，那他就有可能是犯罪嫌疑人。

可能性与可想象性是不一样的，可想象性不管是否违背经验的形式条件，我们完全可以设想一些不在经验的时间和空间中出现的事情。它和单纯形式逻辑上的可能性也是不一样的，在形式逻辑那里，一切在逻辑上不矛盾的都是可能的，这是抽象的可能性。康德讲的是一般经验思维的公设，所以他是从经验的角度来考察可能性的。在他看来，只有经验的可能性才是现实的可能性，也即才有在现实中存在的可能，因为它不违背经验的形式条件。虽然经验中可能的不一定就是现实的，但它已经与抽象的可能性不一样了，抽象的可能性表达的只是思维的形式，而不涉及经验的内容，它还不是真正的可能性。

在科学研究中，可能性可以应用到自然对象上面去，它是很有用的，当我们作科学假设的时候是离不开它的，虽然这些假设是对是错还有待验证。有很多科学假设至今还没有被验证，像黑洞理论、暗物质、霍金的宇宙爆炸理论，等等，还有人对它们提出质疑。但是如果没有这类可能性的话，科学就没办法存在了，特别是现代科学，它正是依照对这种可能性的不断探索，才得以推进的。所以，把这种可能性限制在可能经验的范围内，是非常具有科学意义的，它不像形式逻辑的可能性是一种抽象的可能性，常常是说了等于没说。

2. 现实性的公设

康德是这样表述现实性的公设的，即“凡是与经验的（感觉的）质料条件相关联的，就是现实的”。质料条件就是经验的感觉、知觉和印象，也就是你亲眼所见、亲耳所闻的东西，这就是说，你感觉到的东西，都是现实的。现实性与可能性在这点上有区别，可能性考虑的是可能经验的形式，即时间和空间，而现实性考虑的则是可能经验的内容或质料。一个东西只要是实实在在的现成在手的，我就可以不管它在以往的时间和空间中是否存在过，也不管它将来是否会继续存在，至少它目前是具有现实性的。当然也不必拘泥于直接的感觉，我们还可以按照经验的类比去连接可能的感觉，但是这种连接要步步为营，不能跨越，要时时刻刻以亲眼所见、亲耳所闻为基础。现在的物理学所研究的对象，也许不是我们用肉眼能看到的，但必须能通过望远镜或电子显微镜被观察到，必须能够用仪器触摸到，这就是要执着于现实性去获得知识。当然，这样做有它的局限性，但它的好处就在于由此获得的东西是具有现实性和可靠性的，在这方面康德反驳了笛卡尔式的和休谟式的唯心论。

笛卡尔提出“我思故我在”，这里面好像也有一种现实性，但是他假设了在我的表象之外的一些东西，譬如说实体。所以笛卡尔的现实性并不是真正的现实性，真正的现实性必须要有可靠的经验材料，要有感觉作为基础。你如果把感觉都抽掉了，那就没有任何现实性可谈了，你只是在一些未经证明的假定的基础上凭空乱想而已。

3. 必然性的公设

必然性的公设是，“凡是其与现实东西的关联是按照经验的普遍条件而得到规定的，就是（在实存上）必然的”。[1] 经验性的普遍条件指的就是可能经验的形式条件和质料条件。如果一个关联能够同时满足这两种条件，那它就是必然的，就能够在一切时空中有效。这种必然性是和形式逻辑的必然性不同的，后者是抽象的必然性，比如说三段论推理，它只具有形式的必然性，而不管质料如何，它的质料一旦变化，它的结论就可能无效。比如说，如果推论的大前提是错误，那无论推理过程多么精确，所得出的结论依然是无效的。所以真正的必然性，必须“在实存上”是必然的，也就是必须与经验的普遍条件相吻合。形式逻辑太形式化了，而经验派则比较重视现实，休谟非常强调实在感受的知觉和印象；但是如果没有形式条件的话，只是些主观联想的话，那也就没必然性了。所以，真正的必然性必须同时满足经验的质料

1　康德：《纯粹理性批判》B266。

条件和形式条件。

还有，传统的观点认为，可能性、现实性和必然性三者是一种包含关系。比如，从形式逻辑上说，可能性要大于现实性，现实性要大于必然性。我们日常的观点也是这样，可能性的范围很广，你可以把它说得天花乱坠，但是重要的还是现实性，而在现实性里面，又有些是必然的，有些是偶然的。所以，必然性比现实性的范围要小，而现实性的范围又比可能性的范围要小。但是康德认为这是不对的，它们只是我们主观对待同一个对象的三种不同的态度而已。我们前面讲过，模态范畴就有这个特点，它们不是事物本身的结构，而是主观对客观存在的关系，模态范畴也是一种关系，但它是更高的关系。由模态范畴形成的力学性的原理，说的不是事物之间的力学性的关系，而是主客体之间的力学性的关系，认识主体是以一种主观的综合的方式来对待客体的。

由此可见，纯粹知性的一切原理就是可能经验的先天原理，它们就是人为自然界所立的法。这法有十二个具体的条款，凭借这些条款人们就可以建立起理性的法庭。所有自然界的经验的材料都可以拿到这个法庭上作为打官司的证据，以此来判定哪些知识是合法的，是正确的，是真正的科学知识，哪些东西是不合法的，是对这些原理的错误的运用。这里的审判不是一次就能定下来的，以前判过的，现在还可以再审，现在被认为是真理的东西，以后还可以进一步地审查。虽然这样一来最终的结果就变得很难确定，但是有了这样一个法庭，我们就有了标准，不断变化和发展的自然科学就有法可依了，而不再是无法无天。这就是康德的纯粹知性原理体系的意义所在。

第十讲　向先验辩证论过渡

先验逻辑分成两个部分：一个是先验分析论，它属于真理的逻辑，在前面基本上把这一部分讲完了；另外一个是先验辩证论，属于幻相的逻辑，是下面一讲要讲的内容。先验分析论探讨的是，人是如何为自然界立法的，都立了哪些法，通过这些法，我们就能为自然界提供一套具有普遍必然性的规律。康德提供了十二个范畴以及与之对应的十二条原理，他认为一切自然科学的知识都要以它们为基础，譬如当时的牛顿物理学就逃不出这十二条原理。也就是说，如果我们能够从这十二个方面对一个自然现象进行严格规定，赋予它这些方面的普遍必然性，那么这个自然现象可以说就被我们科学地把握住了。当然，这一次性的把握并没有完，可能还有很多别的现象，或者说对这个现象的把握还可能有不精确的地方，甚至于有弄错了的地方，但只要你有这十二条原理作为理性的法庭的法规，你就可以打官司，要求作出最后的判决。这就是先验分析论所讲的主要内容。先验分析论有两卷，即概念分析和原理分析，原理分析最后还有一章是“一般对象区分为现相和本体”，我把这一章纳入到“向先验辩证论过渡”这一讲来讨论，并且为了讲述的方便，我把先验辩证论的导言部分也结合进来了，因为这两部分分开来讲都太少，只能把它们合成一讲了。康德是如何从先验逻辑的先验分析论过渡到先验辩证论的呢？这就是这一讲要解决的问题。

一、一般对象区分为现相和本体

在先验分析论的最后部分，康德对“一般对象”做了一个划分，这也是对先验分析论的一个总结。我们前面多次提到，先验分析论里面讲的这些先验逻辑的范畴和原理只能够作经验的运用，而不能够作先验的运用，不能够运用于本体上面，不能够仅仅凭借先验的原理就去建构对象。这在先验分析论里面已经多次强调过，在结尾的部分康德又专门谈这个问题。对此我们要把握两点，即他为何要对现相和物自体进行区分，又是如何区分的。

1. 范畴只能有经验的运用，不能有先验的运用

这是康德的一个很有名的命题，它是说范畴以及范畴之下的那些原理，只能够有经验的运用，不能有先验的运用，如果你要做先验的运用的话，那就会是误用。范畴是从形式逻辑的判断分类里面引出来的，每一个逻辑判断的类型，都对应着一个范畴；而范畴是着眼于对象的，之所以把范畴引出来，就是为了使那些判断的形式能够运用于对象之上。范畴是用来对经验材料作先验把握的，它具有一种先验的作用，这种先验的意思就是着眼于对象，能够运用于对象。但是康德又说不能对范畴有先验的运用，这往往引起很多人的不理解。康德把范畴表称为“先验的范畴表”，就是着眼于范畴与对象相关这一点，范畴本来就有提供一个先验对象概念的能力。它提供出先验对象这个概念，以便能用这个概念来统摄那些经验的材料，所以，每一个经验对象的知识里面都包含有一个先验对象的概念，这先验对象的概念是知性所提供的，是知性加进去的。一切经验的知识里面都包含有先天的成分，其中最高的就是这个先验对象的概念，它是先验的自我意识所提出来的，我们也可以称之为对象意识。自我意识提供一个对象意识，提供出来干什么呢，就是用来把握经验的材料，而不能用来干别的。所以这个命题的意思就是说，先验的对象不能在先验的层面发挥认识的功能，即不能做任何先验的运用，而

必须与经验的东西结合，才能完成认识的功能。如果你仅仅是先验的运用，那就是误用，或者说根本就是不可能的，因为先验对象的概念是抽象的，没有直观的内容。除非有一种知性直观，比如说上帝，但是我们人类没有，我们人类只有感性的直观，所以它只能在经验上运用，这是康德反复强调的一个原则。既然这些先天的范畴不能够有先验的运用，即不能够运用在本体上，只能够有经验的运用，那么这就需要把现相和本体区分开来。

2. 现相和本体的区分

"Phänomenon" 是个希腊词，它和德文的"Erscheinung"是可以对译的，所以我们以前都把它们翻译成"现象"。但是这两者还是有一点点细微的区别，这个希腊文的现象因为是外来词的缘故，所以它比较抽象一点，不像德文词那么有语感。在康德心目中，"Phänomenon"应该是更加抽象一些的，而"Erscheinung"则是直接显现出来，就更加具体，更加有语感，所以它多是指那种未经范畴整理的现象。我们把"Erscheinung"翻译成"现象"，也就是显现在我们面前的一种表象。我们用"现相"来翻译希腊词"Phänomenon"，它与 Erscheinung 的区别就是，它指那种经过范畴整理了的东西，但是它仍然是现象。我们知道，在康德看来一切知识都只能够是现象的知识，本体是不可知的，所以一旦形成知识，它就还是现象。但是这个现相的层次是比较高的，所以他才用希腊语的"Phänomenon"来称呼它。就其实质内容而言，它和"Erscheinung"并没有什么大的区别，只不过一个是经过整理的，一个是显现出来尚未整理的而已，但是经过整理之后的东西也是可以用"Erscheinung"来称呼的。所以德文词"Erscheinung"可以包含希腊文的"Phänomenon"，就是说它一方面可以指未经整理的现象，另一方面也可以指经过整理的作为科学研究对象的现象界。所以，"Erscheinung"的范围比较大一些，而"Phänomenon"比较确定一些，就是说它已经定型了，我们翻译成"相"也就是这个意思。譬如，"照相"的"相"就只能是"相"，而不能是"象"，因为它定格了，通过拍照把你的形象定下来了。所以我们改换了一个词，但实质上它们并没有很大的区别。

本体，即“Noumenon”，它也是一个希腊词，也是比较抽象的，它和自在之物应该是一回事情，实际上也就是一回事情，但是又有所不同。我们前面讲了，自在之物是可以思维的，但又不可以认识，因为没有关于它的感性的材料。既然这样你又凭什么断言在现象底下一定有自在之物呢？很多同学对这不太理解，上一次课堂测验，每人写一篇文章，有好几位同学都提出说康德怎么会知道现象底下有一个自在之物呢？可以说，这一点正是康德的软肋，后来的人批评康德也总是抓着这个问题，既然自在之物不可知，你怎么又知道它存在呢？其实在康德那里，也不是完全没有论证。康德认为自在之物是我们先验的设定，它是一个先验的对象。我们之所以要先验地设定它，是因为我们把范畴应用在经验的材料之上的时候，我们就意识到经验的材料既然是一种显现，就必须要有显现者，这是先验逻辑本身所要求的。先验逻辑是要着眼于对象的，而显现后面肯定有一个对象，虽然我不能认识，但是我可以先验地设定这么一个对象。其实单从形式逻辑来看，一个显现没有显现者也是自相矛盾的，显现肯定是某种东西在显现，显现本身在逻辑上就预设了一个显现者。没有显现者，显现就不叫显现了，各种现象就是本身自存的东西了。但既然它是现象，它就只是向我们显现出来的东西，它背后肯定有一个使它向我们显现出来的显现者。但是严格说来，这并不是一种证明，而只是逻辑上的推断，所以你要说这是他的软肋，也是可以的。但在康德自己看来，他原本就是从形式逻辑走到先验逻辑的，所以他认为形式逻辑上合乎同一律的就是不可怀疑的，所以我们只能说，一个显现必须有它的显现者，说一个显现没有它的显现者是自相矛盾的，在逻辑上是不成立的。

正是由这一点，康德才断言有一个先验对象，但是这个先验对象到底是什么，他并没有明确指出。因为当先验对象还没有运用的时候，它只是一个X，为什么说它是X呢？就是因为它还是未定的。我可以设想一个先验对象，但这个先验对象有是有两种可能性的，一方面如果你不把它运用于经验对象之上，它就是一个自在之物，你可以想到它，可以思维它，却不能认识它，不能把范畴运用到这个先验的对象之上。但是另一方面，当你用这个先验对象X的表象，来统摄那些经验材料的时候，它就可以为我们构建出经验的对象，这时候先验对象就成了建构经验对象的一个表象、一个要素了。

康德有时候又把先验对象称为“一般对象的表象”，“一般对象”就是还没有确定的对象，它不是任何特殊的东西。但是如果你把一些经验材料纳入其下，它就成了经验的具体的对象了，而在这个具体的经验对象里面，就有一个层面属于一般对象的表象，它在里面起到了一种统摄的作用，代表先验的自我意识。先验自我意识通过十二个范畴，把那些经验的材料统摄到先验对象的表象之下，这样就建构起了经验的对象。所以，先验的对象作为一个表象和经验的对象不是对立的，它是经验对象中的一个必不可少的成分，离开它那些经验材料就是散的，有了它你就可以运用十二个范畴，把这些材料聚拢起来，建构成一个经验的对象。

本体的概念与先验对象的概念还不一样，它虽然指的也是自在之物，但它仅仅具有一种划分界限的消极意义。本体概念只是一个界限概念，就是说我们所认识的东西都是现象而不是本体，你不能超出现象的界限，去对本体进行认识。所以，本体在它的字面上仅仅具有否定的意义。但是在实际的运用过程中，本体和先验对象具有同样的意义，它们都指自在之物。所以，本体就有两重含义，一个是字面的意思，即消极、限制；一个是实际运用的含义，相当于自在之物。

先验对象也有两重含义，它字面上的含义是积极的，就是指自在之物，但是在实际的使用中又是消极的，它不能规定自在之物到底是什么，它只能够局限于经验的范围内用作经验对象形成的必要条件。所以，虽然这两个概念在字面上不同，但在使用中是有重叠之处的，即它们讲的都是自在之物。有一点要提请大家注意，就是一般来说，本体、先验对象（在其不构成经验对象时）和自在之物这三者讲的是一回事，但它们之间也有一点微妙的差别。

这一讲讲到把一般对象区分为现相和本体，而一般对象是无所不包的，像经验对象、自在之物、本体、先验对象等都是属于一般对象概念之下的。

如果你一般地把它们区分为两个部分，即现相和本体，那你就要注意了，这种划分绝对不是积极的划分。所谓积极的划分就是指作为两种认识对象的划分。当然我们有两种“对象”，一种对象是现象，另外一个是自在之物，但是它们不是两种“认识对象”，我们不能做这种划分。做这种划分你就把自在之物看成是可知的对象了。而本体不是一个可知的对象，它仅仅是我们认知的界限。所以，把一般的对象划分为现象和本体，只能在消极的意义上，就是说一般对象可以划分为可知的现相和不可知的本体，本体仅仅是限制我们知识的概念，你不要把它当成另外一种知识的对象。理性派则认为经验把握的只是现象的知识，而通过逻辑推理，我们还可以把握另外一套知识，即本体的知识。在康德看来，理性派走的是一条歧路，是不可能的。

我们千万注意，本体这个概念在康德那里只具有一种限制性的含义，因为人类的知识只能够立足于感性直观之上，我们是没有知性直观的。如果有知性直观的话，这个本体就是可以被认识的，比如说它可以被上帝所认识。但是对人来说，它却是一个到此为止的界碑。这就是把一般对象区分为现相和本体的含义，它的根据就在于我们要为人的知识设定边界，以此来解决人类的知识何以可能，先天综合判断何以可能这样的问题。人类在认识中的界限就在于本体，凡是在现象的范围之内，在可能经验的范围之内的，我们就可以认识，我们不要超出这个界限，这个界限是由我们的知性设定的。但是，如果提升到理性，那就很容易超出界限了。所以下一步康德就进入到了先验辩证论，先验辩证论就是我们凭借自己的理性超越界限。在先验分析论里面主要是讲知性，我们的知性不能超越界限，但是我们的理性却有一种超越界限的自然倾向，即形而上学的倾向，形而上学作为一种自然的倾向就是要超越界限。

二、理性的幻相

超越界限会导致什么后果呢？会产生理性的幻相。“Schein”这个德语词有“假象”、“幻相”的意思，也有“光照”的意思，我们把它翻译成幻相。我们刚才讲了“Erscheinung”这个词，我们把它翻译成现象，它的词干就是“schein”，“schein”的本来的意思就是“照射出来的光”。在日常的语言中“schein”就有些贬义，被人们当作是不真实的东西，在康德这里更甚，所以我们把它翻译成“幻相”。当然，这个词在其他哲学家那里倒不一定有贬义，比如黑格尔也用“Schein”，如果这时还把它译成幻相就不太好了，因为在黑格尔看来，那些好像是虚假的东西，其实也是真实的，也是逻辑上的一个必要的阶段，所以这个词在他那里就没有那么大的贬义了，我们就把它翻译成映像。但是在康德这里，我们就必须把它翻译成幻相。我们刚才讲了，先验分析论的作用是积极的，它研究人如何为自然界立法，立了一些什么样的法；而先验辩证论则是说，如果你不遵守这些法规，超出它们应用的边界，会导致一些什么样的错误。所以说先验辩证论是消极的，是幻相的逻辑，它研究我们的幻相是如何产生的，以及我们该如何避免这些幻相。亚里士多德的形式逻辑也有两个部分，即分析论和正位论，分析论由分析篇和解释篇构成，是从正面积极地建立规范的；正位论由正位篇和辨谬篇构成，是从反面去避免错误、校正位置的。康德的先验逻辑的分析论和辩证论，与亚里士多德的形式逻辑的分析论和正位论是相对应的。

幻相和现象是不一样的，虽然它们的词干相同。幻相就是那种被误以为是客观的主观表象。日常生活中很多这种情况，比如说我看到水中插了一根棍子，我会觉得棍子是折断了的，但是当我把棍子拔出来，一看还是直的，那之前看到的折断的棍子就是幻相，它是由光的折射引起的错觉。再比如，我们在中秋之夜观看月亮，觉得月亮刚出来的时候特别大，等到升至中天就觉得没那么大了，这也是一种幻相。这是因为月亮刚出来的时候和我们周围的景物相比当然显得大，当到了中天它周围是那么大的天空，所以就显得小了。包括我们认为太阳从东边出来，也是一种幻相。今天我们不需要天文学家，按照一般的常识都知道，不是太阳从东边出来了，而是地球自西向东旋转。但是我们日常生活中没有哪个人这样说，人们还是会说“太阳升起了”，也并没有什么人非要纠正这种说法，因为我们知道这只是一种习惯而已。这种习惯的说法和我们的感觉是很相配的，就像一根筷子插在水里面，尽管我们知道它不是断的，但是我们还是感觉到它是断的。所以，幻相还有一个特点，就是哪怕你知道了幻相产生的原因，幻相还是不能避免的，它仍然存在。我们还是每天说太阳从东边升起来了，虽然我们明明知道事实不是这样的，但是我们的感觉还是这样。所以幻相并不因为你理解了它的成因之后，它就被排除了，幻相是不能够排除的，它总是有，只是在你知道它的成因之后，就不再受它的欺骗了。

刚才举的这些例子，都属于经验的幻相，还有一种幻相，是先验的幻相。先验的幻相就不是从经验来的了，它是由于概念在使用过程中超出了自身的界限，即该概念的超限使用或者说超验的使用所导致的。我们在这里涉及了“超验”这个概念，实际上我们前面已经多次提到过它。超验的德语词是“transzendent”，它与另外一个词“transzendental”有共同的词根，后者我们译成“先验的”，二者是有差别的。先验的意思是先于经验并且要运用于经验，它不能够完全脱离经验，完全脱离经验就变成逻辑了，变成先天的了。先验的当然也是先天的，但是先验的是包含在先天的里面的，是先天的一种特殊情况，因为它虽然是先于经验的，但它必须运用于经验，并且除了运用于经验，不可能有别的用处。先验的原理就不能有先验的运用，只能有经验的运用。超验的概念也是超于经验的，但是和先验的恰好相反，先验的一定要应用于经验，而超验的是不能够应用于经验，但它可以运用于超验的对象之上。但是运用于超验的对象的时候就产生了幻相。

先验的原理运用于经验对象的时候，就被称之为内在的（imannent）运用，内在的和先验的可以相通，为什么叫内在的运用呢？因为它是在可能经验范围之内，在现象界之内的运用。内在的和超验的则恰好成为一对相反的概念，我们在读康德的书的时候，要注意这一点。超验的和先验的倒不是反义词，它们只是不同。先验的和超验的本来是一个词，在中世纪的时候，这两个拉丁词是在同一个意义上使用的，它们都是说超出经验的东西。我们现在对“transzendent”这词的翻译非常乱，有的把它翻译成“超越的”，有的把它翻译成“超越论的”，牟宗三翻译成“超绝的”。虽然各自都有一定的道理，但是很难把它规范起来，我们现在这样把它规范起来，是比较得到多数人认可的。

先于经验的概念有三个，一个是先天的，一个是先验的，一个是超验的，它们都是不同的。先天的就是先于经验的，它的概念最广，可以包含后面两个；先验的则是一种特殊的先天，它不但先于经验，还要运用于经验之上；超验的则只能运用于超经验的对象之上，不能有经验的运用。超验的本来意思就是完全超出经验，先验的意思则是它本身超出了经验，但是还要受经验的束缚。

超验的原理是产生先验幻相的一个根源，这个我们下面还要分析。但是，先验幻相和经验的幻相有一点是相同的，就是即使你知道它是幻相，它也是不可避免的。我们可以把超验的概念运用于先验的对象之上，产生比如说上帝、灵魂这样一些超验对象。我们用这样一些理念对这些对象加以规范，后来经过分析发现这种规范完全是一种幻相。但是即使我们知道如此，我们还是有一种不可避免的倾向要把这些理念运用到一个超验的客体、超验的对象身上，因为它是纯粹理性的一种自然倾向。

到这里我们就要回忆我们前面讲导论的时候，已经提到了“形而上学作为一种自然倾向何以可能”的问题，这是康德的《纯粹理性批判》的四大问题中的第三个，第一个问题是“数学何以可能”，第二个问题是“自然科学何以可能”，第三个问题就是“形而上学作为一种自然倾向何以可能”。整个先验辩证论就是要探讨这个问题。你可以批判这种形而上学，说它完全是幻相，完全是虚假的，是伪科学；但是批判完了以后，你还不得不承认，尽管它是要不得的，但人类理性出于自己的本能，还是会不断地去探讨这些问题，不断地要把自己的理念运用于超验的对象身上。为什么人类理性会有这样一种自然的本能？这背后肯定是有原因的。康德在最后得出，这个原因其实就是人的道德倾向，就是人的道德本质。纯粹理性本质上说是要应用于道德的，所以我们总是要假设，比如说"人是有灵魂的"，"人是有自由意志的"，"上帝是存在的"，等等。这些东西都是属于人的一种本能，反映在形而上学上面，我们就会有一种自然倾向，就是要不断地制造幻相，明明知道它是错的，我们还是避免不了，总觉得那里头还是能够建立一套前所未有的形而上学。所以康德认为，这些幻相是我们避免不了的，但是我们可以揭露它，由此就能够保证不受它的欺骗。你不要想去根除它，根除它是没有效果的，而且也是不必要的，因为这种自然倾向还另有用途。虽然在科学知识里面它是幻相，但是从另外一个角度来看，它就是人的本性，而且它的里面有道德含义和宗教含义。所以不能完全把它根除了，只要在科学知识的领域里面不受它欺骗就可以了。这种先验的幻相是由纯粹理性产生出来的，但到底是怎么产生出来的呢？这就要看一看理性的运用了。

三、理性的逻辑运用

这就要从形式逻辑说起了，因为我们前面讲到了形式逻辑包含概念、判断和推理，概念和判断属于知性，推理属于理性。在知性阶段，康德将形式逻辑的概念和判断作为一条引线，引出了他的范畴表和十二条知性原理；在理性阶段，康德同样是从形式逻辑入手，从形式逻辑的推理里面引出了先验逻辑的理念。下面我们先看看形式逻辑的推理。

康德讲的理性的运用主要有理性的逻辑应用和理性的纯粹运用。这个逻辑应用主要是讲形式逻辑，在形式逻辑上面理性属于推理、推论，它占领了推论这样一个领域。当然这个理性是比较狭义的了。广义上说知性也是理性，理性的概念，理性的判断，理性的推理，都可以讲是理性。但是狭义地说，理性只管推理，知性管的是概念和判断。知性形成判断，那就形成科学知识了。但是你要讲推理的话，在知性的范围之内也可以，知性也可以推理，但在知性推理中有个不完善的地方。我们知道知性推理是三段论式，从亚里士多德开始把三段论推理的那些公式，那些模式，建立起来了。三段论推理，四个式，二十四个格，都建立起来了，非常的完备了。但是在具体推的时候呢，一切推理有一个预设，就是一切推理的大前提是未经证明的。任何一个三段论推理，它的大前提是未经证明的。比如我们说一切人都是有理性的，苏格拉底是人，所以苏格拉底是有理性的。这是一个三段论推理。那么它的前提，一切人都是有理性的，这个需要证明啊！你为什么断言一切人都是有理性的？这个不能靠推理推出来。至于苏格拉底是人，那也是一个经验事实，也不是推出来的。所以它的前提都不是推出来的。尤其是大前提，大前提本身，它作为一个全称判断是未经证明的。你怎么知道一切人都是有理性的，这个大前提又需要推理。你要把形式逻辑贯彻到底的话，你就要对大前提再加上一个推理，把它作为另一个更高的推理的结论。但是另一个更高推理的结论又有这个问题，它的大前提又是未经证明的。所以在科学知识里面，在一切知性的范围之内，在知性所管辖的范围之内，所有的推理都是不完备的。我们经常讲到，一切论证一个是要合乎逻辑，一个是要合乎经验的事实。我们讲“摆事实，讲道理”，讲道理要怎么讲呢？要建立在事实的基础之上，也就是逻辑推理要建立在事实的基础之上。有些推理是大家都不否认的，在这个前提之上，我们就可以进行推理了。但是如果有人说：“一切人都是有理性的吗？我不相信！”那你就得给他证明，用一个更大的大前提证明一番，人人都是有理性的。但是如果有一个人连那个大前提也不相信，那你还要再给它证明。所以形式逻辑的推理，在知性的范围之内，总是未完成的。推理是一个无限上溯的链条，不管你怎么无限，它都是未完成的，而推理的精神是逻辑的精神、理性的精神，从精神上来说，它就是要求完备性、彻底性。形式逻辑的完备性就体现在比如说大前提，全称判断“一切人都是有理性的”，它就体现了完备性，当它发现自己不完备的时候，它还要再追求完备。理性和知性的区别就在这里，知性只要有一个判断就够了，就满足了，这个判断合乎范畴，并且合乎经验，那就可以成立了；但是理性不是这样，理性必须要求完备性。所以在形式逻辑的范围之内，理性的推理始终满足不了它的完备性的要求，在这范围之内理性总是不完备的，它必须无穷地推。所以在形式逻辑的推理里面体现了一条这样的原理，就是为有条件者去寻求无条件者。这就是“理性的逻辑运用”的一条原理，它基本上就是按照这条原理来推理的。有条件者要追求无条件者，个别的判断要把它置于全称之上，但是全称判断本身又成了一个个别的判断，它又需要植根于更高的全称判断之上，为有条件的东西去追求无条件的东西。

那么根据这样一种推理的要求，形式逻辑的推理提出了三种三段论推理的模式，分别是直言的、假言的和选言的。这个在判断里面也有，直言判断、假言判断和选言判断，我们前面已经讲过了，它们是属于关系的判断。在推理里面也有三种关系的推理。首先是直言推理，我们刚才讲的就是直言推理：“一切人都是有理性的，苏格拉底是人，所以苏格拉底是有理性的。”而假言推理就是，“如果一切人都是有理性的，那么苏格拉底是人，苏格拉底也就是有理性的”。加了个“如果”，就是把大前提变成了“如果”，不再是直言的了，不再是断言的了，它留了一点余地，就是如果一切人都是有理性的，那么顺推，我们可以推出苏格拉底是有理性的。还有一种是选言的，“有理性的要么是人，要么是神；苏格拉底有理性，但不是神；所以苏格拉底是人”。“要么是人，要么是神”，就可以选择了，这就是选言推理。在这个选言推理里面，苏格拉底是包含在前面选言的二者必居其一里面的，所以可以推出来。或者你愿意的话还可以加上——“要么是外星人”，三者必居其一就是有理性的。那么苏格拉底是有理性的，所以他是三者居其一，如果排除了神和外星人，我们就可以推出来苏格拉底只能是人。

所以在形式逻辑上，推理表现为三种模式。当然每一种模式又表现为各种格啊、各种式啊，那就非常复杂了，就可以变形了，但是大体上就这三种类型。它可以与关系判断相应或者说相对，为什么会与关系判断相对呢？就是说量和质在推理里面就不考虑了，模态也不考虑了。量和质它不考虑了，因为它是推理，量和质是构成性的，而不是调节性的。关系判断就是要超出个别事物，从一个事物推出另一个事物，经验的类比，所以它有一种超出。

至于模态，为什么没有一种模态推理呢？“可能”怎么样——因为在推理中它所能依靠的就是必然性，而没有可能性和现实性，“可能”就不是推理了，推理必须是必然推出来的。“现实”也用不着推理，“现实”还用得着你去推吗？所以前面讲的四类判断的形式，在推理中他只取了其中的关系形式。推理只和关系这样一种模式有关，它相当于关系判断，直言的、假言的和选言的。当然这是在形式逻辑中。我们要注意一点，在形式逻辑中的推理总是未完成的，它可以对知性起一种辅助作用。比如说它追求统一性，追求完备性，它可以推动知性不断地去作判断，在自然科学里面不断地去寻求那些经验的东西。比如说它的大前提，本身虽然是有待于证明的，但是你在运用大前提来做推理时，你要纳入很多经验的东西，来表明你这个大前提没有被推翻，这就对知性的判断和原理起了一种推动作用，但是这种推动作用是辅助性的。在知性的运用中，理性的推理只能起辅助作用，它不能够完全施展自身。要完全能施展自身，体现出它自身的理性推理本身的纯粹本质，那就只有在理性的纯粹的运用中去体现了。

四、理性的纯粹运用

理性的逻辑运用总是不纯粹的，因为它的大前提是不纯粹的，它的大前提总是从经验中来的。人们的共识，一贯的传统，当前的事实——大家都认可，这都是经验的东西。它的推理当然可以成立，但是前提一倒，整个推理都要遭到怀疑。所以在理性的逻辑运用中，虽然它要为有条件者去追求无条件者，但是那个无条件者永远追求不到，在经验中所有的大前提都是有条件的，都需要别的更加无条件的东西来对它加以证明。所以，它实现不了自己的本性，只有在理性的纯粹运用中，它才能实现自己的本性，为什么？因为理性的纯粹运用有一个重要的功能，就是说它能够提出“理念”。

理念，Idee，就是理性在它的纯粹运用中能够提出的概念。什么叫做理念？

按照康德的说法，理念就是理性的概念，正如范畴就是知性的概念一样。前面讲范畴，他借用了亚里士多德的范畴概念，Kategorie 这个词就等于知性的纯粹概念。而理性的纯粹概念就是理念。正如范畴来自亚里士多德一样，理念来自柏拉图，他最早提出了理念这个概念。对柏拉图提出的理念论康德有具体的分析，他认为人们都误解了柏拉图的理念论，包括柏拉图自己也有所误解。比如说柏拉图最开始讲的理念，认为万物都有自己的理念，桌子有桌子的理念，马有马的理念，植物有植物的理念，动物有动物的理念，就连缺乏也有自己的理念——说一个人有缺点也是理念，还有一些很低级的垃圾、排泄物都有理念。早期柏拉图是这样理解理念的。当然最高的理念就是善的理念，善的理念就涉及伦理道德方面了。但是在柏拉图后期，他认为真正的理念应该只限于那些高级的纯粹理念，理性的理念就是那些最高级的东西，包括宇宙、灵魂和上帝。当然也包括像柏拉图讲的善和道德方面的一些东西，但是最主要的是宇宙、灵魂和上帝，柏拉图理念论的真正的精髓就在这里。在康德看来，其他的东西也有理念，那是理性的经验的运用，那不叫纯粹的运用。理念在经验的运用中也可以有一些理念，就像柏拉图讲的万物都有它的理念，比如水就有水的理念，金子有金子的理念。我们经常说“纯净水”，纯净水其实是不那么纯净的，你要制造出一种纯水出来，那是不可能的，它总有某些掺杂的东西，有些杂质。你要说纯金，金无足赤人无完人，黄金没有百分之百的黄金的，任何黄金它都要标明，它是百分之九十九点九九，看起来有很多个九——24K 金，我们今天说是最纯的了，它也是百分之九十九点九九，百分之百的金是不存在的。不存在为什么要说它呢？它就是个标准，它就是一个理念。绝对纯的水也是一个理念。这些理念有什么用处呢？很有用。在自然科学里面很有用，自然科学里面我们都把这些东西假定为纯金、纯水、纯氧、纯氢，有了这个假定我们才能计算啊，我们才能确定规律啊。哪有一条规律是那么准确的？我们只要求它的误差率不超过多少，比如误差率不超过 0.001，我们就很满足了，但是你不能要求任何一条自然规律绝对没有误差率，那是不可能的。所以理性在这方面对自然科学起到了很重要的辅助作用，虽然我们找不到纯水纯金，但是我们必须要有纯水纯金的理念，我们才能引导我们的自然科学不断地精密化、精确化。它是个理想，这个理想可以作为一个标准，用来衡量我们经验中的各种各样的事物、各种对象，所以这些理念属于经验的理念。

那么还有一种是先验的理念。先验的理念就是我们刚才讲的灵魂啊、宇宙啊、上帝啊、自由啊——自由也是一个理念。这些东西作为先验的理念都是从有条件者去追求无条件者最后所达到的统一。你把形式逻辑的原理应用到先验逻辑里面来，作为一种理性的纯粹应用，那么你就有条件为它找到一个理念，来实现那个无条件的统一。有条件者要追求无条件者，那个无条件者是什么呢？就是理念。最后在理念上面我们就可以歇一口气了，我们在形式逻辑里面永远歇不下来，不断地寻求大前提，要加以证明。只有到了理性的纯粹应用，我们提出了理念，我们才可以歇下来。当然这个理念是无限的，凡是理念都是一种无限的概念，你是追求不到的，但是它作为一个概念是确定的。刚才讲的是经验的理念，先验的理念也是这样。自由意志、灵魂、上帝、宇宙整体，这样一些概念都是有所指的，都是从有条件者去追求无条件者所达到的统一。比如说这三个概念，灵魂、宇宙和上帝。灵魂它就是从心理学的角度——人的心理总是一环套一环，你要追溯它的因果链条是追溯不到头的，最后追溯到人的灵魂。灵魂当然也不能真的完全追溯到，它只是一种理念，一种设想，所有这些心理现象，都是归于灵魂，那灵魂就成了可以用来形成我们的主观的统一的理念，我们所有主观的有条件者都在灵魂这个理念之下得到了统一。那么在客观的宇宙中，万事万物都是有条件的，这些有条件者你要追溯的话，最后都在宇宙整体这样一个理念之下达到了客观的统一。而上帝呢，是主观和客观加在一起的统一。我们说小宇宙和大宇宙，人的主观是小宇宙，外部客观世界是大宇宙，那么上帝是小宇宙和大宇宙的最终的统一，主客观的统一。这三个理念表达了理性的纯粹运用中追求无条件者统一的那种模式。

那么这样一种统一有什么用处呢？它是有用处的。这些由纯粹理性先验地提出来的一些理念在内在的方面有它的用处，就是引导自然科学的知识，使它们最后达到一种统一。当然这个“最后”在时间中是达不到的，在任何时候都不是最后，自然科学的发展无穷无尽，包括心理学和物理学的发展也是无穷无尽。但是我设定一个理念在那里，一个是心理学，追求灵魂的统一；一个是物理学，追求世界整体的统一，有这样一个目标在那里，就可以促使我们的自然科学不断地向着这个目标去前进，不满足于自己一点一滴的知识。你获得再多的知识，与整个大宇宙的知识相比，跟整个小宇宙的知识相比，也只是沧海一粟。所以它对于这样一种知识，物理学和心理学的知识，具有一种“调节性”的作用，或者说具有一种“范导性”的作用、引导性的作用。它是一杆旗帜，它永远在前面。但是有它和没它是大不一样的，有了它你就有方向了，你就可以不断地朝着它追求；如果没有它的话，你就失去了追求的目标，甚至于失去了标准。就像我们刚才讲的纯水纯金，如果没有这些概念的话，一切都是经验的积累，你就不知道自己还有多少可努力的地方。比如说你纯金达到百分之九十九，你就停滞了，但是前面有一个百分之百，那你就觉得自己还不够，你就可以再去努力。先验的理念也是这样的，灵魂、宇宙和上帝这样一些概念，都是引导我们不满足于我们的知识，要追求把所有的知识都归于一个理念之下，以达到最大限度的统一，所必不可少的假设。

所以它是有用的，能够在我们的知识里面起到一种辅助作用的，但是它们本身绝对不是知识。你不能把灵魂、上帝、宇宙整体看成知识，你只能把它们看成知识所必要的一种调节和一种向导、一种引导。所以我们说理性的这些理念在我们的知识里面，在知性的知识里面，在经验世界里面，它们的作用是辅助性的，它们没有办法把自己的功能完全展开，它们只是附带的，为的是引导知识追求绝对的统一。但是它们真正的作用在什么地方呢？真正的作用在另外的方面。像灵魂啊、上帝啊还有宇宙整体，宇宙整体的概念最后引出的是一个自由的概念，这样一些概念是在道德的领域里面，在超验的领域里面，或者说是在自在之物的领域里面，才能够施展它们全部的本领、全部的功能。所以理性的真正的功能是在自在之物里面实现的，——那就不是认识了，那就是道德，就是实践理性了。但是在认识里面，在理论理性里面，它也有其功能，但是它不是为主的，而是辅助性的。因此，所有这些理念，它们都是超越于经验的，而且不能应用于经验之上，所以你就不能把它当成是知识。你要把它当作知识，它就必须要有经验的具体内容。比如说你说“上帝存在”是知识，那你就必须回答上帝存在于“何处”？指给我看看？你不能回答，那它就不是知识。灵魂也是。笛卡尔说灵魂是存在于松果腺里面，存在于人的大脑里面的某个地方，这个当然已经成了一个笑话了。灵魂怎么能够存在于某个地方呢？灵魂是无形的，是不受时间和空间的限制的。所以它们都是撇开经验来谈的，因此你也不可能把它们当真。但是它们有内在的运用，就是范导性的运用，在这个意义上这个理念是“先验的”理念。先验的理念在认识论上有它的作用。但是这个作用不是构成性的，而只是范导性的、调节性的，不能够把它们本身当成是知识。那么在另外一个地方呢，它们又有超验的使用，这就是“超验的”理念。超验的理念本来是应该运用于人的实践领域里面的。但是人的自然倾向往往还是把它看成是一种知识，看作是一种理论领域的知识，那么在这个意义上，它就产生了幻相。这几个概念我们要搞清楚。

但是理性的理念它最初提出来的时候是作为“先验的理念”提出来的。我们上面讲过，凡是有“先验的”字样的概念，它都具有认识论的含义。所以在认识论里面，我们运用理性的先验理念来追求知识，追求知识的完备性。但是这个追求知识的完备性，在认识论里面，虽然是由理性先验地提出来的，但是它只是运用了它的一部分，就是它这种对知识的范导作用。那么同样一些理念，它们还具有一种超验的作用，就是在伦理道德的领域里面发挥它的作用。在这个意义上，它们又称被之为“超验的理念”。所以我们看到康德有时候用先验的理念，有时候用超验的理念，我们以为他讲的是两回事情，不是的。它其实讲的是同一些理念，它们有两种不同的功能，当它们运用于引导我们知识的时候，我们把它称为“先验的理念”，这个时候它具有一种“内在的运用”，就是运用于经验之中。只不过这种内在的运用不是构成性的而是调节性的，它本身不能形成知识，但是它可以引导知识，它处在知性的知识范围之内，而知性的知识又是处在可能经验的范围之内。所以在这个意义上，这些先验的理念可以有“内在的”应用。可是当它们被“超验地”运用的时候，就被称为“超验的理念”了。这个超验的理念主要是理性派的哲学家们这样用的，当时理性派的哲学家总是把这些理念做一种超验的应用，比如灵魂宇宙整体上帝，也包括自由这样一些理念，把它们当成是一种离开经验而独立可以形成的知识的一个概念，它们不需要经验，本身是一种理性的知识，是一种天赋观念。比如说对上帝，我们有一种天赋观念。灵魂观念也是天赋的，它可以不需要任何经验的知识。即使我们在天赋观念中没有现成的这样的知识，我们也可以通过我们的天赋直接把它们推出来。比如说通过形式逻辑推出我们的灵魂，由“我思故我在”推出我们的灵魂；对上帝存在我们也可以通过“本体论的证明”把它推出来；对于宇宙整体我们也可以通过形式逻辑的假定，来推出它各种各样的属性。虽然我们没有哪个看见过整个的宇宙，我们也不可能站在宇宙的边界之上，来对宇宙进行经验的观察，但是我们可以通过形式逻辑来对它加以证明，比如说通过形式逻辑的归谬法。这就是我们后面要讲的二律背反。

二律背反就是归谬法，就是说我虽然不能证明我的观点，但是我可以证明你的观点是错的；而证明了你是错的，就能反过来证明我是对的，因为我们两个的观点是矛盾对立的，这叫归谬法。当然前提就是说，只能有两种选择，要么是你的，要么是我的，这两者是矛盾的。归谬法的前提是矛盾，就是说我们这两个命题是矛盾的，那么你错就是我对，我错就是你对。通过这种形式逻辑上的手段，我们可以推出宇宙究竟是有限的还是无限的，是可分的还是不可分的等二律背反。这是当时的理性主义哲学家惯常采用的方式，把这种超验的理念变成了一种理性的知识，但由此就产生了幻相。先验的幻相就是这样产生的，是因为你把它当成了一种知识。如果你不把它当成是一种知识，你就可以把这种理念运用到某种超验的东西之上，作为一种假设、一种悬设。但那是作为你行动的指导，比如说伦理道德的标准、宗教信仰的追求。

从这个角度上来说，这也未尝不可。但是你把它当成是一种知识，那就产生幻相了，整个幻相的逻辑就是由这里产生出来的。所以我们要追溯的话，就是理性在它的纯粹运用中所提出的那些理念，如果超出了它们在认识论里的界限去使用范畴，同时又把自己当成是认识论的一些知识，那就产生了幻相。那么，由这样一些幻相呢，我们就建立起了我们在历史上传统的形而上学，就建立了一门重要的伪科学，一门所谓的“科学”。一个是理性的心理学，一个是理性宇宙论，一个是理性的神学，这是以往的理性派形而上学最喜欢讨论的话题，也是它们的形而上学的主要的三个组成部分。

“理性的心理学”，——这个“理性的”也可以翻译成“合理的”，——合理的心理学，还有合理的宇宙论、合理的神学，这就是理性的超验理念所建立起来的三门伪科学。首先，从形式逻辑的合理性来建立一门灵魂学说，这就叫理性心理学。理性心理学所应用的知性的范畴就是“实体性”，因为灵魂是实体，它利用实体性的范畴，通过逻辑的推理来建立起理性心理学；那么理性宇宙论呢，它运用的范畴是因果性；理性的神学所运用的范畴是协同性。它们都是运用三种关系范畴，来建立这三门伪科学。为什么要用关系范畴？我们上面已经讲了，理性的推理在形式逻辑里面有三种推理，直言推理、假言推理，选言推理；那么在理性的纯粹运用里面也就自然地派生出了三种理念，灵魂、宇宙、上帝，由此所建立起来的理性心理学、理性宇宙论和理性神学就构成了三门伪科学。所以实体性、因果性和协同性在知性里面是构成经验知识的范畴，而在理性的纯粹运用里面它们引出了先验的理念，但是其作用不是构成经验，而是帮助经验知识的完善，因此是辅助性的。就像理性的推理在知性的领域里面是辅助性的，那么知性的范畴在理性的推理里面也是辅助性的，按照康德的说法，这三种范畴构成了三个理念的类似物。就是说“实体”，它本来是应用于经验的东西上面的，但是他把它应用到自在之物身上，就是灵魂；那么“因果关系”也是，本来是应用于经验世界之中，但是他把它凌驾于整个经验世界之上，来规定宇宙整体，宇宙整体也是自在之物。上帝也是自在之物，那么他应用“协同性”的范畴来对上帝加以规定，上帝是小宇宙与大宇宙的一种协同性。这是以往的这三门所谓的“科学”。

所以，先验辩证论实际上就是要讨论这三门“科学”，要从中清除我们的幻相。完全清除是不可能的，但是要揭露它的幻相是从哪儿来的，并且要分别对这三种伪科学展开批判，揭示它们的虚伪之处。你要单纯凭理性的推理去运用知性的范畴就建立起一门科学来，要脱离经验去建立起一门科学来，那是不可能的！但是康德的这种批判还是留有余地的，他虽然否定了这些东西作为科学的资格，但是他并不否定作为理性的一种“自然倾向”，它们是自然的，它们是有用武之地的，也是有一定的价值的。所以不管是对灵魂也好，对自由的概念也好，上帝的概念也好，最后康德对它们都做了一种保留，说这些概念我们留到以后再用，不要完全否定它们，它们以后会有大用的。只是在知识的领域里面我们要否定它们，它们绝对不可能成为知识，顶多可能帮助知识去追求最终的统一。当然永远追求不到，但是它仍然能够起一种作用。

第十一讲　对理性心理学的批判

本讲开始讲先验辩证论的第一个要讨论的主题。前面讲了，它有三个要讨论的主题，一个是理性心理学，是关于灵魂的先验学说。关于灵魂的经验的学说就是经验心理学，这个康德是不讨论的，他要讨论的是关于灵魂的先验的学说，也就是把灵魂当作一个物自体来加以研究，而不仅仅当作现象。当作现象的心理学当时已经有一些了，经验的心理学，实验的心理学，实证的心理学，这些东西在康德的时代已经开始有了，当然还没有达到后来的那么系统。但是当时的心理学里面有一种理性的心理学，又称作合理的心理学，就是想通过一种逻辑推理的方式，一种合理的、理性的方式来证明作为自在之物的灵魂实体的种种属性，给它加以各种规定。那么第二个主题就是理性的宇宙论，(关于宇宙作为整体，这也是一个物自体，因为它没有经验的内容)，想通过一种推理的方式来对宇宙整体这样一个物自体做出种种规定，我们下面讲到的二律背反就是讨论这个问题的。再一个就是理性的神学，就是对上帝存在的种种证明，上帝当然也是物自体。

康德的物自体的概念，它实际上是有两重含义的。一方面，是一切现象背后的那个实体，那个存在者。比如说面前有个杯子，这个杯子后面就有一个“实体”在那里。当然在康德看来它不叫实体，如果是实体的话，那它已经是现象了，因为实体是一个范畴，它是必须要有经验内容的。他认为在杯子的现象的后面有一个支撑者，有一个使得它对我们显现出来的“显现者”，这是物自体的最初的或者说最基本的含义。那么第二种含义呢，就是说有些物自体，它根本就是与现象无关的，它不是显现者，我们也很难确定哪些东西是它的显现，连我们凭借现象去猜测它都是做不到的。这样一类物自体就隐藏得更深了，其中主要就是包括像灵魂、世界整体，还有自由，再就是上帝，这样一些物自体。这个杯子我可以拿在手里，说这个杯子就是这样一个现象，它里面有个物自体我们不认识，这个好办。但是像灵魂、世界整体、像上帝这样一些概念，你就不能拿在手里敲打它，然后说我们看到的就是它显现出来的现象。所以这样一些物自体连你对它的假定都是没有根据的。现象界后面的物自体我们还可以说，我们必须假定后面必须有一个显现者。但是像上帝，像灵魂这些东西，我们连这样的话都不能说，所以它们是隐藏得更深的物自体，它可以称之为一个理念。前面那个物自体不是理性的理念，而是知性的一个先验对象，是凭借知性的范畴，当它不做经验的运用的时候，我们可以思考这么一个对象，它也用不着理念。但是像灵魂、上帝、宇宙整体这样一些理念是必须通过理性来设想的，也就是通过推理，从有条件者推到无条件者，这样来设想。当然无条件者我们经验不到，但是我们可以推，通过理性的推理能力，来推出最后有一个无条件者作为这一切的根据。而一般的物自体是不用推的，不用三段论，而是就在这个显现出来的现象底下，我们就可以认为它后面有一个物自体，否则的话它就自相矛盾——一个显现的东西而没有显现者。这是两种物自体的区别。

本讲要讲的先验辩证论中，这样一些物自体都属于理念，我们前面也讲过了，理念也有两个层次，一个是一般的理念，一个是先验的理念。一般的理念，比如说纯金纯水，都是假定的，都是推出来的，但是它还有经验的内容。但是先验的理念，那就是没有任何经验的内容了，完全是通过三段论式，从有条件者推到无条件者，推出经验之外。这种推理也有一定的必然性，就是只要有一个有条件者，你就可以推，而且必须推，因为有条件者总是不完备的，你的知识也就是不完备的，而知识总是要求完备。什么是完备的知识呢？就是要从最低的到最高的、从最起码的有条件者到最终的无条件者，形成一个系列，把中间的知识全部贯串起来组成一个系统。那么我们现有的第一个有条件者，也就是最起码的有条件者是什么呢？那就是“我思”。我们在认识中，不论是要认识现象，还是要认识自在之物，要推到认识的起点的话，首先就应该有个东西作为我们推理的出发点，这就是笛卡尔提出的“我思”。按照笛卡尔的“我思故我在”，这个我思是第一个出发点，其他的我都可以怀疑，但是我思是不能怀疑的，这是一个确定的出发点。笛卡尔说得很清楚，即使你要怀疑“我思”，这就已经证明了你的“我思”了，你的怀疑的活动本身就是一种思维嘛！所以，我思这种东西是没有办法怀疑的，你一怀疑本身就是一种思。所以第一个有条件者就是我思。我思为什么是有条件者？因为我们清楚地意识到它不是绝对的，它要依赖很多的条件，所以总是处在怀疑之中。那么我们就要为它追溯一个无条件者。笛卡尔的“我思故我在”这样一个命题，就是对于“我思”这样的一个有条件者的追溯。但是它不是一个三段论式的推理，按照笛卡尔的说法，这是一种直观。通过我思，我已经发现我在了。但是笛卡尔又对“我思”加以解释：“在”是什么意思？是什么意义上的“在”？他认为这个“在”无非就是思，因为你“在思”，这个思维就是在，我们说“有思维”，这个“有”其实就是思维。但是，如果把这样一种理解代入到“我思故我在”之中，那岂不是同义反复吗？你要能够推出我思和我在的不同，你就必须要有三段论式，也就是必须设定：“凡是能够思维的都存在”，这是大前提；“我思”，这是小前提；“故我在”，这是结论。所以你必须把这个命题纳入到一个三段论式里去。但是这个三段论式在康德看来是一个“谬误推理”。

为什么这样说呢？这样一种推理的起点是我思，但我们不是要探讨经验的心理学，而是要从这个起点开始进行一种超验的推理，来建立理性心理学。这个超验的推理有它的必然性，我思故我在这种推理有它的必然性，就像同义反复“我思故我思”也是必然的一样。它的必然性在逻辑上可以说是成立的，但是你不能把这样一种逻辑上成立的先天命题理解为有经验内容的一种知识，就是说，你不能把形式逻辑得出的这一套东西当成是先验的——所谓的先验的就是要应用在经验的对象之上的命题。因为“我思故我在”不是一种经验的判断，它不具有经验的内容，要把它误认为有经验的内容，就把它弄成了一个谬误推理。就把本来是形式逻辑上的一个同义反复——大家知道同义反复是不提供任何信息的——变成了一个有意义的命题，那它就成了谬误推理。为什么叫谬误推理？就是说从形式逻辑上来检查它，就会发现它发生了种种逻辑上的错误，偷换概念，即“四名词”错误，这是属于逻辑上的谬误。那些理性心理学的命题，如果仔细检查一番，会发现在逻辑上它是依赖于谬误的。

而这些谬误的排除与形式逻辑排除谬误的办法又不一样，不能够像形式逻辑那样，采取那样一种排除法，用一种精确的定义来排除谬误。在理性心理学的命题里面，虽然最后通过分析可以把它归结为形式逻辑上的同一性命题，但是要通过坚持这种同一性命题来排除它的谬误，还不太容易，不能单纯通过形式逻辑解决问题。是不是只要精确地定义一个概念，就能避免这种概念的混淆呢？没那么简单！这样一些谬误推理是不可避免地要将先验的东西和经验的东西混淆起来的。比如对我思故我在的这个“我”，到底是将其理解成经验的我，还是理解成形式逻辑上的一个抽象概念？如果是逻辑上的我，那就只是一个先验的“我”，只是一个“我”的抽象表象，它是不可能作为“我思故我在”的出发点来进行推理的，它一步也动不起来；然而，凡是你想要把这个我运用于我的经验之上，那就已经不是原来意义上的我了，因为原来讲的我应该是一个最低的有条件者，而现在还有比它更低的有条件者。经验的我当然是有经验内容的，比如说我的性格、我的气质、我的经历、我的记忆等，这些东西组成了“我”的经验表象。那这个命题就不可能是一个超验推理的命题，不是理性心理学的命题，而是经验心理学的命题。如果一定要把它理解成超经验的理性推理，那么这样一种命题就不可避免地要混淆先验的我和经验的我，从而产生一种先验的幻相。

于是问题就在于，我们为什么一定要把这个推理理解成超验的理性推理。我们前面讲到了所谓幻相是不可避免地产生出来的一种假象，即算你知道它是假的，你也没有办法避免。就像我们看到月亮初生的时候，比运行到中天的时候更大，你明明知道月亮是一样大的，你要去测量的话，你可以量出来是一样的，可是你总觉得它刚刚出来的时候比它运行到中天的时候要大。地球绕着太阳转，你感觉不到，我们感觉到的还是太阳在升起。在这里也是这样的情况，你即使从形式逻辑上给它做了一个精确的定义，把它变成了一个同义反复的命题，但实际上我们总是免不了把这些命题理解成是具有经验内容的，把它理解成能够通过一种经验的方式加以规定的。比如说，对于我作为一个灵魂，我可以对它做出种种规定。这就是理性心理学通过逻辑推演对灵魂做出的种种规定，不需要任何经验的材料，这样一种规定就会是一种不可避免的幻相。当然，我们人总是不可避免地要产生这种幻相，这是因为人性的本性，人性的自然倾向。这样一些命题，如果你一定要作超验的理解，一定要把它看成是一个可以规定的实体，那是因为在另外一种眼光下这种看法还是有它的用途的。但是不要把它用在认识论上，不要以为这是获得了对于灵魂的种种知识。把这样一种有关灵魂的规定用在别的方面，那恰好能够表现出人的本性、人的自然倾向里头埋藏着一种道德的根据。也就是说，我们人为什么非要把这种种规定理解为某种知识的呢？那只是因为我们人是有道德的，这种自然倾向是来自于人的道德性。所以理性心理学的这些命题，如果换一个角度，从道德和宗教的角度来看，那么它的每一个命题都是有用的。为什么长期以来理性心理学总是忙于证明这些命题呢？就是因为它们看到了人的自然本性里面有某种东西，驱使它要去做这样一些规定。那么人的本性里面这样一些东西是什么东西？那就是人的道德本性。这个是不可避免的，也是不能够完全清除掉的。康德认为，虽然我们明明知道它是错的，但是又不可避免这样看，那么我们就只有通过批判来解除我们的迷惑。我们每天虽然这样看，但是我们不受它迷惑，我们知道这不是一种真正的知识，而只是我们自己道德上的需要，那就够了。这样，我们就知道这种谬误推理错在哪里，并且我们在某种意义上还可以利用它，在别的领域即道德领域中进行新的开拓。

康德认为，对于灵魂，或者说对于我——“我思故我在”中的“我”，我们可以把它看成一个思考的对象来加以规定。对灵魂的规定有四大类，康德仍然是按照他的四大类范畴来加以梳理的，我们可以看到康德的范畴表是无所不在的，对待每个问题他都从四个不同的角度对它加以考察。这四大谬误推理分别对应于关系的范畴、质的范畴、量的范畴和模态的范畴。这个里头有一些颠倒。按照康德的范畴表应该是量、质、关系和模态，这样一种次序，但是这里面他颠倒了一下，先是关系，再是质，然后是量，最后是模态。当然他对这一点还有说明，为什么我要先从关系入手，这个与知性范畴运用于经验对象还是不太一样的。经验所面对的一个对象是确定的，所以他要先确定它的量，然后再确定它的质，然后再确定它与别的对象的关系，最后达到模态。但是在理性心理学里面不太一样，因为理性心理学首先涉及关系，即身心关系，比如在笛卡尔那里的精神和物质之间的关系，灵魂和物理对象之间的关系。灵魂的问题首先是一个关系问题，它和外在的物质对象是不一样的，所以他在这里调换了一下它们之间的次序，首先探讨关系，搞清关系之后，然后再来看这个关系是什么性质，然后对这种性质再加以定量，它是这种程序。但是基本上还是他的四大类范畴的程序。那么这四大类谬误推理，都是通过理性的三段论式推出来的。四大类推理第一个是“灵魂是实体”；第二个是“灵魂是单纯的或者是不朽的”，之所以不朽是因为它是单纯的；第三个是“灵魂是单数的，是一种位格”；第四个是“灵魂对身体可以发生现实的作用”。这是它的灵魂的四个谬误推理的划分。先来看看它的第一个谬误推理。

一、第一谬误推理：实体性

第一谬误推理是实体性——灵魂是一个实体，当然这个实体是一个非物质的实体。实体在康德那里是一个关系范畴，那这个范畴是起什么作用的呢？是用来规定经验的材料的，我们面前有一些经验的材料，这个东西是红的，这个东西有香味，这个东西摸起来怎么样，等等。所有这些都是偶性，我们有一个“实体”的范畴把它们统摄起来，然后我们把它称为一朵玫瑰花，它有香味、红色等属性，这就是实体范畴，它是起这样一种作用的。那么我们现在说的是灵魂是实体，灵魂的实体性就需要证明，这个不能通过感觉。灵魂是感觉不到的，你可以感觉得到你的心理活动，自己的情感，自己的激动，自己的痛苦，等等，但是你感觉不到灵魂本身。灵魂本身究竟是什么东西，究竟具有什么样的性质？你要加以规定的话，你就必须要进行推理。那么这个推理与上面讲到的我思故我在的推理有相同之处。“一切思维的东西都是存在的，我思，故我存在”，这是一个总的三段论式。

这个三段论式首先体现为实体性。首先是大前提：“实体是只能够作为主词而不能够作谓词的东西”。如果没有这个大前提的话，你就推不出来我是实体了。那么这个大前提是从亚里士多德那里来的，亚里士多德的《形而上学》对什么是实体有明确的规定。亚里士多德的《形而上学》的一个最重要的问题就是我们所说的“存在论”，也就是我们称之为“本体论”的学说，也就是讨论到底什么是存在？什么是“作为存在的存在”，或者说“存在本身”？存在有很多，这也可以说存在，那也可以说存在，一种性质也可以说是存在，“有红色”“有蓝色”“有气味”，然后有实体，那么这个实体是什么意思？实体是一切属性的载体，你要谈其他的一切属性，你首先要把这个实体确定下来，你才能谈。比如说一种红色，它绝对不是一种虚无缥缈的东西，它肯定有所依附，红色肯定是某种东西的红色、某种实体的红色。它不可能没有实体。一种性质它是不可能离开实体而独立存在的，只有实体才是独立存在的。所以亚里士多德要追求作为存在的存在。就是这样一种东西，它能够支撑其他的存在。在其他存在中，甚至非存在也是一种存在，柏拉图那里已经有这样一种说法，就是缺乏也是一种存在。我们说某某人有缺点，就是说他缺了某样东西；某某人“有残疾”，他缺了一条腿。像这样一些不存在的东西，我们也可以说它“有”，但是它之所以有，还是有一个实体支撑它。他“有”什么呢？它所有的东西都是对于某个实体而言的，玫瑰花的红色是对玫瑰花而言的，玫瑰花本身才是实体，才是作为存在的存在。这是亚里士多德的思路。那么亚里士多德最后得出什么结论呢？他说这个作为存在的存在，是只能作为主词而不能作为谓词的东西，就是说你可以用种种东西来形容它，但是你不能用它来形容种种东西。你用红色，用香味，用它的形状的大小，用体积、重量等来形容，但是你不能用玫瑰花来形容红色、大小等。你不能用"这朵玫瑰花"作为谓词来形容任何东西。这朵玫瑰花是世界上独一无二的东西，即使用它来形容某种东西，别人也不知道你的意思，因为它是独一无二的。而能够用来形容东西的都是普遍的，譬如说红色，一说红色大家都知道。但是如果说一个具体的个别的东西，仅仅说它的名字，不认识的人是不知道的。认识的人当然知道，但是这个实体本身它是不能用来形容任何一个东西的。你要用它来形容，人家就不知道你要说的是什么。这是亚里士多德的一个思想，他把那种作为存在的存在称为"实体"，也就是一个"基础"的意思，只有首先解决了实体的问题，才能谈论别的问题。这个也是从苏格拉底那里来的。苏格拉底曾在《美诺篇》中，和美诺讨论关于美德的问题。美诺问苏格拉底，美德到底是否可教啊？苏格拉底不正面回答他，他说你要首先搞清楚"什么是美德"，如果连美德"是什么"都搞不清楚，怎么来谈论美德"是否可教"呢？譬如说美诺是一个人，所以才能谈论美诺是富有的、健康的、漂亮的。但是如果连美诺是人都没有确定下来，那就什么也谈不上了。美诺这样一个具体的人的名字，只能做主词，而不能作谓词，只能对他形容，美诺是一个人，他有手有脚有理性，他很聪明，等等，把他用这些东西形容以后，这个实体就得到了规定。这个是思维的一个基本的程序。当然亚里士多德是从我们最基本的日常说话所总结出来的一套规律。我们平时说话的时候，首先要搞清楚概念，你所谈的对象，你所谈的主体。这个主体这个对象都是具体的，个别的。亚里士多德称个别实体为第一实体。当然在第一实体的基础上还有第二实体，比如说美诺是一个人，"人"就是第二实体，可以说人是有理性的，人是会使用工具的，可以对人作种种描述。但是另一个方面呢，人又可以用来描述别的东西，比如说美诺是一个人，张三是一个人，李四也是一个人。它可以用来作为谓词，描述别的东西。所以它作为实体不是终极的，它属于第二实体。所谓的种和类都是属于第二实体，而第一实体则是那些个别的东西，只能作主词而不能作谓词。而第二实体则既可以作主词，也可以作谓词，但它不是终极的。现在要讨论的是终极的实体，那么就必须要引入亚里士多德的这样一个命题——就是实体是只能作主词而不能作谓词的东西，这是一个大前提。

那么小前提是："我"是一切思维的主词。也就是在思维中我们看到任何一个思维里面都有一个"我"，由于有我，思维才成其为思维。前面讲到了，康德提出来这样一个分析命题：我的一切思维都是我的思维，"我"的表象伴随着我的一切思维，如果没有"我"伴随着，我的一切思维就散架了，就不成立了。凡是我的思维，都在一个"我"之中，所以小前提他提出来是"我是一切思维的主词"，或者说我是一切思维的载体。一切思维都要以"我"为主词才能够成立，按照前面先验演绎里讲的，自我意识的先验统觉的综合统一是知性的最高原理，所以一切思维的东西、一切表象都必须是"我的"，才能够成立。这从形式上看是一个分析命题，可以说是一个同义反复的命题，我的一切思维当然就是我的思维了，等于什么也没说。当然从内容上来看它又是一个综合命题，就是我的一切思维、表象、知识，都是由于我的主体的能动性才能够统摄起来、凝聚起来成为我的思维。

那么，既然实体是只能作主词而不能作谓词的东西，而我又是一切思维的主词，所以结论就是："能思的我就是实体"。由大前提和小前提推出能思我就是思维的主体，也就是实体了，它只能够作为主词，而不能够作为谓词，既然如此，那么它就是实体。这是一个三段论的推论，按照三段论的第一格第一式，是一个典型的规范化的三段论推理。但是康德指出，亚里士多德用这个命题作大前提，里面本身含有陷阱。就是说，实体是只能作为主词而不能够作为谓词的东西，这样一个"主词"是从语法上说的，我们可以把它理解成主词或者主语；但是这个主词或主语与"主体"有所不同。我们都知道在西文里面，Subjekt 这个词有双重含义，一个是可以从逻辑语法上讲的"主词"，但同时从本体论上来看又可以把它理解成"主体"，Subjektivität 就是主体性的意思。另外从认识上来说，Subjekt 也可以翻译成“主观”。所以这同一个词有三重含义，从逻辑上讲就是主词，本体论的含义是主体，认识论含义是主观。主观我们先撇开不谈。总而言之这个词是非常含混的一个词。那么亚里士多德的这个“主词”呢，本来是从语言里面取出来的，我们只能说苏格拉底是白的，苏格拉底是聪明的，等等，我们不能说某某东西是“苏格拉底的”，我们不能用苏格拉底来形容别的东西，我们只能用别的东西来形容苏格拉底，苏格拉底不能作形容词。当然你作为所属格，你可以说这个东西是“苏格拉底的”，那是“属于”苏格拉底“所有”的，但并不是说它们具有“苏格拉底性”，苏格拉底不能用来形容这个东西。这是从语法上来说的。就是说只能作主词而不能作谓词，不能用来形容别的东西。但它是否就能够用来作为主体呢？或者甚至于是作为实体呢？

康德指出这里面埋藏着的陷阱，就是一个只能作“主词”的主语如果要成为“主体”、成为实体的话，它缺一个东西。缺什么东西呢？缺一个图型。我们在图型法里面讲了时间图型。任何范畴都必须借助于图型应用到经验的对象材料之上，否则的话它就没有意义。你把这个主词当作一个实体，你要应用到经验对象，那就必须还要加上一个图型。换言之，你就必须要加上一些经验性的材料，你不能单纯从逻辑上就推出来它就是实体了。在亚里士多德那里做了一个混淆，他把主词和主体混为一谈了，因为这个词本来就有双重含义，在亚里士多德的时代还没有明确地把这三种含义区分开来，一个是逻辑学的，一个是本体论的，一个是认识论的，所以后人研究亚里士多德的逻辑学，认为他的本体论、认识论和逻辑学三者是处于一种混沌的统一之中。我们今人在研究亚里士多德的三段论的时候，我们可以看到在他那里还没有分得很清楚，不像后来那样，讲逻辑就是逻辑，讲本体就是本体。因为他的存在论就是从我们说话里面引申出来的。这是西方哲学的一个很重要的特点，就是他们重视语言，重视说话，重视逻各斯；但是同时带来的一个弊病就是说，它容易混淆，把我们是如何说话和实际上事物是如何存在等同起来了。在后来的西方逻辑史中人们越来越清晰地把两者区分开来了。一直到今天，我们看到西方哲学中有三个不能混淆的主题，一个是本体论，一个是认识论，一个是逻辑，逻辑也可以看成是方法论。这三者是在黑格尔那里达到统一的。在马克思这里更加达到统一，通过实践论、辩证法——辩证法同时是本体论也是认识论。在康德这里是一个很微妙的转机，他已经开始把这三者既区分开来，又联结起来了。在这个问题上，他主要是要区分开来。他指出从古代亚里士多德以来人们就混淆了主词和主体，主体如果离开了图型，就没有意义。那么你要把主体看成实体，就必须要有一种图型叫做时间中的持存性——我们前面讲了纯粹知性的原理里面实体的持存性的原理，实体就是能够持存下来，就是万变中之不变。它的属性可以变来变去，你把一块木头烧成灰，变成烟，但是它的总量不变，这就是持存下来的东西，我们就可以把它称为实体。如果没有这样一个东西，不把实体性应用到经验的对象之上，指出在这个里面有些什么样的东西持存下来了，那么把它称之为实体是毫无意义的。顶多能说它是一个主词，这个主词在任何思维中都必须伴随着思维的内容。我的一切思维都是我的思维，但是这个我只是一个主词，它不是一个主体，所以应该把它区分开来。

所以在这样一个三段论式里面实际上是有一个混淆，这个主词本身具有双重含义，要么它意味着逻辑上的主词，语法上的主词，要么它意味着本体论上的主体。一个概念具有双重含义，那么这个三段论推理从逻辑上说就犯了“四名词错误”，四名词错误就是偷换概念，就是有歧义，有双重概念。为什么叫四名词呢？就是因为一个三段论只能有三个名词，如果加上一个名词，那就是四个，那就出错了。比如说，“一切人都是有理性的，苏格拉底是人，所以苏格拉底是有理性的”。这是三个名词，苏格拉底、人、理性。你不能加上四个名词，你不能说一切人都是有理性的，苏格拉底是人，所以张三是有理性的，这是推不出来的。苏格拉底是人和张三是不是有理性的没有关系。你不能另外加上一个名词，加上就错了。学过形式逻辑的，对这一点应该都不陌生。所以“我”从形式逻辑上来看，它可以作为绝对的主语，但是这样一个绝对的主语只能表现一种同义反复：我的一切思维都是我的思维。但是这个同义反复也是必要的，对什么是必要的呢？对克服怀疑论是必要的，在怀疑主义那里，连这样一种逻辑上的同一性都要表示怀疑。这种同义反复虽然不能够提供新的信息，但是它能够说明我们毕竟有一些先天的东西是不可怀疑的，从这个意义上是必要的也是必然的。“我”必然地伴随着我的一切思维，一切思维如果没有“我”，它就不成其为思维了，它里面都有一个“我”伴随着它。在每一个思维里面你都可以分析出一个“我”来，哪怕我没有说出来。既然它是从一切思维里面可以分析出来的一个命题，所以它是必然的。但是绝不能把这样一种东西看成是对于“我”的一种知识。我的思维的这样的一种一贯性，在一切的思维里面贯穿着一个“我”这样一种一贯性，它并不是对于“我”这个实体的知识，不能把这个伴随着的逻辑主词理解为一个实体，并且把这种必然性理解成为一种实体性的知识。

所以这样一个谬误推理在康德这里就被解构了。这样一种谬误推理就只是一种幻相，它好像是给予我们关于自我的知识，我是一个实体，我在一切我的思维里面都可以分析出一个“我”来。那这个“我”是个什么东西呢？是不是就已经获得了某种知识了？但是实际上还是一种幻相。那么我为什么会总是产生这样一种幻相呢？即使康德把它说明了，我们总还是感觉有一个“我”，我们还是把它当作是一个实体。这个实体好像是能认识的，我们为什么要确认这一点呢？是因为我们有道德。“我”作为一个实体可以设定，尽管在形式逻辑上是同义反复的，但是如果你换一个角度，从道德上来说，你把“我”当成一个实体来加以确定，来加以相信，这在道德上是必要的。所以它可以在道德上设定，它可以产生丰富的道德成果，但是不要把它当成是一种认识。第一个谬误推理是关于实体性的，由此就被他推翻了。

二、第二谬误推理：单纯性（不朽性）

单纯性又可以看作不朽性，这个在莱布尼茨那里就提出来了。莱布尼茨的单子论，就是认为实体是单纯的，包括“我”在内。当然他是认为万物其实都是这样的，万物都是由单子构成的，不用说“我”也是一种单子，它具有一种实体性。实体性不光是持存的，而且是不朽的。单子作为一种单纯的东西是不朽的，凡是可朽的东西都是因为它是复杂的，复杂的东西一解体，这个东西就不存在了。但是如果它是一个单纯的东西，它没有可分的余地，不能够分，在这个意义上它就是不朽的，它就是永恒的了。所以单纯性和不朽性是相同的。那么理性心理学的证明也是这样的一个三段论式的推理：凡是一种活动绝对不能看成与其他的活动合作的，那就是单纯的；灵魂的“我”就是这样一个东西，它是不能看作与其他的东西来合作活动的；所以这个灵魂就是单纯的。所谓凡是一种活动不能看作是与其他的东西合作的，就是不能看作是由其他的东西所合成、所构成的。一种运动，不能看成是由其他的运动所合成的，由这一部分运动和那一部分运动所合起来的，由现在的运动和刚才的运动所合起来的运动，也就是说凡是不可分的，不能分成几段，不能分成几部分来看待的，那就是单纯的。而灵魂呢就是不能分成几段的，不能看成是凑合起来的东西。当然这也是同义反复。莱布尼茨对于单子就有这样的证明，这个证明非常的简单。莱布尼茨说，有复合的东西，所以有单子。为什么有复杂的东西就有单纯的东西？因为所谓复杂的东西是什么意思呢？就是由单纯的东西所构成的东西啊！现在既然我们有复杂的东西，那就已经说明了有构成复杂的东西的单纯的东西。莱布尼茨就是这样证明的。这也是一个分析命题，所谓复杂的东西就是由单纯的东西构成的，那么你把单纯的东西从这里面分析出来不就得了嘛！所以，有复杂的东西本身就说明了有单纯的东西，这是形式逻辑上的一个证明。

那么笛卡尔也是这样证明灵魂的单纯性的，我的灵魂是不可分的，是单纯的。但是笛卡尔也混淆了一个概念，就是单一性和统一性。单一性和统一性在德文里面是同一个词，Einheit。统一性和单一性当然是不一样的，同样都是一，但是单一性可以说是“小一”，我们用中国哲学的术语来讲，统一性可以说是“大一”。大一就是无所不包，至大无外；单一性是最小的单位，至小无内。而灵魂这个东西只能是单一性，而不能是统一性，就是说它不能是很多经验性的东西的一个统一。从三段论推出来的这种单一性，没有把那些被统一的材料算进来，撇开了这些材料，而仅仅从形式逻辑上的单一性、单一不变、单一贯穿来理解，逻辑上的单一性和现实中的单纯性还是不一样的，与现实中的统一性更是不一样的。在逻辑上是单一的，但是在现实上要构成一个统一的实体，你要把它当成是一个现实中的单纯的实体，就要对那些经验的材料进行统一。所以，分析命题和综合命题在这里混淆了。逻辑上的单一性是一个分析命题，就是我思这样的活动是不包含其他的活动在内的，它就是一个单一的活动。但是这样一个命题是一个分析命题，不能够由其他的活动来构成，它就是一个单一的活动，所以它完全就是一个同义反复的命题。但是你要把它变成一个综合的命题，就是说这是一个实体性的存在，灵魂这个单一的东西具有单纯性，那就必须要有一些经验的材料来加以证明了。我们一般来讲灵魂是没有形体的，在这一点上笛卡尔是不彻底的，他认为灵魂是居住在我们大脑内的某一个部位，譬如说松果腺里面，就是说给了灵魂一个空间，对它加以定位，那么它就有形体了。你已经给了它一个空间的位置。但是严格地说灵魂是没有形体的，像莱布尼茨的作为单子的灵魂，他明确宣称单子是没有形体的，这就比较彻底一些。

但是在康德看来，即使灵魂没有形体，它也仅仅是没有外感官；但是仅仅没有外感官是不能够由此和外部世界的物质区分开来的。说灵魂是单纯的，无非就是要把灵魂和物质区别开来：物质都是复杂的，物质都是有结构的，物质都是无限可分的，而灵魂不是。你无非就是想借助于单纯性，把灵魂和物质区分开来，物质的客观性和灵魂的主观性，灵魂与物质世界不同。但是康德认为这种不同仅仅是外部现象的不同，无非就是说物质世界存在于外感官中，而灵魂只存在于内感官中；物质世界存在于空间之中，当然也存在于时间之中，而灵魂只存在于时间之中。那么他认为这样一种手法还是没有脱离时间和空间，灵魂和物质的区分还是现象界里面的区分，你并没有抓住灵魂的本体，或者是自在之物。灵魂作为自在之物，并不受这些东西的规定，固然我们可以把它看作是内感官的东西，与外感官的东西区分开来，但是这仍然只是经验心理学规定的对象，而不是理性心理学规定的对象。理性心理学是要把它作为物自体加以规定，但是说来说去你还是在内感官的领域内谈论灵魂，把它和外部的物质现象区分开来。因此，既然物质是现象，灵魂也是现象，那么它们并不涉及物自体。灵魂的实体和物质的本体同样是不可知的，你要追溯灵魂背后的那个纯粹由理性把握的对象，那就和要追溯任何现象背后的那个物自体是一样的，仍然不可知。你转来转去只是在现象界打转转，而理性心理学则恰好是自以为要超出现象界的，其实并没有逃出现象界，只是在内感官和外感官之间做文章。而所谓的“我在—我思”只是逻辑上的设定，你说它是单一的、单纯的，那也只是逻辑上的设定，逻辑上的预设。这是第二个谬误推理，关于单纯性，涉及灵魂不朽，所以这个命题也是非常重要的。在康德那里，他甚至认为在四个谬误推理里面这个命题是最重要的。就是想把灵魂的单纯性和万事万物区别开来。但实际上区别不了，因为它虽然没有外部事物的复杂性，但是它本身还具有内感官中的复杂性。内感官中仍然是复杂的，我们说大宇宙也好，小宇宙也好，都是很复杂的，灵魂怎么能看成是单纯的呢？要把它看成是单纯的，就要追溯到内感官各种各样的变化背后的那个物自体、我自体，但是实际上没有涉及。不但没有涉及物自体，最后反而像笛卡尔一样混淆了内感官和外感官的现象，把灵魂放在松果腺里面去加以规定，那不就成了一种外感官的现象了吗？那科学家可以去解剖大脑把灵魂找出来啊，测定它的各种属性啊，那就成了经验心理学了，所以他们的证明同样是不成立的。

三、第三谬误推理：人格性

康德所批判的第三谬误推理就是人格性。人格性，Persönlichkeit，这个词在道德哲学里面是用得很广的，但是这里谈的是关于灵魂的认识，而不是谈道德。理性心理学企图在认识上，把灵魂规定为是有人格性的。什么是人格性呢？ Persönlichkeit 这个词的词根是 person，它来自于古罗马戏剧，本来的意思是“面具”。古代罗马剧场演戏的时候，演悲剧、喜剧，每个演员都戴一个面具，那个面具就代表了它的角色，类似于中国京剧的脸谱。所以它本来的意思就是“面具”、“角色”的意思。在西方人看来，每个人在这个世界上都是扮演一个角色，不管你是奴隶、贵族还是皇帝，都是上帝委派你扮演的一个角色，这个角色是独一无二的。你在这个戏台上演多长时间的戏——比如说一辈子，你活到七十岁，这个面具都是不能取下来的，它都代表着你，你必须要认可这样一个面具，否则的话就会导致你人格分裂。人格分裂也就是面具分裂，所以人格有面具的意思，那么在剧场上它是角色与角色相识别的意思，因而具有独一无二的意思。因为戏剧中演的都是一个人物，一个角色，它是不能混淆的，林黛玉就是林黛玉，贾宝玉就是贾宝玉，薛宝钗就是薛宝钗，每个人都有独特的个性，都是不可替代的，所以说它具有人格性。灵魂是具有人格性的，也就是灵魂是不可取代的，具有一种独一无二性。康德称之为“号数上的同一性”。什么叫“号数上的”（numerisch）？号数上的同一性是指不能混淆的，好像人人都编了号，每人一个号，编号就是为了防止混淆。比如说有一大群人，这一大群人我一个都不认识，那么我要组织他们去干一样事情，比如一个旅游团都是来自五湖四海互相不认识的人，名字我都记不住，唯一的办法就是给他们编号，你一说号，大家都知道是谁，虽然大家都不认识，但是你给他编了号之后，他就具有一种同一性了。只要这个旅游团不解散，这个同一性是自始至终贯彻下来的，是不变的，再加进来一个人，你就再给他编个号。

那么这个推理是这样进行的，就是说号数上的同一性就是人格，这是大前提。凡是号数上的同一性就是人格，这是对人格的一个定义了。什么是人格？人格就是具有号数上的同一性的，就是说这个人是不可混淆的，他自始至终都是他，昨天是他今天还是他。所以昨天所做的事情，你今天要为此负责，你不能说昨天是昨天的我，今天的我不能为他负责，那你就失去了你的人格了。我们常说用我的人格担保，就是你担保你一辈子你都是你——行不更名坐不改姓。这就是有人格的人，他的名称是不变的，他所做的事情他都承认的，这就具有人格上的同一性了。在逻辑上来说，这就叫做号数上的同一性，这样一种同一性就是人格。那么小前提是：灵魂就是具有号数上的同一性的。所以结论——灵魂就是人格性。康德认为这其实是第一个谬误推理的根据，所谓实体性，前面讲实体性的时候讲到，实体范畴必须要应用到经验的对象之上，那么它的图型就叫做持存性，在时间中的持存性就是实体。我们通常对实体的图型就是这样规定的。那么这里讲的号数上的同一性就是为实体性提供了一个根据。如果你把它应用到时间上面，时间上前后一贯，那它就是实体啊，我的人格就是我的实体。因此我可以为我在时间中所做的一切事情承担责任。这就是前面讲的实体性的一个根据，它的根据就追溯到这里。

那么人格的同一性，也是实体的同一性，但实体的同一性不光是人，其他的任何事物都有。一个东西它前前后后各种各样的属性都变化了，但是它的实体仍然是同一的，那么这种同一性依然是依赖于时间中的持存。所以人格性和实体的同一性不同的是，这个地方加进了一个因素，就是量的唯一性、单一性和不可取代性。实体可以是多数的，可以互相取代，无所谓；但灵魂它是唯一的、单一的。另外，人格性不但不等于实体性，也不等于单纯性。我们前面讲了灵魂是单纯的，但是灵魂不但是单纯的，而且是单一的，是独一无二、不可替代的。每个人都是不可替换的。这种不可替换意味着每个灵魂都是不同的，没有两个完全相同的灵魂。这里要注意的一点就是，“我”的同一性虽然也可以看成是在时间中持存着的，但是实际上这个我不仅仅是在时间中持存，而且它是一切在时间中持存的逻辑前提。我们把这个“我”通常在时间中看成在我们的活动中发现了这样一个我，因此我们就说我的这个同一性是在时间中前后保持一贯的，这样来理解人格性。但是实际上在康德看来，一切在时间中的持存性都要以我作为逻辑前提。不是说有了时间，然后这个我在时间中一贯地存在，它就具有了人格性；而是我的人格性是一切时间过程之所以可能的前提，不要搞颠倒了。我当然可以在一切时间中、在我的存在过程中被发现，但是发现出来的不是在时间中的一个东西，而是整个时间序列的一个前提，一个逻辑条件。如果没有“我”，整个时间都不会存在，一切事物都不可能，因为时间本身无非是我的内感官的表象嘛。所以你不能倒过来把这个“我”看成是在时间中的某个东西，它能够一贯地存在下去；相反，它之所以能够在时间中一贯地存在下去，只要有时间就会有“我”，是因为这个“我”是时间本身的前提，它是在逻辑上在先的。所以整个时间其实都在“我”之中。因此如果从这个意义上讲，你要说“我”是贯穿在时间中的前后一致的人格性，那只是一个同义反复。不管这个时间中有什么，它都是“我的”，不是因为“我”存在于时间之中，才把所有的东西都拉到我身上来，而是所有的时间都是以“我”为前提的。所以你说“我”在一切时间中存在，无非是说我的一切思维都是我的思维，这思维当然要在时间中进行了，我既然说了我的一切思维都是我的思维，那我的一切在时间中进行的思维都是我的思维了，这不是同义反复吗？所以这种所谓的人格性的规定，所谓的独一无二性的规定，——把所有的时间都包括进去了，再没有在别的时间中存在的不是我的东西了，所以它肯定是独一无二的，——只是一种逻辑上的形式上的规定，而不是实质的规定。

康德进一步说，如果你要对它做实质上的规定的话，那就麻烦了。你说在我的一切时间中，我都存在于这一切时间中，自始至终存在于一切时间中；但是如果由另外一个人——张三来看李四，他就不承认你这个我了，你在你的时间中存在，但是你和你的时间都在我的时间中存在，我的时间可以把你的时间包容在内。因为你的时间到你去世的时候都中止了，我去为你送葬的时候就会想到这个人的一生就到此为止了，所以你怎么能说在你的时间之外没有任何其他的东西，就只有你的唯一的一个我呢？如果你从实质上来理解的话，就会遇上这些问题，就是你这个我并不具有在时间中的始终的同一性，你和你的时间之外还有别人，你还有后代，还有比你后死的人，你怎么能说我的这个我就是在时间中前后一贯的呢？我一死了就没有时间了，但是别人还有时间，你在别人的时间中就不具有这样一种同一性了。当然你也可以设想这种同一性，设想这种人格性，就是说他虽然死了，但是他的精神不死。我们讲“雷锋精神不死”，雷锋早就死了，但是他的精神还在激励着我们去做好事，当然也可以。但是这种人格性的理解只是某种意识中、记忆中的可能性而已，它并不能说明雷锋的灵魂是不朽的，雷锋已经死了，随着他的肉体不存在，他的灵魂也就不存在了。所以通过这样一种实质性的方式，你没有办法证明灵魂不朽，证明灵魂具有一种在时间中的始终一贯性，这是不能通过实质性的方式，通过你的经验的时间的持续来加以证明的。

那么这样一种推理当然也就是一种谬误推理了，它把一种先验的人格性和经验的个性混为一谈了，经验的人格性并不具有完完全全的在时间中的一贯性，只有先验的人格性才可能具有这种一贯性，但是却不能证明。先验的人格性在认识论上是不能证明的，它只是一个逻辑上的同义反复；但是在道德上它却可以有它实践的运用。一个人的人格是可以为他自己的所作所为负责的，而且一个人如果按照道德律生活了一辈子，那么他的精神、他的人格性是可以发扬光大、可以永垂不朽的。所以我们对一个好人，说他虽死犹生，永垂不朽，这是在道德上说的，不是说在客观上他真的就永垂不朽了。我们中国人是无神论者，人死如灯灭，死了之后再没什么东西了，所能希望的就是在后人心目中留下一种人格性的道德楷模，这个是可以的。当然康德并不完全是一个无神论者，但是在这个方面，他认为有神论的灵魂不朽是没有办法证明的，这一点他和我们中国人有点类似。就是说先验的人格性在道德方面可以有一定的运用，但是这绝不能扩大我们对灵魂的知识，我们对灵魂一无所知，灵魂本身是一个自在之物。

四、第四谬误推理：观念性

观念性，Idealität，或者是观念论（Idealismus）。把观念看成是唯一的或基本的原则就形成了观念论，观念论我们也可以翻译成唯心论，它们的德文都是 Idealismus。Idealität 和 Idealismus 有同一个词根 idee，即观念、理念。理性心理学，特别是笛卡尔，还有莱布尼茨的理性心理学的一个主要的论据之一就是建立在灵魂的观念性之上，不光是灵魂的观念性，而且是整个世界的观念性，所谓的主观唯心主义，是建立在这个之上的。笛卡尔一开始讲从“我思故我在”推出其他的一切，就是建立在主观唯心主义之上的；莱布尼茨当然是客观唯心主义的，但是他的单子论也具有一种唯物论的倾向。在这个问题上康德提出来讨论的主要是笛卡尔的观念论，笛卡尔的观念论他称之为“经验性的观念论”，经验性的观念论和先验的观念论是不同的。这几个概念，我们前面已经讲过了——经验性的观念论，先验的观念论，经验性的实在论，先验的实在论，这四个概念我们要区分清楚。在先验感性论中我们提到康德自己的观点，一个是先验的观念论，一个是经验性的实在论，这两者是不可分的。他所反对的观点一个是经验性的观念论，一个是先验的实在论。先验的实在论就是独断论，就是先验地肯定我们能够认识实在的东西，只要想到一个东西，就能通过逻辑来认识这个对象，这就这叫做先验的实在论。康德认为我们能先天认识到的只是一种形式的知识，只是一种观念的东西，它还不具有实在性；它要具有实在性，就必须运用于经验的对象之上，以便得出经验性的实在性。所以先验的实在论是独断论的另外一种称呼，那么经验性的观念论是怀疑论的一种称呼，最后导致休谟的怀疑论。就是通过经验最后认为一切都是观念，都不实在了，那就是主观的了，主观的就是值得怀疑的了，它到底有没有客观实在性就是值得怀疑的了。这方面休谟是典型，那么笛卡尔也具有这种特点，也具有经验性的观念论的特点。笛卡尔一开始怀疑一切，把一切东西都怀疑掉了，剩下一个东西是不能怀疑的了，就是“我思”。我思是主观的，但是他又是从经验的角度来理解我思的，就是我思本身作为一种灵魂又具有经验的内容，这种经验的内容并不使我思变成一种存在，而是使我思变成一种经验性的观念性，就是具有一种经验中的主观性。这种主观性在经验中遇到的最大问题就是身心关系问题，即主观的心和客观的身都是经验，它们如何能够协调？笛卡尔诉之于身心二元论，并依靠上帝来协调，这是无法自圆其说的。

所以，从经验性的我思、即从笛卡尔这个特定的人的“我思”出发，去推出“我在”，继而推出一切存在，这是一种经验性的主观性，康德称之为经验性的观念论；当它遇到身心关系这样的难题时，就只有援引先验的实在论来独断地解决。不过，对这种经验性的观念论，康德并不完全否认，他说经验性的观念论就观念论的方面来说我们是可以坚持的，但是它所引起的身心关系问题我们要从先验的方面来解决它，这就是先验的观念论。我思故我在不能从经验的方面来理解，必须要从先验的方面来理解，把它理解为一种逻辑性的东西，一种先验逻辑的东西。那么在笛卡尔那里也有一个三段论式的推理，——这是康德为它总结出来的，笛卡尔并没有明确的这样说。首先是大前提：一切知觉的对象都只是主观的观念，这是笛卡尔在怀疑一切的时候提出来的。一切知觉的对象，只要是你知觉到的，你感到的，你所认可、所认为的，所有这一切都是值得怀疑的，因而都是主观的观念。小前提：我的一切对象都只是我知觉到的对象。结论：那么“我”就是主观的观念，“我”就仅仅是观念的，就仅仅具有观念性。康德认为你如果把这个“我”理解成一种先验的自我意识，比如说先验的统觉，那就对了；而如果像笛卡尔那样仅仅理解为一个人的灵魂，一种心理活动，那就会导致谬误推理。因为经验性的“我”作为观念性的东西与我的身体以及整个外部世界都将处于不可调和的矛盾之中。但是理解为先验自我它就有一个前提，就是必须要应用于经验的材料之上，你不能够完全凭借逻辑推演，凭借先天的形式上的规定，否则你的推理就只是一种同义反复，不可能对这个先验的“我”取得任何知识。当然实际上笛卡尔也把这个灵魂解释为经验性的东西，前面我们讲了，解释为一种心理学的东西，但是他这种解释只是解释了灵魂的经验内容或现象，而并没有解释先验的“我”或灵魂本身，他却自以为已经把灵魂作为一个自在之物而规定为“观念性”了。康德认为这样一来就不是先验的观念论，而是先验的实在论了，就从怀疑论跳到一种独断论了，就是先验地断言我们的灵魂是一种观念性的实体。

康德认为一切知识都是在先验的自我意识之内，但是这些知识又同时具有一种客观经验的实在性。或者具有一种外在的实在性，即在经验的我之外，在这个经验的认识主体之外，它具有一种外在的实在性。那么关键就是要区分出现象和物自体。当你认为这个“我”具有一种经验性的实在性的时候，你只是在现象的里面赋予了它经验性的实在性，那么这个时候，包括你的观念性，实际上都是经验的心理学所研究的对象，而不是理性的心理学所研究的对象，你已经不是从理性的心理学来探讨灵魂了。所以关键的问题是先要区分现象和物自体。笛卡尔就是没有区分这个东西，他老是把这个物自体混同于现象进行规定。只要你严格地区分开来，你说一切知识都是在“我”的主观观念之中，这样说是可以的，但是这只是意味着思维的主体也就是“我”和思维的客体一样都是以经验作为它们的实在性的条件的，灵魂也好，灵魂之外的身体和物质也好，它们都是以经验为条件的。主体和客体都是以经验为条件的，那就意味着主体和客体都是在一个经验世界之中，都存在于时间和空间之中。而时间和空间在什么之中呢？在主体之中，这个主体是先验的主体、先验的“我”，不要把它混同于经验的主体、经验的“我”。经验的主体是经验的心理学所认识的对象，而先验的主体不是认识的对象，它是认识的条件。那么既然主观客观一切万物都是以经验的东西为条件的，都是具有实在性的，由此就引入了下一个重要的主题，就是理性的宇宙论。包括我们人在内的整个物质世界，都是以经验为条件的现象界，这个现象界我们把它当成一个整体来看待，它具有一些什么样的规定？那就是第二个话题了，那就超出了理性心理学的范围，而进入到理性的宇宙论的范围了。

第十二讲　对先验的宇宙论的批判

这一讲讲的是中间这个环节，就是“先验宇宙论”，康德对它进行了一番彻底的考察。这一部分也是非常重要的。也可以说，后来黑格尔的辩证法，就是受到先验宇宙论里边的“二律背反”的启示。康德的二律背反是一个很有名的学说，是在近代第一次把辩证的关系通过二律背反的方式、矛盾冲突的方式表达出来，这是康德的一个了不起的贡献。二律背反主要是在宇宙论中提出来的。我们对宇宙的看法，对世界整体的看法，究竟应该怎么看？以前的形而上学，关于世界的整体，关于上帝创造的这个世界，整体上应该如何来看待？它的性质、它的各种各样的规定，究竟应该怎么规定？这是一个非常重要的内容。所以，要对先验宇宙论进行批判，首先要集中在一个概念上面，实际上就是对这样一个概念的批判，就是“世界整体”。对这个概念的批判，可以说是整个先验宇宙论批判的核心。这也就是说，从形而上学的这个角度，我们来看待整个世界。我们通常讲“世界观”，哲学是什么，哲学就是世界观。世界观是什么意思呢？ 就是对整个世界的看法。这是以往的形而上学所要解决的问题。比如牛顿曾经说过，物理学要当心形而上学，这个形而上学也就是从整体上看这个世界，物理学不要陷入到这样一种整体主义。牛顿当然是强调经验的，自然科学就要从经验科学出发，从一个经验到另外一个经验，然后从经验一步步上升，得出一些比较一般的真理、规律、法则。但是，如果你一开始就从世界整体上居高临下，那就是形而上学，牛顿是反对这个的。而以往的形而上学确实也就是如此，就是从世界整体这样一个概念，来对它进行种种推演：既然是世界整体，那么这个世界整体就应该怎么样，从中做出一些形而上学的规定。但是这些规定往往是相互冲突的。你从世界整体的概念出发，可以这样规定，我从同样一个世界整体的规定、概念出发，也可以做另外一种规定。为什么有这样一些相互冲突的规定？归根结底，要归结为“世界整体”这个概念它本身的一种双重含义。

我们可以看到，“世界整体”它由两个环节、两个概念构成，一个是“世界”，一个是“整体”。那么，“世界”这个概念，Welt这个概念在德文里面，它不但具有“世界”的意义，还具有“人世间”的意思，“世俗”的意思。世界概念在日常用语里面，具有一些非常具体的、尘世的、世俗的这样一个意义，所以它也具有经验性的含义。“世界”的概念本身包含有经验性的含义，那么“整体”的概念呢，它是超经验的，因为没有任何世俗的、尘世的人看见过世界的“整体”，也不可能看见。你把这两个相反的概念联结起来，构成一个概念——“世界整体”，它本身就具有一种内在的冲突。或者说，当你从这个概念出发来进行形而上学推演的时候，那就要看你是立足于哪个环节。当你立足于第一个环节——世界，那么你所得出来的那样一些命题，用康德的话说，那就叫做一种“现象的综合”。经验派就是走的这条路，我把所有的现象综合起来，然后综合为一个整体，那么我再来看看这个整体是什么样的。但是，如果你是从整体这个环节出发，从绝对总体性这样一个环节出发，那么你所得出来的世界整体的种种规定就完全可以是另外一回事，甚至于是完全相反的规定。因为这两个概念，在同一个概念里边是相互冲突的，本来就是一个自相矛盾的概念。所以，对这样一个世界整体概念的追求，就构成了先验的宇宙论以及它的内部冲突。先验的宇宙论有两派：理性派是根据世界“整体”的最高项来规定这个世界整体的。这个世界整体你可以把它看作一个系列，整体嘛，它当然有一个系列，那么这个系列的最高项，这是理性派着眼的地方。要从整体性来把握，居高临下地来把握，必须要立足于最高点。这就是理性派所走的路。因此，理性派把这个世界整体看作是已完成的，它已经立足于最高点了，那么整个世界的整体已经在它的眼皮底下了。而另一方面，经验派呢，它是立足于“世界”的整体，也就是整体的无限性、未完成性，它不是居高临下，它是自下而上。因为自下而上地去追求那个整体性，它永远是未完成的，经验派所提出的那些规定都是未完成的。这就形成了两派，也形成了所谓的“二律背反”。对世界整体的规定，有一系列的二律背反。所谓“二律背反”，就是两个同样有道理或者同样合逻辑的命题或者法则，但是它们却相互冲突、互不相容、互相矛盾，“背反”嘛，背反就是背道而驰，互相矛盾。

这些二律背反，康德依据他的范畴表——量、质、关系和模态，把它们划分成四种，有四个二律背反。为什么要根据范畴表来划分呢？因为先验辩证论虽然已经谈的不是知性的问题，而是理性的问题，但是它跟知性还是有瓜葛的。知性提出范畴，根据范畴体系再提出原理，这是知性的主要功能。所以，提出概念、建立原理是知性的功能，而理性是推理的功能。理性本身并不提出概念，它只是利用知性已经提出的概念，比如说量的范畴、质的范畴、关系的范畴和模态的范畴，把它们经过推理扩展开来，把知性的范畴超出经验的界限去加以扩展地运用。知性范畴本来都是只能运用于可能经验的范围之内，但是理性呢，因为它的功能是推理嘛，它就把这样一些范畴超出知性范畴本来应该运用的可能经验的范围，而作一种超验的运用，也就是推出到经验界限之外，这样呢，就形成了理性的理念。理念我们前面讲到了，它是从柏拉图来的，是完全超验的，它是超越于整个感性世界，高高在上，在彼岸世界追求不到，但是你可以设想。那么，这样一种设想，根据知性范畴本身的划分，就形成了四大类这样的推论。就是量、质、关系和模态。所以，像理性的理念，比如说像世界整体的各种各样的理念，实际上都是从知性的范畴来的，只不过呢，理性把它推向了无限，从有条件者、从经验的质料推出去，推向了绝对的无条件者。这就是理性的纯粹运用，就是要达到这样一个目的，最后要推出绝对无条件者、推出理念。但是这个理念呢，它还是包含有知性的内涵在内，它就是对知性范畴的一种扩展地运用。所以谈到理念的时候，它还具有知性范畴的这种划分的性质，它本身也是这样划分的。但是这样一种划分，它同时运用了知性的范畴和理性的推理，因此它就有这样一些毛病：当你着眼于理性的推理这一方面的时候，你所推出的那个理念对于这个世界的整体来说，就显得“太大”，因为你推出到了经验的界限以外，没有任何经验的东西可以符合于你这样的一个理念。所以它对于世界整体而言就显得是一种多余的“知识”。而当你立足于知性的范畴来对世界整体进行综合的时候，这些范畴又显得“太小”，它们达不到世界的整体，只能达到世界整体的一部分。

因此，每个二律背反都分为“正题”和“反题”，正反两方面相互冲突，正题它多半都是立足于整体的理念，理性的理念，立足于理性的总体性的理解；那么反题呢，代表经验派的观点，通常是立足于知性范畴来积累世界的、世俗的经验知识，它是运用于经验的。双方之间的冲突就由此而起。为什么会有冲突？当你立足于对这些理念的理性的综合，那它就会太大；当你立足于这些理念底下的那些知性的范畴，那么它就太小，太大和太小都不适合于来规定世界整体。那么有没有标准？没有标准，没有共同的标准。这就形成了、造成了所谓的“二律背反”，所谓的“二律背反的辩证论”，或者叫辩证法。辩证法，我们前面讲了，在康德那里它是个贬义。就是一旦形成了辩证法，你就要考虑了，什么地方出错误了。这是康德的一种看法。

所以整个的二律背反分成四大类：量、质，关系和模态。每一大类呢，又分成正题和反题。我们先来看一看，首先是量。

一、量的二律背反

正题：世界在时间中有开端，在空间上有界限。那么反题恰好相反：世界没有开端和界限。这是从量的方面来看的。所谓“量”，就是大小了。这个世界到底有多大，在时空中是有限的还是无限的？如果是有限的，这个世界再怎么大，它总归是有边界的；那么如果是无限的呢，你就很难测定它的大小，它没有可供测定的边界。这就是量的二律背反，有两个方面。正题基本上代表理性派的观点，理性派倾向于从整体上来看这个世界。所以他们认为，世界在时间中肯定有开端。这跟基督教《圣经》的说法也是吻合的，《圣经·创世记》说上帝在七天之内创造了世界。自从那时以后，这个时间就开始了。在此之前是没有时间的。另外，世界在空间上是有界限的，上帝既然创造了这个世界，那么这个世界肯定是有界限的，它是创造出来的嘛。但是理性派是从哲学上来论证的，而不是从神学上来论证的。那么，反题则代表经验派的观点，就是说从牛顿物理学这样一个经验科学、实证科学的角度来看待这个命题，认为世界不管在时间上还是空间上，都是没有界限的。既没有开端，也没有边界，你就只有不断走着瞧了。那么双方肯定是相矛盾的啦。我们说，这两个命题，至少表面上看起来是一个矛盾命题。如果这一方正确，那么对方肯定是错误的。而且呢，这两者必有一真。你不能说两个都是假的，作为一个形式逻辑的矛盾命题来说，它只能够是二者必有一真。

那么如何证明它？都没有证明，都无法证明。因为正题也好，反题也好，他们都是在谈论可能经验的界限之外的事情。谁看到过世界整体？谁经验过世界整体？世界整体是一个理念，是一个设想出来的、绝对无条件者的理念，而我们所看到的任何东西都是有条件的。你不可能有朝一日去站在世界的边上，看到整个世界，那是不可能的，双方也都知道。所以，在双方的这两个矛盾冲突的命题中，由什么来裁决就失去了标准。没有一个标准可以裁决，说这个是对的，那个是错的。这双方既然没有经验的实证依据，所以他们只能够采取逻辑上的一种“归谬法”。归谬法在数学中用得很多，因为数学中恰好是这样的。如果有两个数学命题是相互矛盾的，那么其中必有一真。你只要证明了对方是假，那此方就已经不言自明了，它就是真的。它不可能两个都是假的。在数学上完全是这样的。在形式逻辑上也是这样，形式逻辑上如果有两个矛盾命题，如果你证明了 A 是假，那么 B 必然是真，那就不要证明了；如果你证明了 B 是假，那么 A 必然是真，也不要证明了。既然现在没有经验的东西可以做裁决，所以我们只能采取逻辑上的归谬法，也就是说，双方互相证明对方的观念是站不住脚的，是假的，以此来证明自己是真的，谁完成这一证明谁就赢了。因为他们不能积极地证明、正面地证明，所以双方都只能指责对方在某个问题上出了错，一旦把对方证伪了，那么自身就被证实了。在全部四个二律背反里面，双方所提出的都是这样一种的证明，当然不是康德的证明，康德只是在描述经验派和理性派双方的证明方式。他们都拼命地攻击对方，但是都没办法证明自己。但他们认为，只要把对方驳倒了，自己也就成立了。这是他们的一种想法。

那么如何证明？正题：世界在时间中有开端，在空间上有界限。它的证明在今天我们看起来也许显得很幼稚，但实际上当时是那样。根据康德的描述，就是说：我们先假设世界上没有开端，——正题它不能证明自己，它只能否证它的反题，——如果世界，假设它在时间上没有开端的话，那么我们今天站在这个地方，我们今天此时此刻可以说，整个世界的过去的时间都已经过去了。以后我们暂时不管，我们只说，迄今为止所有的时间都已经过去了。那么这个“迄今为止所有的时间”是不是一个整体呢？肯定是一个整体，肯定已经把迄今为止所有的综合都已经综合进来了，它们都被包括在“过去”中了。那怎么可能？如果世界根本就没有开端，我站在今天的这个时间点上，怎么可能把一个根本就没有开端、无穷无尽的、一个过去的时间完全综合在目前？综合在现在？那是不可能的。如果世界没有开端，我今天就不能够说“一切过去的时间”。我就不能够说这句话。但是今天我们每天都在说。所有过去的时间，迄今为止，我们常说迄今为止怎么怎么样。这就说明我们实际上已经把所有的过去都综合为一个整体了。那么你怎么还能说，世界没有开端呢？所以说世界在时间上没有开端是站不住脚的。由此也就可以证明，世界是有开端的。那么空间的问题也可以照此办理。空间当然和时间还有所不同。因为空间，我站在这个地方的这个空间，并不见得就包括所有的空间。但是呢，康德认为，它可以换算为时间。也就是说，空间我也是数过来的。一尺，两尺，一立方米，两个立方米，我也是这样数过来的。所以它是在时间中来进行综合的。或者说，我们对空间的综合是在时间中进行的。既然在时间中我们已经证明了肯定有开端，那么在空间中我们也同样可以证明有它的边界。如果你假设空间没有它的边界，那么，我目前立足的这样一个空间，本身也就不能成立了，你站在这样一个地球上，这样一个点上，这样一个地位上，你观看整个太空，你把整个太空看作已经综合了的整体，这也就不可能了。由此也就反证了空间是有边界的。当然这样一种归谬法其实是没有什么说服力的，它只是一种概念上的推论。理性派主要是着眼于这一方面。就是说，如果没有开端，或者没有边界的话，你就不能说，“以往所有的时间”和“整个宇宙空间”，这句话你都不能说。既然这都不能说，你就不要谈这个问题。所以他们认为经验派是不配谈世界整体问题的，只有理性派的形而上学才配谈。他们是立足于世界的整体性来谈这个问题的。这是正题的证明。

那么反题也有他自己的证明。反题虽然他不是从世界整体这样一个居高临下、从上至下的角度来谈这个问题，但是他们也有他们对世界整体的看法。你说我没有资格谈世界整体，但是我还是可以谈。怎么谈？我跟你谈的不一样。所以经验派的反驳，它的反题就是证明正题是假的，它的证明方式也是采取一种归谬法。它说，假设世界有开端，那么在开端之前，那岂不是一段空的世界吗？那空的世界如何能够产生出开端来呢？一个什么都没有的世界如何能够产生出一个开端的世界呢？无中不能生有嘛。既然它是空的，那它就永远都是空的。这个世界怎么会从无中就突然冒出来了呢？那是无法理解的。空的空间也是一样，在空间上的边界也是一样。我们设想，整个宇宙，在它的边界之外，有一个空的空间。既然理性派说这个世界是有限的，是有边界的，那么这个边界肯定是在空间中划了一个边界了；你既然在空间中划了一个界限，那么在空间中就有两半，这一半是无，那一半是有。有的那一半就是世界，就是世界整体；无的这一半呢，什么都没有。但是无的这一半怎么能够作为界限呢？你要划界限还得要有啊。你要立界碑还得有个界碑啊。但是空的空间它连个界碑都没有，连一条线都没有，它没有东西。它怎么能够限制这样一个实际存在的宇宙呢？怎么能够限制这样一个宇宙整体呢？所以用一个空虚的东西来限制某个东西，等于是没有限制。你用无来限制有，等于对有没有任何限制。所以他们对理性派的反驳也是很有力的。就是说，空的时间和空的空间，都没有任何限制力，没有限制作用，而用无限制作用的东西来限制开端和边界，都是无效的。由此反过来证明世界在时空上都是无限的。

那么这两种证明呢，互相之间纠缠不休，公说公有理，婆说婆有理。每一个人所说出的理都不是正面的，都是消极的，都是靠否定对方来证明自己；而你可以否定对方，对方也可以否定你。但是后来，像黑格尔就指出来，这双方的争论其实都是循环论证。怎么是循环论证呢？因为世界整体这个概念，刚才讲了，它本身是一个矛盾的概念。一方面，如果你立足于世界的整体性，那么如果这个整体性是无限的话，那它就形成不了一个整体了，那它就太大了，“整体”总要有个边界才能成为整体嘛。如果没有边界的话，那就在整体之外还有东西，这个整体、这个世界就不成其为整体了。所以，你必须把“有限”预设在“整体”之中，而循环论证就在这里：你在说世界“整体”的时候，你在整体的概念里面已经预设了它的有限性，然后你又努力去证明它是有限的。理性派就是这样，他们立足于整体，当然就能证明这个世界是有限的，但实际上是循环论证。那么反过来，如果你立足于这整体的“世界”，那它就不能是有限的了，世界如果你说它是有限的，那么它就脱离了世界的概念。世界这个概念，本来这个概念就不是任何有限的东西，它包括一切有限的东西，但是它本身不是有限的东西，你才能形成世界的概念。所以世界的概念呢，如果你把它设定为有限的话，那它就涵盖不了这个世界，那它就太小了，它顶多是这个世界中的某一部分。它有限嘛，它肯定是无限的世界中的某一部分。所以在世界的概念里面呢，它已经预设了它的无限性，或者无边界性。因此，正题也好，反题也好，双方都是立足于循环论证。当然这是后人对二律背反的批判。康德自己还有他的批判，这个后面会再讲。这是第一个二律背反，属于量的二律背反，关于世界是有限还是无限的问题，它的量的大小的问题，太大或者太小的问题。那么，第二个二律背反就是质。

二、质的二律背反

质的二律背反简单来说是，质的正题：世界中一切复合物都由单纯物构成；反题：世界上没有单纯的东西，一切都是复合的。这个问题相对于我们通常所讲的世界的可分性和不可分性的问题。我们通常讲，物质的无限可分性；我们通常相信，物质是无限可分的。我们中国古代也有，“一尺之棰，日取其半，万世不竭”。“万世不竭”就是可以无限分下去，不断地越分越小。那么，分到最后，有没有一个终点呢？凡是物质都是有广延的，这个没人否认。那么，一切世界上的东西、经验的事物，都是有广延的，它们都占一定的空间，只有在空间中它才能存在。那么一切复合物它都占一定的空间。既然占有空间，那空间就可以分，至少可以把它一分两半。分到最后，是不是会发现它是由一个单纯物——一个不可分的东西构成的呢？这个就是一种观点啦。理性派认为有单纯的东西，比如说莱布尼茨就认为，世界是由单纯的单子所构成的，莱布尼茨的单子就是没有广延的，不占空间的，它是一种精神性的单子，因此它是不可分的。莱布尼茨对单子的证明非常简单，它是这样一个推论：有复合的东西，所以有单纯的东西。他说得非常简单，但是说得还是非常有道理的。为什么有复合的东西所以就有单纯的东西呢？因为从概念上来说，复合的东西就是把单纯的东西复合起来嘛，它就是把单纯的东西加起来，组合起来，那个东西是单纯的。当然你也可以说那个东西不是单纯的，还是复合的，但是你可以追下去，追到最后你会发现，肯定应该有一个东西是被复合的，你总不能说一切东西都是在复合，而没有任何单纯的东西，那最后你会追溯到什么也没有啦。最后追溯到第一次复合的时候，你把什么东西复合起来？要么你就从无里面复合起来，从无里面复合的东西只能是无，要么就有个东西，你把它复合起来，那就是单纯的东西。这是莱布尼茨的证明。所以他由此得出来，世界上一切复合物最终都由单纯物构成。这个就是质的二律背反的正题。它跟前面那个量不一样，量讲的是大小，有限还是无限，讲世界整体本身的大小；而这个地方讲质，整个世界都是由单纯物作为它终极的构成成分，世界整体都是由它的单纯物构成起来的。这也是讲世界整体，但是是从性质上面讲，它归根结底可以还原为单纯物。看起来五彩缤纷、纷繁复杂的这个世界，其实最后都可以归结为一个单纯物，归结为一种原子。但是不是德谟克利特的原子，德谟克利特的原子还占广延；而是莱布尼茨的单子，它已经不占广延了，它是真正的单纯物，只有不占广延、没有广延的东西，才是真正的单纯物，才是真正的实体，才不可毁灭。如果有广延，就可以把它分成两半，那它就毁灭了。它没有广延，你没办法毁灭它。这是正题。

反题：世界上没有单纯的东西。这是对于莱布尼茨的反驳，也就是对单纯物的反驳。它的证明也很简单。它提出，即使有单纯的实体，也要占空间。因为经验派认为没有不在空间中的事物。不在空间的事物，你怎么能够认识呢？那岂不是妖魔鬼怪了？那就是迷信了。经验派立足于实证的自然科学，认为没有任何东西是不在时空中的。你讲单子，我可以承认你有单子，比如说，你可以设想德谟克利特的原子，但是原子也要占空间啊！只不过占得很小很小，你可以说它不可再分了，但是实际上你还可以设想它是可分的，或者它是复合的。任何实体，它再单纯，也是要占时空的。不占时空的单纯物是不可认识的。自然科学的唯物主义基本上坚持这种立场，广延是物质的基本属性，任何东西都必须有广延，不占广延的那个就是幽灵，那个不属于自然科学研究的对象，而属于宗教信仰的对象，像灵魂或者上帝这类东西，它是不可认识的。所以经验派的反驳很实在，把单纯的东西否定了以后，结论自然就是：世界上没有单纯的东西，没有你所设想的那样单纯的东西、不可分的东西，一切都是复合的。即算有某种不可分的东西，也是你没有把它分开，或者你做不到，但从实际上、原则上来说，只要有广延，它都可以分。你至少可以把它所占的那个广延分成两半，把它所占的那一点空间一分为二，这总是可以的。虽然你做不到把那个原子劈成两半，但是那个空间，原则上你是可以设想，它是可以劈成两半的。这是反题的证明。这两者也是不可相容的，要么有单纯的东西，要么没有单纯的东西。不是没有单纯的东西，就是有单纯的东西，二者必居其一，这两者其中必有一真。这两个命题其中一定有一个是真的，至于哪一个，那你们去争去。这是第二个，质的二律背反。

三、关系的二律背反

关系的二律背反，主要是着眼于因果关系，而且因果关系的这个二律背反，它是最重要的，在四大二律背反中，康德最看重的是这个。为什么最看重这个？我们前面讲了，康德所要面对的是休谟的挑战，而休谟对自然科学的挑战、对形而上学的挑战，最有力的也就是对因果关系的摧毁。所以，康德曾经讲过，我的哲学的出发点，其实就是第三个二律背反，就是关于因果律和自由的问题，自由和因果关系的问题。他说这些话的时候是着眼于他整个的哲学。我们也可以说，康德的整个哲学就是要解决自由和因果必然性的关系，或者简而言之，解决自由和必然的关系。必然是自然规律，是“头上的星空”；而自由，是“心中的道德律”。康德毕生考虑的就是这两个问题。可见他整个哲学的切入点，他把它放在第三个二律背反之中，所以我们要高度重视这样一个二律背反。康德自己也是非常重视这个二律背反的。

那么，关系的二律背反的正题是：世界中除了自然因果律以外，还有自由，或者说还有自由的因果性。反题：世界上没有自由，只有自然的因果性。这个问题就很严重了，涉及有没有自由的问题。我们现在看正题。世界上除了因果律以外，还有自由的因果性。这个“因果性”，Kausalität，我们也翻译成“原因性”。它本来的意思就是原因性，“causa”就是原因嘛，Kausalität 就是原因性。翻译成原因性更好一些。我们通常喜欢翻译成“因果性”，是因为原因和结果通常是不可分的，有原因必有结果，所以我们把它翻成因果性，甚至翻成因果律。当然，一般来说是可以的，尤其是在自然科学里面，你翻译成因果性完全是正确的，因为你不可能脱离原因来设想结果，也不可能脱离结果来设想原因，它们本身互相包含。但是在涉及自由的问题的时候，这个里头就稍微有点区别，我们最好把自由的因果性呢，把它翻译成“原因性”。就是自由这个东西呢，当然它肯定也是有结果的，但是这个结果已经不属于它了，自由就是那种自发性，最初那一点“灵明”，那一点自由意志的发动。至于最后产生什么结果，这个已经是自然界的问题了，已经不是自由本身的问题了。它当然有结果，你从自然因果律的眼光来看，凡是有原因的都有结果。但是，自由的因果性呢，它主要是着眼于原因，它着眼于原因性。在凡是涉及自由的因果性的时候，我们都最好把它翻译成自由的原因性，它跟这个自然的原因性类似，都是一种事物发生、产生的原因。但在自然界，事物发生的原因一旦出现，它就进入到了一种因果链条，它就是受制约的了。而在自由的那一点上，它主要强调的是那个出发点，那种爆发性，那种自发性，它强调的是不受这种因果链条的束缚，不受结果的制约。你要把它翻译成自由的因果性，那它好像是也是受这种因果链条的束缚了，当然，你可以这样看，但是需要证明。自由的概念本身不是原因和结果的关系，而就是那个原因性，这是不一样的。所以，我们在这里把它改一下，我们后来的翻译都把它改成了自由的原因性。

那么，我们来看一看正题：世界中除了自然的因果性以外，还有自由的原因性。怎么证明这一点？也是通过归谬法。就是说，如果没有自由的原因性，一切都是自然的因果性，那么整个自然界就是一个因果链条啦。这个大家都能理解。原因和原因的原因，可以一直往上追溯，无穷无尽，就是一个无穷无尽的因果链条。但是根据莱布尼茨的充足理由律，这是不可能的。这个充足理由律很重要，我们先来介绍一下。我们知道莱布尼茨提出了两条逻辑规律，一条是矛盾律，这是形式逻辑的规律，它讨论的是必然的真理所具有的法则；另外一条是充足理由律，莱布尼茨也把它看作是一条逻辑规律，它讨论的是偶然的真理所遵守的法则。偶然的真理是什么真理？就是现实世界中的偶然的事物。偶然的事物，你只说它是偶然的，这满足不了科学，科学要追求必然性嘛。那么，对于偶然的事物，科学就要提出一个充足理由，就是偶然的事物必须要为它假定一个充足的理由，而且这种理由越充分越好。任何一个事物发生，肯定是有理由的、有原因的。但是呢，同一个事物的发生，它的原因可以是很多很多，甚至是无穷无尽的。于是莱布尼茨提出来，任何一个事物的发生都有它充足的理由。什么是充足理由？所有的理由都包括在里面，才叫做充足的理由。我们经常讲到，一个事情的发生，如果中间某一环节缺了，它就可能不发生了。有很多微妙的事情，特别是历史事件，我们经常说，如果当时这个人一念之差没有到一个地方去而是去了另外一个地方，那历史可能就要改写。就是说，我们今天看到的这个历史，它都有它充分的理由，每一个环节它都是少不了的。少了一个环节，这个历史的、展现出来的环节可能就不是这样的啦，历史的记载也就可能不是这样的啦。比如说，某某人，关键人物，得了一场大病，眼看就要死了，最后救活了，我们就可以说，他如果那一次没有救活，那历史就要改写。因为缺了他，历史的理由就不充分了。所以充足理由律还是很有用的。莱布尼茨提出充足理由律来补充矛盾律和同一律、排中律，这是非常重要的。一般形式逻辑呢，它不能解决偶然真理的问题。而有了充足理由律，它就可以用来讨论偶然真理的问题。偶然的东西也是真理，你不能认为这个东西是偶然的就把它撇开，它后面有充足的理由。但是我们人呢，由于我们人的理性有限，所以我们不能把握充足理由，我们只能把握一部分理由。只有上帝才能把握充足理由。所以充足理由律最后是通往上帝的。

那么，如果按照单纯的自然因果性，那就仅仅是一个矛盾律的问题，但是由于按照矛盾律发生作用的自然原因太多、链条太长，我们根本不可能把它们全都把握住，所以自然的因果性就会仅仅归结为一个偶然性的问题。这个事情的发生是由于那个事情，那个事情的发生又是由于先有了另外一个事情。如果是这样追溯的话，那它是无穷无尽的，而且每追溯到一步，都还不是充足理由。你可以说它是“主要的”理由，主要是因为这个东西决定了它会产生，但是主要的理由往往会由于次要的理由，甚至看起来微不足道的理由，而发挥不了作用，因为事情是偶然的嘛！哪怕你有了主要的理由，但是如果缺了一个环节，它可能就产生不了它的结果。反之，这个充足理由，如果真是充分了的话，哪怕你的主要理由看起来好像很弱，但它也可能会产生后果。比如三国的时候，吴和蜀两国联合起来对抗魏，看起来非常弱小，根本就不可能打赢的，结果居然打赢了，因为有一系列的充足理由，都是不利于曹操的，什么"借东风"啊，什么"苦肉计"啊，什么"反间计"啊，等等，创造了很多很多的理由，做了很多很多的努力，使胜利成为了现实。缺了任何一个环节都不行，你都赢不了。正因为它所有的理由都准备充分了，所以它居然就成功了。所以，充足理由律对于矛盾律，对于自然界的偶然性来说，是一个非常重要的规律，它能够把偶然的东西归结到某种必然性。

那么由此来看，整个世界，如果没有最终的这个理由，如果没有自由这个没有理由的理由，一切都是因果必然性链条，则自然界里面的一切事件都将是偶然的；如果你想达到必然性，这些理由就必须充足。但在自然界里面，你总是找不到它的充足理由，总是要追溯、追溯、再追溯，追到无穷无尽，你还是追溯不出充足的理由。人的理性不可能把握充足的理由。除非你追到世界的产生，但是什么是世界的产生的理由呢？只有一个理由，就是那个不再有理由的理由，那个第一次发动的理由。那个理由是什么呢？那就是自由，那就是自由意志。自由本身是没有理由的，凡是有理由的，那就不叫自由啦，那就是表面上的自由，实际上是不自由的，是由别的理由决定的。我们通常讲，我们人生在世，看起来是自由的，但是哪一件事情不是必然决定了的呢？这种看法非常普遍。在老百姓里面，每个人都认为，虽然自己拼命去努力，但是我们是被命运所决定了的。你命中注定你只能这样，你再怎么努力，你也达不到你的目的。你看起来好像是自由的，可以自己决定，但是你这个决定本身就是被决定了的。特别是从自然科学的角度来看，一切都在因果链条之中，没有什么自由。但是其实正是这个本身没有理由的自由，才有资格成为最终的充足理由。而如果一定要把它排除掉，那每一件事都将失去了理由，因为按照充足理由律，任何事物的存在都是由于有充足理由才存在。而如果任何事物它只有一些不全面的理由而没有充足理由的话，它就不会存在。而我们现在已经看到了，这个世界，万事万物都存在了，由此可以断定它们肯定是有充足理由才存在的。这个充足理由只有追溯到一个不再有理由的理由，一个理由的终点，才能够达到充足，比如说上帝的自由意志。上帝的自由意志没有什么解释的，比如说上帝为什么要创造这个世界，这个已经没有解释的啦。上帝是因为怎么怎么样，或者是因为他感觉到寂寞，或者因为他感觉到痛苦，所以要创造这个世界。这个诗人可以这样想，说伟大的造物主，因为感到寂寞，所以就创造了这个世界，来供自己赏心悦目，就像席勒的那首诗里面所描述的，你给他想出这个理由来，但这个理由只是诗人的想象。上帝为什么要创造这个世界，那是没有理由可说的。那就是他的自由意志，他要产生，他想要产生。不光是上帝，我们每个人也是这样，你为什么要爱我？你能说出你为什么要爱我吗？如果你能说出来，说明你已经不爱了，你是被决定了的。你之所以爱，是因为你是自发的，没有理由的，爱就是爱，这个才是真爱。你能想得出的那些理由，那都不成理由。所以真正的充足理由就是自由。如果没有自由，没有充足理由，那么整个世界都不会存在，任何一个偶然的事物都不会存在，它要存在就必须要有充足理由。光有一个理由不够，光有一串理由也不够，必须要有整个理由的系列，整个因果链条的系列，而这个因果链条的系列必须是有一个开端的，才能够成为充足的、充分的。如果没有这样一个开端的自由意志，它再没有别的理由，它就是全部理由，那这个序列终究是不完全的，你追溯不到完整的系列。而如果它真的是不完全的，那这个事就不可能存在。就像失去了一个环节，比如失去了“借东风”，那你要打败曹操是不可能的，掉了一个环节都是不可能的。但是现在它已经不是可能不可能的问题了，它已经现实存在了，这恰好反过来说明，有一个自由意志，恰好说明这个充足理由的链条是完备的，而完备的就意味着它必须有一个无条件的最高条件，那就是自由意志。这是正题的一个证明。通过充足理由律来证明，如果没有自由，那么充足理由律就不充足，充足理由律不充足，那任何事物都不可能存在。充足理由律本来就是说，任何事物，它的存在都有它充足的理由。如果不充足的话，它就不可能存在。但是这样一种证明呢，实际上也是一种反证法，就是说假设不存在自由的话，那么这个世界就不会存在了；而世界已经存在着，这就说明那种假设破产了。

但是反题是：世界上没有自由，只有因果性。它也是通过反证法，就是说，假如有自由的话，那又会带来另一方面的问题啦。如果我们设想这个世界上有自由的话，因果律将会被破坏，随时可能被自由所破坏，因为自由是没有原因的。如果你设想这个世界上有自由，随时可以破坏因果律，那么我就可以随心所欲地创造历史，我可以创造规律，那这个世界就是一个无规律的世界。因为你可以创造规律，他也可以创造规律，你和他的主观意图不可能完全一致，甚至可能完全相反、相冲突，那这个世界究竟会按照谁的意图来发展就没有一定了，实际上是谁也无法创造规律。你所认为的规律会随时遭到破坏，那还成什么规律？一个无规律的世界又如何能够把握呢？而且，即使你提出的规律得到了实现，那也不是你的功劳，只不过是你的规律恰好与客观规律吻合了而已，这个不能类推到其他人身上。所以你所自认为的自由也只不过是你的心理学的自由，而不是客观上的自由。你心理上感到自由，这个不足为奇，人总是会有各种奇思怪想的，那个可以交给心理学去研究，研究你的自由感是如何产生的，是在你的大脑的哪一个部分刺激产生的。我们今天的实验心理学可以做到这一步，你不愉快了，我对你大脑的哪一个部分进行电刺激，于是就让你快活起来了，你又觉得自己很自由了，又觉得自己可以为所欲为了；或者说，哪怕是吸食大麻，吸毒，你都会觉得自己很自由了。如果是这样的话，那只是一种心理学的自由，你实际上已经陷入到因果必然性里面了，只是你不自觉罢了。你要说世界上有自由，那顶多是这样一种自由，它还是可以还原为因果必然性。要么就完全是偶然性，受盲目的命运支配，这也不是真正的自由。这是反题的证明，就是如果你认为世界上有自由，那不得了，整个世界都将没有规律性了，我们一切对世界的认识和把握都将会是白费力气。而正题就是说，如果世界上没有自由，那也不得了，整个世界都要毁灭了——整个世界就没有充足理由了。没有充足理由岂不就塌陷了吗，所以必须设立一个自由。但是一旦设定自由，又会带来麻烦，这是他们双方的证明。

由此可见，自由是自然的因果律本身要设定的一个前提，如果你只有因果律的话，这个世界是成立不了的。因为根据充足理由律，因果链条必须要完备；而因果链条本身是不能够达到完备的，它只能够无穷追溯，所以必须要设定一个因果链条的第一项，那就是无条件者。而一切有条件者的最终条件，无条件的条件，那就是自由。唯有自由才是无条件者，当然这实际上已经涉及上帝了，但是康德在这里没有提到上帝，他只是说到第一推动者。第一推动者必须设定为自由的，它是没有理由的，没有理由才能是充足理由，绝对的理由。这一点一旦成立，那就意味着成立了这样一条法则，就是说因果链条可以由、而且必须由一个自由的原因性开始，比如说我们的世界整体的因果链条，就是由一个自由的原因性开启的。这样一个命题一旦被承认，那随之而来的就会有另外一方面的承认，就是说既然某一个因果链条，它可以由第一项开始，——这个讲的当然是世界整体的因果链条，——我们也就同时可以承认，即使是在世界之中的某一件事情的因果链条，我们也可以设定它是由自由开启的。因为这是一条普遍的法则：一切因果链条都必须要由一个自由的原因开始，这样一条法则一旦设立起来，那它就能够应用在我们现实中的每一个因果链条。现实生活中我们看到很多因果链条，我们来不及去追溯它的全部，但是我们对每一个因果链条可以同样设定，有一种自由的原因性，是这个因果链条得以开始的充足理由。康德举了一个例子，比如说，我现在从椅子上站起来，我本来是坐着的，我本来可以不站起来，但是我现在站起来了。如果我不站起来，那一切就是因果链条，因果链条使我坐在那里；但是我现在站起来，运用我的肌肉，运用我的能量，而更重要的是运用我的自由意志，我现在想站起来、我想出去，等等。所以我的行动可以引起一系列的因果链条的后果，这个后果在我没有站起来之前，它完全可以是不发生的，我可以坐着嘛，我可以一直等到下课嘛，可是我在课堂上就这样站起来了，那么这会带来一系列的后果。我们可以把这些后果看成由这个站起来所导致的，而且它的充足理由就在这里。我们现在说当初那个人，如果不做那件事情的话，那一切就大不一样了。但是他做了，那么我们就把后边发生的所有的事情都归咎于他，或者归功于他，就是因为他当初做了那件事情，所以要归责任就要归结到他的自由意志。

所以这里就有了两个层次的自由，一个是上帝，在宇宙的开端它有自由，这是由充足理由律所要求的。光是自然的因果律是不足以解释这个世界的，必须要引进充足理由律，那就要引进自由。但是一旦引进了自由，那就不止是在宇宙的开端了，在现实生活中的每一个因果链条中，我们都可以设定一个个人的自由意志，来解释因果链条的充足理由。所以个人的自由和上帝的自由在第三个二律背反中已经提出来啦。基督教认为个人自由是上帝自由的一种模仿，通常按照基督教来说是这样的：个人本来是不自由的，但是由于服从上帝，所以个人也有了一定的自由意志，既然上帝有自由意志，那人在一定的程度上也有自由意志。这是宗教的说法。在康德那里是：既然你可以设立一个上帝的自由意志、一个整个宇宙的自由意志作为它的开端，那你也就可以在这个世界的因果链条中，任意设定一个人的自由意志作为这个因果链条的开端。但是有一点，上帝的自由意志的开端本身是超经验的，它只是原因性，而不进入到因果链条之中。同样，人的这样一种自由意志也不进入到这个因果链条之中，它引起这个链条，但它本身不进入到这个因果链条之中。如果它进入到这个因果链条之中，那它就成这个因果链条了，就成了因果必然性了，那它就不是自由了。比如我们要分析这个人为什么要站起来，是因为他脑子里面发生了一种什么样的改变，他的脑电波，他的血压发生什么改变，那他从椅子上站起来就不是自由的了，而是被迫的了。之所以设定他是自由的，那是在因果链条之外，或者在因果链条底下，属于物自体的问题，所以这个自由你要设定是可以的，但是它是一个理念，是一个先验的理念，它不是一个具体的认识的对象，它是认识之所以可能的条件。我们要认识这个世界，没有自由，单凭因果律我们解释不了，所以我们要设定一个先验自由的理念，要对我们这个因果链条的宇宙的认识进行一种范导，或者说进行一种调节，这些理念可以进行一种范导性的运用，以便这个世界能够理解。所以自由的理念是这样产生出来的，最初是为了在理论理性里面，我们能够理解这个世界之所以产生的原因，整个世界的因果链条根据充足理由律，之所以能够产生出偶然的事物，每一个偶然的事物之所以产生的条件，都必须设定自由的理念。但这个自由的理念本身是不可认识的，它不是知识，它只是知识的一种引导。那么从上帝的自由和个人的自由我们就过渡到最后一个二律背反，就是关于必然性。第四个二律背反讲的是有没有绝对必然性。

四、模态的二律背反

我们前面讲到了模态范畴有三对：可能性和不可能性，现实性和非现实性，偶然性和必然性。在这里主要是讲必然性。第四个二律背反的正题讲到，在世界之内有某种绝对必然的存在者。大家注意，是“在世界之内”，有某种绝对必然的存在者。根据宇宙整体、世界整体的观点，我们观察整个宇宙，可以看到万事万物，五花八门，好像都是偶然的。偶然的意思就是说它的反面也是可能的，比如说这个事情发生了，但是它不发生也是可能的，这就是偶然。凡是它的反面是可能的，它的不发生是可能的，这样的事情都是偶然的事情。我们所看到的经验世界都是偶然的，所以它是偶然真理嘛。莱布尼茨讲充足理由律，就是要对付这些偶然真理。偶然之中有必然，偶然之中如何才能有必然呢？必须要给予它充足理由，那它就必然了，那偶然性就变成了你的主观判断了。你觉得它不发生也是可能的，但是如果你把握到了充足理由你就会发现，它不发生是不可能的，它必然要这样发生。我们经常也讲，这个历史有它的必然性。我们有时候也非常疑惑，辛亥革命是必然的吗？它有很多偶然的因素，说它是必然的只是我们对历史的一种假设。如果你基本把握了绝大部分的偶然因素，那么基本上你也就可以断言它是必然的了。但是不是绝对必然的呢？没有人敢这样断言，因为你不是上帝。如果你是上帝，你可以断言这个事情是绝对必然的，因为上帝把握了一切偶然性。但是理性派就是自居为上帝了，理性派认为在世界之内有某种绝对必然的存在者，当然理性派也认为，我们人类也许不能够把握到它；但是我们相信，有一个上帝，一切都在他的掌控之中，没有上帝，连一根头发都不会从头上掉下来。这是莱布尼茨的一个观点，所谓的宿命论，就是一切都是命运决定的，所以世界之内有某种绝对必然的存在者。但是上帝是在世界之外，他这里讲的呢是在世界之内，还没有引出上帝，还是从充足理由律本身来论证这件事情。所以这里讲的和后面对上帝存在的证明还不是一回事，要注意区别开来。

那么我们运用反证法，也就是归谬法——假设没有一个绝对必然的存在者，那世界会怎么样呢？则充足理由律就不再充足了。那将导致什么结果呢？那将导致没有一件事情会发生，我们讲了充足理由律如果不充足的话，那这个事情是不会发生的。这个事情之所以发生了，就是因为有充足的理由给它提供了。而现在确实有某物发生了，至少我自己是发生了的，“我思”是已经发生了的，这就证明的确有个绝对必然的存在者，它使得“我思”发生，否则“我思”是没法解释的。但是这个时候理性派还是反驳在世界之外的那个绝对必然的存在者，认为那个是不存在的，他们讲的是世界之内。所以，这里讲的是类似斯宾诺莎的那种“自因”的说法。斯宾诺莎讲，世界自己是自己的原因，所谓自然界，就是自己是自己的原因。自因是绝对必然的，它再不受别的原因支配，它只可能是这样，而不可能是别样了，因为再没有别的东西来支配它了。所以它只能是这个样子，我们的世界就是这个样子。莱布尼茨也讲过，我们的世界是一切可能世界中的“最好的世界”，或者说是最具有充足理由的世界。但是他最后是归结为上帝的选择。我们这里先不谈上帝的选择，先谈在世界之内。因为我们这里谈的还是先验的宇宙论，而不是先验神学。世界上一定有某种绝对必然的存在者，或者作为其中的一项，其中的一项就是第一推动；或者作为全体，那就是斯宾诺莎的自因。斯宾诺莎的自因，是就整体来谈的，整个宇宙自己是自己的原因。这是理性派的证明。

经验派的反题：世界之内和世界之外都没有绝对必然的存在者。当然，世界之外它并不是反驳正题的，因为正题其实也在否认世界之外有绝对必然的存在者，它谈的只是世界之内。也就是说，正题和反题都不承认在世界之外有绝对必然的存在者，他们都是在世界之内谈问题。但是，他们的观点有分歧。反题的反驳是这样的，如果在世界之内有绝对必然的存在者的话，那么这个绝对的必然的存在者，在世界之中是不可能有的，它只可能存在于世界之外，因为我们通过经验所接受的在世界之内的事情都是偶然的，都是可以发生也可以不发生的。凡是经验接触到的东西，都可以不这样而那样，如果有另一个理由可以使它不这样，那它就不这样了。因为经验都是有条件的，条件一旦丧失或者不充分，它就不会发生，或者它即使发生，一定不会这么发生，可能是另外一个样子发生，这是我们在经验中到处可以看到的。所以在经验中我们不可能看到绝对必然的存在者，你凭什么设定它？你要设定可以，那就要设定在经验之外。至于像斯宾诺莎所说的那样的世界整体，你说它是必然要那样，那我也可以说它是偶然的。因为既然世界整体所包含的所有的内容都是偶然的，那偶然的总和岂不还是偶然的吗？偶然的总和怎么就变成必然了呢？所以偶然的总和，不可能变成是必然的，偶然性加偶然性还是偶然性；你一定要加上一个必然性，你就一定要推出世界之外，那就要推出一个上帝。那么经验派是反对推出一个上帝的，理性派的斯宾诺莎也反对推出一个世界之外的上帝——斯宾诺莎的上帝就是世界本身，不在世界之外。所以他们都反对那种在世界之外的绝对必然的存在者；但是理性派认为在世界之内有绝对必然的存在者，而经验派认为没有。这是模态范畴。模态范畴是最后一个二律背反，它已经开始向下一个环节，也就是关于上帝存在的证明这个环节过渡了，但是它还忍着，没有过渡。就是说双方都反对用一个世界之外的上帝来证明世界之内的绝对必然性。在当时，你如果要这样做的话，那是很不光彩的，人家会说你引进了一个“救急神”。所谓“救急神”，就是舞台上从上面利用机械装置降一个神下来，凡是在矛盾闹得不可开交的时候，经常就是从舞台上面掉下一个神来，解决了一切矛盾。这在当时的形而上学的争论中是很不光彩的，说明你的理论失败了。不管是理性派还是经验派，都回避这个世界之外的神的问题，但是这恰好就影射出有一种不得已。不管是经验派还是理性派，要证明宇宙中的绝对必然的存在者，就要推到一个世界之外的东西，否则双方都不能成立。我们下面看看四个二律背反是怎么解决的。

五、四个二律背反的解决

康德的解决很麻烦，他的程序很多，为了便于明了，我们把它简化。总的来说，他的办法就是区分现象和物自体，这是最根本的一个解决的办法。只要把现象和物自体区分开来，我们就可以看到，前两个二律背反不是矛盾命题，那是什么呢？是对立的命题。矛盾命题和对立命题是不一样的，矛盾命题其中必有一真，不可能两个都是假的，而对立的命题可能两个都是假的。他举了一个例子，就是一个东西要么气味好，要么气味不好，这看起来好像是一个矛盾命题，但是它没有考虑到第三种情况，就是有个东西根本就没有气味。所以它们不是非此即彼的。前两个二律背反就是这种情况，世界是有限的还是无限的，或者世界是可分的还是不可分的，就属于这种情况。双方在这两种情况下可能都是假的。假的原因就是没有区分现象和自在之物。所以康德认为第一个二律背反应该被表述为，世界既不是有限的，也不是无限的，它只是“未限定”的。有限的和无限的双方并不是矛盾的，它只是未限定的。未限定的可以是无限的也可以是有限的。第二个二律背反被表述为：世界既不是单纯的也不是复合的，而是无限可分的。这个无限可分和我们所理解的无限可分还不一样，并不是断言它是无限可分的，只是从可能性上说它可以无限地分下去。如果断言它是无限可分的，那就是一个绝对的量了，好像我们数学里面讲的“极限”的概念了。康德那个时代极限的概念还不成熟，他还没有达到后来的数学里面的极限概念，他就是说可以无限地分下去的。这样一来第二个二律背反也解决了。它们不是真正的冲突，只是表面上的冲突。表面上冲突的原因就在于它们没有设想到第三种可能性，它们把这两种情况当成是绝对的情况，当成是对物自体的一种理解了；但是如果从物自体的方面来理解的话，就有可能有第三种选择。一个是未限定的，不管你说有限的还是无限的，对物自体来说都是未限定的。那么可分的和不可分的，复合的和单纯的也是这样，它们都不是对物自体来说的，就物自体而言它是无限可分的。你可以分，但是你永远也分不到头，你也永远达不到物自体。这是前面两个二律背反，如果你把现象和物自体区分开，你就可以解决它们的矛盾冲突。

后面两个二律背反也是这样，但是有一点不同，就是正反双方可能同时都是真的。前两个二律背反都是假的，而后面两个二律背反，一旦你把现象和物自体区分开来，它们可以同真。但是，同真是在不同的意义上来讲的，一个是在现象的意义上来讲的，一个是在物自体的意义上讲的。比如自由和自然因果律，自由和自然因果律可以并行不悖。在现象界，你可以放心地去使用你的因果律，可以不断地去追溯因果链条，这个没关系；但是一旦人家问到充足理由的时候，你就要把它归入到物自体。就自在之物而言世界上是有自由的，这个没有关系，它不影响因果律，因为它不在时间和空间之中。这样一种自由的原因性是可以承认的，只要它不在时间和空间之中，所以这两者可以并行不悖。自由可以当作一种先验的设定，当然你不能证明它的存在，但是你也不能否认它，说它不存在。因为，你凭什么否认它？我设立了一个自由的理念，我说我不是在现象中设定的，而是在自在之物中设定的，那你就拿我没有办法了。既然不是在现象中设定的，而是在自在之物中设定的，你可以说我没有经验的根据，但是你也没有经验的根据来否定它。既然你既不能肯定它，也不能否定它，那么我为了理论上的完备性，我就可以设定它，即为了使充足理由律有一个最终的充足理由的根据，有一个无条件的条件——最高条件，那我就可以设定它，但是这个设定不干预经验的事物，在具体经验领域中你可以不考虑它。所以这两者可以都是对的，只要你把现象和自在之物区分开来，两者就可以分配到不同的领域，各自发挥自己的作用。因为这个自由一旦设定，就不光是设定的，而且是很有用的。先验的自由为了使自然界中的事物能够得到最终的解释，我必须要设定它，这本来是属于理论上的一个必要，一种范导性的要求，但是一旦这个范导性的要求设立起来，我就为自由的理念的另外一种运用打下了基础。这另外一种应用就是在实践上，在道德上，就是我们可以认为在实践的层面上，人是有自由的。虽然我们不能对自由从自然科学的方面加以规定，但是我们必须承认它。最开始是从充足理由律的角度必须承认它，但是一旦承认，我们在实践的领域里面就不得不把它当成一个预设，我们的一切实践行为都是出于自由，有自由就有道德责任，也就有道德律，道德律无非就是自由的自律——自由意志的规律，那么整个道德，包括宗教信仰都可以建立起来了，理论理性上的自由理念的预设就变成了实践的自由了。所以这是非常有意义的。康德甚至说，自由理念的设立成了整个纯粹理性体系的“拱心石”，后来的《实践理性批判》就是以此为前提的。

第四个二律背反也是这样，就是我们可以设定世界的必然存在者，但是由于没有区分开现象和物自体，我们把现象界的东西当成是自在之物的东西，或者反过来，我们把自在之物里面应该有的东西当成是现象界的东西，所以我们导致了二律背反。但是只要我们意识到这一点，有一个现象和自在之物的区分，那么我们就发现，我们就必须设定，在世界之外有一个必然的存在者。否则的话，即算你讲自然界是“自因”，那你也抵抗不了经验派的反驳，经验派会说，一切偶然的综合依然是偶然的，你那个自因，你说是必然的，人家也可以说是偶然的，绝对的必然性本身就是偶然性。它为什么恰好就是这样？为什么不能是那样？只有在世界之外设定一个——比如说上帝，那么我们才能够真正地把绝对必然的存在设定起来。所以绝对必然的存在者是可以设定的，但是必须设定在世界之外。而在世界之内，我也可以承认没有绝对必然的存在者，一切都是偶然的，那也是可以的。所以经过一番改造之后，我们可以把正题和反题双方的合理之处，都看作是真的，双方讲的都有道理。

但是一个在世界之外，一个在世界之内，一个是在物自体。一个是在现象界，所以由此就把上帝存在的宇宙论的证明逼出来了。这是下一讲要讲的内容，就是关于上帝存在，关于先验神学的证明，里面有个很重要的证明就是宇宙论的证明。我们要注意，对上帝存在的宇宙论证明，和对宇宙论的二律背反的批判是两个不同的层次，虽然在第四个二律背反中已经触及到了对上帝存在的宇宙论的证明，但它是一个过渡。因为宇宙论的证明和宇宙论的二律背反的含义还是不一样的，第四个二律背反里面讲的是宇宙中的必然的存在者，整个宇宙之内、世界之内绝对必然的存在者；而宇宙论的证明是证明在整个宇宙之外，有一个上帝，作为绝对必然的存在者。而且宇宙论的证明最终要归结为本体论的证明，它的实质还是本体论的，而不是宇宙论的。真正的宇宙论的证明就要限定它在宇宙之内，而不是在宇宙之外，这个是有点区别的。

总而言之，第四个二律背反为道德和宗教留下了地盘。我们也可以说，前两个二律背反对科学做了一个范导，世界是未限定的，就是鼓励你、引导你去限定它，世界是无限可分的，就是引导你去不断地划分它。也就是说，它设立一个理念在那里，让你不断地去追求。而后面两个二律背反实际上涉及了人的道德，涉及了实践的领域、彼岸的领域。

康德的二律背反学说，历来被看作康德哲学里面最具有启发意义的。对于后来的辩证法、矛盾学说，特别是对黑格尔的逻辑学、辩证法很有启发。但是黑格尔对它也有很多的批判，比如对他的反证法、归谬法这样一套方法的批判。黑格尔认为这样一套完全是多余的，你就说世界整体的概念是自相矛盾的东西，本身包含内在矛盾，这种内在矛盾推动着我们走向不同的极端，就行了。那整个体系就活起来了，整个二律背反成了一个体系，黑格尔的辩证法就是在表演整个体系通过内在矛盾自我演进的过程，那就是非常纯正的辩证法了，但是在康德这里，这一点还没有被意识到，还搞得非常的夹生，这都是后来的一些批判。

第十三讲　对先验神学的批判

一、纯粹理性的理想

这一讲开始讲先验辩证论的第三个主要部分，也就是对上帝存在的各种证明的批判。上一讲讲了，以往的形而上学有三个部分，理性的心理学，理性的宇宙论，还有理性的神学。我们已经讲了前两个部分，那么最后一个部分就是理性的神学，也就是先验的神学，通过理性的理念把上帝先验地推论出来。虽然有时也利用所谓经验的证据，但实际上还是先验的推论，因为如果没有理念的推论，这种证明是做不到的，因为上帝是一个超经验的东西，想通过经验的东西证明上帝是做不到的。只有通过逻辑，通过理性的推理，从我们看到的东西推出看不到的东西，而这就是一种超越，一种先验神学的推论。那么先验神学涉及的是先验的理念。前面讲过，理念是 Idee，这个词是从柏拉图的 idea 来的。但是在神学里的理念有和以前不一样的地方。灵魂也好，宇宙整体也好，它们都是理念；但是上帝呢，不仅是理念，而且是理想，Ideal。理想和理念有一定的渊源，但是它们有什么区别呢？理想也是理念，也是我们凭借我们的纯粹理性想出来的；但是理念具有的是普遍性，而理想则具有个别性，它是一个个别的理念。康德举例子说，“人”是一个普遍概念，但“理想的人”则是一个个体，这个理想的人具有人的所有的优点，他是所有人的模范。这就是一般的概念和理想的概念所具有的区别。要树立一个楷模和典型，这就是理想，它是普遍和个别的统一，类似于艺术中的“典型”。当然在《纯粹理性批判》里，康德认为艺术的理想还不是真正的理想，只有纯粹理性的、先验的理想才是真正的理想，至于感性的理想还不能在严格的意义上称为理想。在第三批判里，康德谈到艺术和审美时提出了感性的理想，比如一个完美的人，绝对美的人。而在《纯粹理性批判》里，他对感性是寸步不让的，你心里认为是完美的东西，并不一定就是理想，只有通过纯粹理性设想的东西才是真正的理想，那是客观的。

如果给理想做一个更具体的规定，也就是说，如果一个对象能够得到完全的规定，那就是这类对象的理想。比如理想的人，他集中了人身上一切好的东西，那么对“人”这样一个概念，我们就对它做了完全的规定。当然现实的人具有缺点，人无完人，但理想的人是没有任何缺点的。我们再对“完全规定”推敲一下，我们通常说一个被完全规定的概念，那就是通过形式逻辑的矛盾律来规定，让概念变得清晰，不能将互相冲突的东西放入一个概念里面。但现在讲的是规定一个对象，对象就不能用形式逻辑来规定，形式逻辑是通过矛盾律来规定概念的，而规定对象就不能通过矛盾律。我们前面提到，莱布尼茨提出充足理由律和矛盾律两大规律。充足理由律是用于规定偶然真理的，也就是规定对象的真理的，即一切事实都有它的充足理由。而矛盾律呢，是规定概念的，一切概念都是合乎逻辑的。而理想是规定对象而不是概念，所以它要用充足理由律来规定。一个对象要是理想，你就必须找出它的充足理由；而一个东西要具有充足理由，我们在第三个二律背反中已经讲过，你就必须把它所有的可能条件都找出来，从有条件的东西追溯到使之可能的条件，最后追溯到无条件的东西。在第三个二律背反中，它追溯到自由，在第四个里，它追溯到绝对必然的存在者。而这样一个充足理由，它的特点就是内部的内容都是互相协调的，有必然的联系。比如因果链条，一环套一环，每一环之间都有必然的联系，但整个链条又是偶然的。比如自由意志，它超出因果律之上，但自由意志为何选择了这样一个因果链条，而不选择另一个因果链条？我可以选择从椅子上占起来，也可以选择不站起来，这两种可能性它们各选择了一条因果链。上帝创造世界也是这样，他可以创造这样一个世界，也可以创造那样的世界。莱布尼茨就是这样说的，上帝凭借他的自由意志，在所有可能的世界中选择了这样一个世界。他有什么理由？你说他有充足理由，他又是根据什么来选择的呢？莱布尼茨就这样解释，上帝在所有可能的世界中选择了一个"最好的"世界。什么叫"最好的"？就是最和谐的、最协调的。所有事物在这个世界里相处得最为和谐。所以这个充足理由呢，最后要追溯到"最好的"。作为存在的东西，最好的就是最能体现出存在的。所以莱布尼茨就把上帝理解为最高的实在性，最实在者。基督教也是这样讲的，上帝是存在，一切实在的东西都在上帝之中，一切缺乏的东西都不是上帝。恶是一种缺乏，是善的缺乏，所以那不能归罪于上帝。所以上帝在一切谓词里面，选择了最能体现出存在的谓词。一切谓词中，凡是存在的都属于上帝，凡是不存在的都被上帝抛弃了。那么这样一个上帝，他就是最高实在的存在者，他包含了一切存在，凡存在者都在他那里。所以你要讲理想，现实世界的理想，不是每个人和动物的理想，而是先验的理想，那就是上帝，是世界最终的理由，他才是真正的理想。上帝是一切实在性谓词的总和，一切存在的总和就是上帝。也可以说，只有上帝才是先验的理想。这是康德对于理想和一般的理念所做的区分。真正的理想就是上帝。当然我们可以说有艺术的理想、有理想的人、有理想的马，但只有上帝是真正的理想。

上帝是先验的理想，是我们通过纯粹理性设想出来的理念。因此，康德这里借用的是思辨理性，是从概念到概念的理性。那么，思辨理性提出了一个理想的概念，可是，如何证明它呢？你说你有一个上帝的概念在头脑里，但一般人都会问，这个世界到底有没有上帝？既然你是通过纯粹思辨理性提出来的，那么纯粹思辨理性就有义务对你提出的这个理想加以证明。所以历来的形而上学、先验神学，他们致力于对上帝存在的证明，做了很多的工作。从古希腊到中世纪的神学家，以及近代笛卡尔、莱布尼茨这些人，他们都做了很多的工作。所有的这些证明，在康德这里做了一个归纳，他归纳出逻辑上只可能有三种证明，所有以往的证明都可以被纳入这三种证明之下。康德做的这种清理工作是很重要的，以往对上帝的证明，有理性的，也有非理性的，非理性的启示啊，灵感啊，那些就不讨论了，康德讨论的是理性的证明。

而思辨理性的证明，只能有三种。首先，是从眼前的经验出发，对于上帝存在做出证明；其次，从可能的经验出发，我眼前没看到，但我从可能的经验出发进行类比，也可以对上帝存在做出证明，这都是通过经验，眼前的经验和可能的经验；第三种呢，就不是经验的了，是从概念出发，从概念出发也可以做出证明。这三种证明已经囊括了一切。从眼前的经验出发，那就是古希腊的苏格拉底和柏拉图以来，他们都是就自然界所呈现的一切来证明上帝的存在，这是最通俗的。直到今天，神学家在布道的时候也要用它，让大家看看世界，看看天，看看地，我们就可以由此通过某种推理推出上帝的存在。第二种通过可能的经验，我们先不管眼前有什么样的经验，我可以设想，只要有一个经验的对象，那么它的条件是什么，按照可能经验的条件它会是什么样。这样，只要有任何一个经验对象，不管是什么，我都可以由此推出上帝的存在。从可能经验出发的历史上也有过，比如中世纪的托马斯就是这样证明的。最后就是通过概念，这个从中世纪的安瑟伦开始就有了。从概念出发呢，就是从上帝的概念推出他的必然存在，这不需要有经验的东西，只需要逻辑。既然我有一个上帝的概念，那么如果他不存在，那是不可能的，因为凡是自相矛盾的都是不可能的，而上帝如果不存在那就是自相矛盾了，因为上帝的概念就是指最高的存在。

这三种证明有内在的联系，它们总结了以往一切证明的各种形式。所以在先验神学的领域里，康德算是一个里程碑，做出了开拓性的贡献。他提出一切证明只能有这三种，为什么只有这三种？他也是通过逻辑来说的。从眼前的经验出发就是从现实性出发，从可能的经验出发就是从可能性出发，从概念出发就是从必然性出发。除了现实性、可能性、必然性这三个模态范畴之外，你还能找到第四个么？肯定找不到了。所以在逻辑上已经穷尽了，所有对上帝的证明只能有这三种。那么用他的话来说，最高实在的存在者，也就是上帝的理想，通过三种方式，依次被实在化、实体化、人格化。[1] 实在化就是客观化，就是上帝存在的本体论证明，将上帝的概念，一个抽象的概念，

1 参看《纯粹理性批判》A583=B611，注释 1。

变成客观的东西，这就是实在化。实体化就是从宇宙论证明、充足理由律的证明，把上帝变成一个跟经验有关的最高实体。人格化就是当我们面对自然界的时候，有一个人格神，或者有一个自然界的目的，我们在认识自然界的时候，无形中感到有一种目的在操纵自然，这是最古老的。以上就是对于纯粹理性的理想、也就是上帝的概念分析，以及对他的证明，康德所作出的归纳。那么，下面呢，他就要对这三种证明依次作出批判。他认为这个批判应该从上至下，就是从概念的证明出发，再下降到可能的经验，最后下降到我们眼前的经验。所以，首先批判对上帝的本体论证明，再批判宇宙论证明，最后批判对上帝存在的自然神学证明。

二、对本体论证明的批判

我们先来看看他的第一步，本体论证明。本体论的，ontologisch，我们翻译成本体论，其实它的意思是存在论，Ontologie。这个翻译它是约定俗成的，我们没有把它改过来，但严格说应该是“存在论证明”。我们通过上帝的一个谓词，上帝是存在的，有上帝，于是就推出上帝的现实存在、客观存在。就是说，我们有一个上帝的概念，这个概念是无所不包的，它肯定也包括存在，所以上帝必定存在。对上帝的这种本体论证明，最早起源于中世纪的安瑟伦，这是一个经院派的神学家，一个理性主义者，一个“唯实论”者，唯实论就是相信概念、共相具有实在性，他从柏拉图的理念论出发，从概念里推出实在。他相信形式逻辑，凡是矛盾的都是不可能的，他就从这样一个原则出发，认为既然我们心中有一个上帝的概念，这个概念是全在的概念，全知，全能，全在，是一个最完满的概念，一个大全的概念，它就必定包含存在于自身。但是如果我们说，“上帝不存在”，这个命题就是自相矛盾的。上帝怎么可能不存在？上帝本来就是一个完满的概念，你说上帝不存在，这种说法就和上帝本身的概念相冲突了。那么，安瑟伦就认为，从上帝的概念本身我就可以推出上帝的存在，而别的概念不行。有人反驳他，说我可以设想一个美丽的岛屿，但这个岛屿并不因为我想到它多么美丽，它就存在。安瑟伦说这是两码事，美丽的岛屿可以不存在，但上帝不行。任何岛屿的完美性都是相对的，而上帝的完满是绝对的。所以你绝对不可能说上帝不存在，由此就反推出上帝必然存在。那么这个证明在笛卡尔这里也是类似的，但比安瑟伦更精致一点，他是从“我思故我在”推出上帝的存在。我思故我在，这个“我在”并非一个完满的概念，因为我是通过我思、我怀疑才确定了我在，我曾经对我的经验作出了那么多的怀疑，这种怀疑和动摇的东西怎么可能是完满的呢？所以“我在”并不完满。而不完满的东西是不可能包含更完满的东西的。那么“上帝”这样一个最完满的概念又是如何能够来到我这个不完满的“我”心中来的呢？必然有一个最完满的存在把这个概念放在了我心中，否则我是不可能有上帝这个概念的。所以，既然我有这个概念，那一定是上帝、并且只有上帝本身才能把上帝这个概念放在我心中，由此证明了上帝是存在的，不可能不存在。笛卡尔这个也是本体论的证明，但是更精致一些。

那么本体论的证明，在康德看来，有非常明显的缺陷。当然也有人一直在批判笛卡尔，安瑟伦的证明也遇到了很多反驳，但人们始终没有把它驳倒。因为如果你跟他讲道理的话，你就需要逻辑，运用逻辑你就会陷入他的圈套；除非你换一个角度，把逻辑看成是非常有限的东西。那么康德呢，就是从这样一个角度指出，这样的本体论证明已经预设了一个前提，就是上帝的概念，确立了上帝作为一个必然存在者的概念。但这个概念的存在恰好是偶然的，我心中有一个上帝的概念，并不见得每一个人心中都有，笛卡尔和安瑟伦可以这样说，但是非洲的那些土著部落，他们就不见得有你这样的概念。他们的上帝可能就是一棵树，印度人的上帝就是一只牛、一只猴子。所以西方人的头脑里面，基督徒的头脑里面，也许已经有了一个上帝的概念，那是由于你的一种偶然的情况。你从上帝的概念里推出上帝的存在，好像是理所当然的，好像是逻辑上无可非议的。但你为什么能具有这样一个概念呢？这个就是值得怀疑、值得推敲的。当然这不是康德的例子，而是洛克那些人反对本体论证明所举的例子，但康德也有这样的意思。他举的例子是，比如三角形有三个角，这是必然的，合乎逻辑的。但是有没有三角形？如果一个人根本不承认有三角形，那么他说“三角形没有三个角”就不是自相矛盾的。既没有三角形，也就没有三个角，那么他这句话就并不自相矛盾。同样，如果我说没有上帝，所以上帝也不存在，那么这也不自相矛盾，这是一种可能的反驳。

当然这种反驳是比较表面的，有人可能说三角形和上帝还不是一回事，三角形可以不存在，但上帝本来就是一切存在的存在，在逻辑上它的层次更高，它本身就是最实在的存在者，所以应该是必然存在的。康德在这样一个层面上同样进行了反驳和批判。他问道，“最实在的东西存在”这样一个命题，究竟是一个分析命题呢，还是一个综合命题呢？如果是分析命题的话，它就是同义反复，没有意义。如果“存在”这个概念已经包含在“上帝”概念里面，那么这就是一个分析命题。分析命题是得不出新知识来的，只是同义反复。而如果是综合命题呢，它就会自相矛盾，那就是犯了逻辑错误。就是说，如果最实在的东西存在是一个综合命题，那这就有问题了，就是存在这个概念究竟是逻辑谓词呢，还是实在的谓词呢？存在，Sein，或者 on。我们有的时候把它翻译成“是”，那就是一个系词。在系词的意义上，你说“上帝是”，那么人家就会追问，“上帝是什么？”因为你的话没有说完。如果你说“上帝存在”，或者“有一个上帝”，也就是如果你把这个 Sein 或者 ist 理解为一个实在的谓词，表述为“上帝是存在的”，如果你这样理解的话，你就必须要确定他存在于何时何地。可见这两个概念是不一样的，“上帝是”和“上帝存在”，一个是作为系词，一个是作为实在的谓词来理解这个 Sein，是大不一样的。所以康德指出，“在上帝存在”这样一个命题里，“存在”不能作为实在的谓词用。为什么？因为它不能指出在何时、在何处，它本身就是超经验的命题，你想在一切经验之上，仅仅从上帝的概念里推出它的实在，你不能给出时间和空间，又怎么可能推得出来呢？所以存在是不可能当做实在的谓词的，这是一种误用。或者说，你借用 ist 这个词的双重含义混淆了概念。这就是这个命题的逻辑错误，就是你到底把存在看作系词还是存在的谓词，这是有歧义的。单独来看，这样一个 ist 它是不可能做实在的谓词的，它必须要加上时间和空间，存在于何时何地，才能描述实在的事物。单独一个 ist 是不能做实在的谓词的，它就是形式逻辑的系词。形式逻辑的系词它本身是没有实在的含义的。"上帝是"，只有在后面联系上宾词才能有意义。康德举了一个非常通俗的例子，他说，一百元的概念和现实口袋里的一百元都是一百元，在数量上是等同的，在逻辑上是等同的，并不是说一百元的概念比现实的一百元就要少一元，只有 99 元，不是的；但它们在现实中是不同的。你脑子里有一百元的概念和你现实中赚到了一百元，这两者是完全不同的，现实里的一百元可以改善你的生活，你脑子里的一百元不能。所以对上帝存在的本体论证明就类似于这个例子，凭借脑子里的一百元概念就真的以为自己有了一百元了，凭借脑子里的上帝的概念就说上帝存在了，这是不可能的。他打了个比方，就像一个商人试图通过在他的账簿上多加几个 0 来改善他的财政状况，这完全是行不通的，不能得逞的。

所以这样一个所谓的证明，要么是自相矛盾的，要么是同义反复的，都是因对 ist 的歧义引起的。自相矛盾就是把一个概念做了两种不同的理解；同义反复就是你先假定了上帝的存在，再从上帝的概念里推出上帝的存在，你已经认可了上帝的存在，然后再加上一个证明，实际上是一个循环论证，把你论证的结论当作了前提。所以上帝存在的本体论证明从逻辑上都是站不住脚的，它依靠的就是形式逻辑，但是康德从先验的眼光批判了以往形式逻辑的证明，指出形式逻辑不管存在的问题，如果要管，就是偷换概念，将系词偷换成了实在的谓词。

当然，上帝存在这样一个命题虽然在思辨理性方面无法得到证明，但在实践理性方面，康德也没有否认它有实践的用处。即便我证明不了上帝的存在，但我需要一个上帝的概念，我为什么需要这样的概念？这样一个问题，对实践来说，对宗教和道德来说是非常有意义的。所以他一方面批判上帝的存在证明，另一方面也留下了余地，即是说你也不要完全把它否定掉了。前人所做的这些努力，虽然理论上不对，站不住脚，但还是有意义的。你追根溯源，为什么我们要设立一个绝对必然、最高实在的存在者？正是因为它能帮我们进入实践的领域。所以提出上帝存在的证明，这是人类理性的一种自然倾向，一种理性的本能冲动。当然它不自觉，而我们现在就是要把这个冲动的根源揭示出来。为什么会不由自主地提出这样一个最高存在者的概念？最后我们就会追溯到，这是出于人的道德目的。出于道德的目的，我们才想方设法对上帝作出证明，虽然这个证明是失败的。

三、对宇宙论证明的批判

上一讲已经讲到了宇宙论的四个二律背反，宇宙论的第四个二律背反已经向上帝的证明过渡了。但康德在第四个二律背反中还没提到上帝，他始终是在世界之内寻找，讨论有没有一个绝对必然的存在者。但是呢，最后他不得不说，在世界之内，我们不可能找到绝对必然的存在者，只有在世界之外，我们才能找到。这就实际上已经进入到对上帝存在的宇宙论证明的领域了，所以我们说第四个二律背反是一个过渡。这个过渡呢，它还是宇宙论的，不是先验神学的。进入到先验神学，它就变成了一个对上帝存在的宇宙论证明。宇宙论证明和本体论证明有一种内在的关系，表面看起来它们是不同的。本体论的证明是从上帝的概念推出一个最实在的存在者，最实在的存在者这个概念本身，通过逻辑必然性，从概念推出上帝必然是最高实在性的，所以上帝必然客观存在。它先有了一个决定必然存在者的概念，从概念到概念，推出了最高实在的存在者的概念，再通过不矛盾律，推出他的必然存在。但这种证明使人口服心不服。宇宙论证明呢，是通过充足理由律的证明，也就是只要有某物存在，绝对必然存在的存在者就存在。只要有一个东西存在，那么一直追溯到最后，他就必须有一个最终的充足理由。那么只有最实在的、绝对必然的存在者这个概念才符合充足理由律，因为它把一切因果链条都收集完备了，把一切偶然的东西都变成了必然的，都处在了一个必然的充足理由的链条之中。所以，这样一个作为充足理由的存在者就是绝对必然的存在者。这就是充足理由律的证明，也就是宇宙论的证明。在宇宙中，只要有一个东西存在，我们通过充足理由律，就可以推出最高的实在者，它包含整个充足理由的链条。那么这个最高的实在者，他就是上帝。这样一个上帝，他有一个选择，像莱布尼茨讲的，在一切可能世界中选择了最好的世界。什么是最好的世界？就是包含了一切存在谓词的。也就是在这个世界里，每一个环节都是存在的，而不是非存在的，只要是存在的，都可以包含在存在里面，而那些不存在的，都被上帝筛选掉了。这样一个上帝，才能作为我们现实的任何一个事物的充足理由。这是对于宇宙论证明的一个阐述，宇宙论的证明基本就是依靠充足理由律，从有条件者推出无条件者，推出最高的存在者。

那么这个证明呢，表面上看起来是从经验的证据出发的。虽然不是从手里现成的经验出发的，但是是从可能的经验出发的。只要有一个存在者，哪怕是经验的存在者，根据充足理由，就可以追溯到上帝。所以宇宙论证明比起本体论证明来呢，好像更能令人心服口服。本体论证明是让人口服心不服的，我说不过你，你说的头头是道，我只要不想违背不矛盾律，那就只好同意你了。但总觉得你讲的那些概念和现实之间还是有点不同，但还是说不出为什么。而宇宙论的证明就不同了，它诉诸每一个存在，起码有一点，至少像笛卡尔一样，知道我思故我在。我的存在对我来说就是一个极大的幸运，但对上帝来说是必然的。每个人从自己的这样一种偶然性出发，最后都要追溯到使他成为必然的存在的那个理由，都可以追溯到上帝。所以任何一个人，不管你认不认可客观世界的事物，至少你认可你自己；而一旦你认可你自己，你就上圈套了，你就必然一步一步地推出上帝的存在。很多基督徒都是这样，我为什么降生于这个世界？那是上帝的恩惠，那必须归功于上帝，归之于上帝加给我的命运。上帝叫我活在这个世界上是有意义的，我本来完全有可能不活在这个世界上，这个完全要归之于上帝。所以这种说法是非常能说服人的。但康德指出来，所有这些证明都是多余的。你从自己出发，完全可以不成为基督徒，完全可以成为一个唯我论者，像贝克莱、休谟这样。我存在，但存在就是偶然的，又怎么样呢？世界上就没有必然的存在者，那又怎么样呢？如果你从眼前的事物出发，你可以成为一个唯物主义者，唯物主义者不需要再找他的充足理由，物质本身就是充足理由。你要从一切可能的经验出发，最后还是要依赖于本体论证明。你证明了一大串，最后一步你如果跨不出去的话，你还是证明不了上帝的存在。你要证明上帝的存在，你就必须通过本体论证明，也就是说最实在的存在者和绝对必然的存在者就是一回事。从最实在的存在者这个概念，我们要推出绝对必然的存在者这个概念，我们只有从概念到概念才能推出来。从现实中是推不出来的，比如从我出发，我们每一个人都是实在的存在者，那么你要寻找一个最实在的存在者，最高实在的存在者，你从你的经验中是找不到的。你要找到，就必须通过概念推出绝对必然的存在者的概念，还是必须通过逻辑上的不矛盾律。你只通过充足理由，但这个充足理由你确定不了。什么东西才能成为充足理由，这个没有经验，只有概念，只有那个最高的实在者才是绝对必然的存在者，才是必然存在的。这样一推，你又回到本体论证明了。如果你把这一节砍掉，你就永远证明不了。要么你退回到唯我论，要么就陷入到唯物主义。所以最高实在的存在者和绝对必然的存在者，这两个概念其实是等同的，它们讲的是一回事情。但表面上看，一个讲的是现实性，一个讲的是必然性。现实性和必然性我们前面讲到了，在康德的范畴表里，可能性，现实性，必然性，这三个概念的范围都是等同的。这和形式逻辑不一样，形式逻辑认为，可能性最大，可能性中有一部分是现实的，现实性里面有一部分是必然的。但在康德的先验逻辑中，这三个概念是一样大的，区别只不过在于你从什么样的角度去看它，有些你从可能性的角度去看它，有些从现实性的角度看，有些从必然性的角度来看。所以最高的实在者和必然的存在者是同一个概念，因此你从一个推出另外一个，像本体论证明是从绝对必然的存在者推出上帝是最高实在的存在者，而宇宙论的证明呢，是从上帝是最高实在的存在者推出它是绝对必然的存在者，你推来推去，都是在同一个概念里面转圈子。

当然，绝对必然的存在者和最高实在的存在者，我们可以当作整个我们关于实在的知识或者我们关于一切偶然性事物的知识的一个最高综合，不断地去追求它，当做一个理念，当做一面旗帜不断地向它靠拢。它们本身当然并不是知识，我们并不因此而证明上帝确实存在了，或者获得了一种有关上帝存在的知识，这个是不对的。但是呢，如果你不把它当作知识，你把它当作一种理想去追求，那么它是有用的。它在我们的自然科学知识和心理学、物理学的知识里面都是有用的，对它们可以作一种内在的应用。所谓内在的应用，我们前面已经讲到，作为一种理念来说，它们可以把我们的所有知识都加以统摄，作为一种统一性，让知性在运用范畴于经验的对象上的时候，不断地去追求一种最终的哲学统一性——当然永远也达不到。不过，有了上帝这样一个理念，我们在心理学、物理学两个方面都可以不断地去追求一个最高的统一性。在这方面呢，它还是有一种调节性的运用的，也就是调节性的功能。就是说你不要到此止步，你以为你得到的那些知识，不管是物理学的还是心理学的知识，就足够了，就满足了？那还远远没有，你必须要向上帝的最高统一性进发，不断地超出自己的限度，去追求最高的实在性和绝对的必然性。

为什么最高的实在性和绝对的必然性这两个概念实际上是同一个概念？我们前面讲到知性的这个范畴的时候也讲到了。康德所谓的客观性，他把它解释为普遍必然性。客观性也就是客观实在性，客观实在性是什么呢？在康德那里，它就等同于普遍必然性，就是范畴的普遍必然性给那些经验的材料带来了客观的实在性。这当然是相对的，而绝对的最高的客观实在性和绝对必然性来自于上帝。它是我们知性在可能经验的领域里面，不断地去创建我们知识的一个向导，一个范导，引导我们不断地去创造一个统一的科学知识体系，它具有这方面的作用。这是康德对于宇宙论证明的一种批判。他一方面有这个批判，但是另一方面也指出了它在某方面的作用。本体论证明也是既有批判，但是也指出了它在某方面的作用，即在这个实践的方面能够发挥它的效用。而宇宙论证明，它是在自然科学方面可以有它一定的效用。就是说你可以说它的证明是错的，但是它的这个理想是有用的，它可以应用在自然科学方面。

四、对自然神学证明的批判

我们刚才讲了，第三种证明就是从我们现有的世界经验出发，来证明有一个上帝存在。这是最通俗的，因为它从我们眼前见到的现有的这个经验世界出发，我们不需要任何思辨，也不需要回到我思故我在，也不需要去追溯可能的经验，那些东西都需要一定的思辨能力。对于那些没有任何思辨能力、没有经受过任何哲学训练的老百姓来说，以及对于儿童来说，这种做法是最有效的。那些神父在布道的时候，在面对广大老百姓布道的时候，经常采用这样一种方法，来向大家证明有一个上帝存在。比如说我们所面对的这个世界，你们可以睁开眼睛看一看，它们都是为了我们的生存，天和地都是为了我们的生存而设置好了的，好像是有目的的。我们需要下雨的时候，天上就下了雨，我们需要阳光的时候，就出了太阳，我们人类能够活到今天，一直在繁衍，就说明这个世界是为我们人类而安排好了的。对儿童都可以这样说，你之所以生出来，没有夭折，活蹦乱跳的，生活多么美好，就是因为有个上帝啊。上帝让你活得这么美好，不然的话你怎么能够生出来呢，你怎么能够在这个世界上活得这么有声有色呢。

这样的证明自古以来人们就已经发现了。最早我们可以追溯到苏格拉底，当然是柏拉图所说出来的“苏格拉底”。苏格拉底曾经就讲到过这样一个对宇宙的非常自然的看法，就是说我们观看宇宙中万事万物，会发现里面有一种目的性。首先，最起码的最基本的目的性，就是这个世界已经把所有我们所需要的东西都安排好了，只要你去伸手去拿，去做，你都会有条件，你都能活下去。再就是最基本的，在任何一个动物和植物身上你都可以发现，有某种目的性，这尤其在动物身上表现得最突出。比如说牛，牛的身体构造是非常合目的的，没有任何一部分是多余的：它的角，是为了抵御外敌；它的蹄子分开，是为了能够在这个潮湿的土地上不陷下去；它的胃，有四个强大的胃来消化它所吃进去的青草；它的眼睛、它的眼睫毛、它的尾巴，每一部分都有它的用处，它的皮毛都有它的用处。这个生物链也是安排得很好的，今天我们讲生态关系，在苏格拉底那里其实已经有这个意识。就是说生命链条实际上都是合目的的，每一个环节都是安排好了的。你不能打破这个目的，你自己是别的东西的手段，也是别的东西的目的，别的东西也是你的目的，也是你的手段，也以你为目的。这是一环扣一环，都是安排好了的。那么这一点在人身上更加体现出来：人具有理性，人能够使用工具，人能够直立起来，人的两只眼睛朝前可以看得更远，他的视野更有立体感等等。人的眉毛是为了保护这个下雨的时候，雨水不直接滴到眼睛里面去。各种各样的有机体的结构都表明了它们的安排有一定的目的。生态链的目的最后以人为顶点，人之所以能够成为顶点是因为人有理性。那么人有理性是为了什么呢？最后还是要追问到这个问题，人为什么要有理性呢？是为了崇拜神。这上帝就出来了，人的理性！上帝之所以安排人有理性，不是为了仅仅用这个理性像动物一样过更好的日子，能够战胜其他动物。当然它可以有这个目的，人是万物之灵长，人是万物的主宰，但是还应该有更高的目的。不然的话，人和动物就没什么区别，动物就跟植物也没什么区别，生物跟非生物也没什么区别，那一切就都没有意义了。但是我们人之所以具有理性，上帝之所以一定要通过理性把人提升到万物之上，这恰好说明它有一种目的在操控，就是为了用我们的理性去崇拜神，去供奉神。所以苏格拉底有一种非常强烈的使命感，他的理性就是为了供奉神的。他曾经跟人辩论讨论一些问题，运用自己的理性，他自认为就是在对神进行侍奉，他就是个祭司，其实每个人都是祭祀神的。所以从这个角度来看，他是把整个世界，包括人在内，都看作是合目的的。

那么康德认为这是一种非常通俗的、诉诸普通人理性的证明，这种对上帝存在的证明，实质上是通过对人类的合目的性活动的一种类比来加以证明的。我们人的行为是有目的的，至于动物有没有目的我们就已经不太清楚了。

我们不知道动物心里是怎么想的，至少我们人知道人做一件事件都是有意义的，都是合目的的。那么类比于整个宇宙、整个经验世界，万事万物里面恐怕都有一种合目的性。由此推出有一个更高的艺术家，那就是上帝。上帝是一个最高的艺术家，它创造世界的时候就是有目的的，这当然是一种类比。康德认为，一个具有现代理性的人是不会相信这种东西的，因为它只能够去说服一些无知无识的人或者小孩子。你把他们引进宗教的大门，那是有它的作用的。这是通过一种类比的方式来证明，但是它确实很有说服力。如果你需要一个上帝的话，你就马上可以从里面找到你的根据。从苏格拉底到柏拉图、到亚里士多德、到莱布尼茨，都是利用了这样一种方式。莱布尼茨“前定和谐”的学说，其实也是这样一种说法的一种变形、一种变相。前定和谐无非就是说，每个自由的单子既然都是各行其是，为什么能够构成一个和谐的宇宙呢？那肯定是有一个上帝在背后操纵，在创造每一个单子的时候已经把它们安排好了，属于某种宿命、某种绝对必然性。那么这种绝对必然性最后受制于上帝的善良意志，上帝创造了一个可能世界中最好的世界，所以各个单子它们都是符合上帝的目的的，上帝是一个最高的最伟大的工匠，最伟大的数学家和物理学家，或者说最伟大的艺术家。莱布尼茨的“前定和谐”学说对上帝存在的证明其实也是援引了这样一种证明方式。

但是，康德认为，这种证明即使能够成立，实际上也是不完善的。因为你所设想出来的上帝作为一个最伟大的数学家、最伟大的物理学家、最伟大的工匠，他只能够创造出物质的形式，他只是安排了物质，使它们处于一种合目的性的关系之中。但是正如人的艺术一样，它不能创造这个物质本身。一个艺术家，他把所有的颜料、画布，把它们调配起来，创造出一幅旷世名画，这当然很了不起，但是这个艺术家并没有创造那个颜料，也没有创造那个画布。那些物质材料都是现成的，在自然界的一些现成的东西，他只不过是改变了自然界中这些物质的形式，而没有创造出这些物质本身。那么你用这样一种人类的艺术去类比上帝的艺术，那这个上帝也仅仅是个工匠而已。他只能够加工这些物质存在，但他并没有真正地创造出这些物质存在。所以你要真正把这样一个创造性的上帝设想为是上帝的话，你还必须要依赖于宇宙论的证明，就是说上帝不仅仅是安排了这样一些物质存在的方式、相互之间的合目的性关系，而且他赋予了这些万事万物以最高实在性。如果没有上帝的创造，这些东西根本不会存在。而一个工匠，如果没有工匠的创造，那块石料还存在，那堆颜料还存在，它不会变成虚无。那上帝如果要真正称得上是上帝，他就必须要把这些物质本身的实在性也创造出来。所以这个证明后面还是要依赖于宇宙论证明，就是说这个实在性如何能够创造出来？那只有依靠一个充足理由，只有通过充足理由来赋予它以实在性。你要是仅仅通过类比于人类的技术，那是赋予不了它这样一种能力的。它顶多能够证明在这个宇宙之外可能有一个最伟大的工匠。但是工匠是有缺陷的，他不是真正最完美的，他不是最高实在的存在者。他还必须要有另外的东西、另外的存在给他提供他得以创造的原料。就像艺术家一样，一个雕塑家没有石头，你创作什么？一个画家没有颜料画布，你创作什么？那不行。那么，这个上帝呢他应该是超越于这一切之上的。

所以，综合起来所有这三种证明，对上帝存在的本体论证明也好，宇宙论证明也好，自然神学证明也好，它们最终都是依赖于本体论的证明。当然在自然神学证明里面，虽然依赖于宇宙论的证明和本体论的证明，但是它有一个好处，它明确地赋予了上帝以某种人格性。就是在所有可能的宇宙中，它凭借自己的自由意志选择了我们所看到的这样一个合目的的最好的世界。所谓“最好”，无非就是最合目的，我们通常对于合目的的东西就称之为“好”，就是“善”。那么上帝创造了这个最好的世界，也就是一个合目的性的世界；而要合目的性，就必须要有人格性，必须要有自由意志。所以康德认为，对上帝存在的自然神学的证明虽然在理论上是不成立的，但是在实践上，它是具有非常重要的意义的。它象征了人类实践的一种道德原理、善的原理。上帝选择了一个“最好的世界”，这是莱布尼茨对上帝存在的所谓“神正论”（“神正论”就是“上帝正义论”，上帝是最正义的、最好的，最道德的）的一种道德上的提示，就是上帝事实上只能作为一种道德的存在才能设想。这就涉及我们的最后一种唯一可能的证明，就是对上帝存在的道德证明。

五、对上帝存在的道德证明

通过前面三种对上帝存在的证明的批判，可以说康德摧毁了有史以来人类对于可能的上帝存在的所有的种种设想——全部推翻了。所以康德的这样一种革命，在西方不管是哲学史上还是宗教学史上来说，都是颠覆性的，这种影响一直影响到今天。就是说你要还想通过理性来证明上帝的存在，那么人家马上就提到康德。当然康德也不是始作俑者，在他之前，休谟已经有类似的证明。但是休谟没有康德这么清晰，没有纯粹理性这样的清晰度。康德是最为系统最为清晰地驳斥了历来对上帝存在的各种证明，而且他说出了理由，来龙去脉，他都说得清清楚楚。只要你相信理性——近代的这个时代精神就是理性精神嘛，那么你想通过理性来证明上帝存在的种种尝试都已经被康德判了死刑，都已经不成立了。当然这种判死刑，在后来黑格尔想了另外一种办法又把它恢复了，特别是对上帝存在的本体论证明，在黑格尔那里又恢复了。黑格尔的恢复是很有意思的，他通过一种实践的观点来恢复。比如说一百元的概念和现实口袋里的一百元，这个之间是有一种关系的，不是完全两码事。如果你脑子里没有一百元的概念，那你就不会去挣那一百元。由于你有一百元的概念，你要去挣它，所以这个一百元的现实的现款最后才会落到你的口袋里来。这个中间当然不是直接等同，但是通过一种实践、通过一种目的性的活动是可以证明的。那么上帝的本体论证明也是一样，黑格尔的这个体系，他的这个所谓的绝对精神的神学、理性神学，把这个证明又恢复了，说是通过人的实践，上帝可以显现出来，并且可以完成它自身。那就不光是认识上帝的问题，而是把上帝本身在人世间实现出来。绝对精神“在地上行走”，一步一步地实现自身，一步一步地也认识自身，一步一步地也证明自身。这个是可以证明的。现代基督教神学里面也有所谓“辩证神学”，也吸收了黑格尔的这种说明。但是一般来说，黑格尔这种说法并不被基督教所接受，因为他这个东西泛神论色彩太重了，要说它是一种信仰，已经很难说了。它已经把人本身当作神了，当作神的一个阶段了。万物都有神，马克思恩格斯认为泛神论是唯物主义的“羞羞答答的形式”，实际上已经是无神论的形式。所以，教会一般都不认可这样一种证明。这是一种可能的证明，但是一般来说，你要是不认可黑格尔的这种证明的话，那你就会遇上康德。康德那就更厉害了！你除非诉诸非理性，诉诸启示，假如你想通过理性来证明，那就一定不可能。这是康德的一个很重要的观点，我们不管说它是“功劳”也好，是一个“祸害”也好——有的人说康德是祸害，不管怎么说，它是有极其重要的意义，有里程碑的意义的。

但是最后康德又为上帝存在的证明留下了余地，这个余地是非常值得考虑的。这就是道德的证明，他认为这就是对上帝存在唯一可能的证明。道德证明就不是思辨理性的证明了，道德证明是实践理性的证明。而且这个证明它不是一种知识，不是说有上帝存在，而我对上帝作出了一种知识论的判断。这个道德证明是从我们前面讲的自然神学的或者目的论的证明引出来的。自然神学的证明，他当然对它进行了批判，他虽然批判了它，但是认为它仍然具有另一方面的意义。就是说对人类的实践、道德这方面，它是具有意义的。那么反过来说，道德也经常的可以运用或者引用自然神学的证明或者目的论的证明来为自己提供某种“启示”，所以自然神学的证明或者说目的论的证明实际上为道德的证明做了准备。经过这种准备，康德认为从实践的意义上来说，我们可以设定整个宇宙的最终目的是通往上帝的。虽然不是从自然科学的意义上，好像自然科学所探讨的万物都有目的，把这个目的现在就看作一条科学的原则，就是一条科学知识，由此我们可以推定上帝存在。它不是的，而是在实践意义上，我们必须把这个世界看作是有一个上帝作为它的目的，我们必须把万物看作是以上帝为目的的。我们为什么要这样来看？是因为我们人是有道德的。我们设定一个上帝作为万物的目的，也作为我们人生的目的，是为了我们自己的道德所做的一个必要的假定。这是一种纯粹实践理性的悬设，Postulat，是我们做出的一种假设，这种悬设是我们对自己的一种道德要求——要把世界看作是有上帝的。我们俗话说“举头三尺有神明”。“举头三尺有神明”并不是说真的相信有一个上帝在看着我们，而是说你相信这个东西你就会谨言慎行，你就会不做那些违背道德的事情。康德也有这个意思，有“神道设教”的意思。设立一个神道，是为了教化。那么这个上帝，通过思辨理性是证明不了的，通过经验也证明不了。思辨理性也好，经验证明也好，都不能建立起一门神学。但是经过康德的批判以后，思辨的证明和经验的证明都可以为道德神学做好准备，提供出一整套能够在道德神学里面适用的概念。比如上帝的最高实在性，上帝的绝对必然性，这个你不要把它从逻辑上去理解，也不要从科学的意义上来理解，你把它从道德的意义上来理解，它们都是可以成立的。

所以唯一的证明是道德证明，道德证明并不是证明有一个上帝存在，而是证明我们从道德的立场出发来看待人自身，我们有必要设立一个上帝，作为一个道德的裁判者，作为一个终极的善的裁判者，作为一个命令者，命令我们遵守道德律。道德律对我们来说是一种绝对命令，是一种定言命令。为什么是一种定言命令？我们把它看作是自上而下对我们下的一种无条件的命令。当然实际上我们知道它是我们自由意志本身设立起来的命令，它不是他律，而是自律。但是我们要把它设想为就像有一个上帝在对我们下命令那样，这样我们自律才自律得起来。我们把自己一分为二，一个是有限的自我，一个是无限的自我——是属于上帝的。所以上帝实际上是代表着绝对的善在对我们下命令。那么从这个角度来看呢，自然神学是我们通往道德神学的一条可能的道路，我们可以利用自然神学。最初当我们没有什么文化的时候，当我们是小孩子的时候，我们可以从这条路进入到道德神学的门口。当我们有了一定的理性以后，我们知道它的根源何在，它的基本原理何在。那个时候，我们就可以把自然神学当作是一种象征性的说法，我们不把它当作一种知识，但是当作一种引导。这个是唯一可能的证明——道德证明。

最后，康德对这所有的证明列了一个表，我们来看看这个表，比较清晰。

首先是“神学”这个大的范围。所有的神学分为两类：一个是“理性神学”，一个是“启示神学”。启示神学就是非理性的，就是凭借自己的灵感、凭借自己的感悟来建立一种神学，在当时以及在今天，这方面还有很多说法，但是这里不谈它；再就是泛神论，泛神论已经不被看作是神学了，所以它被画在神学之外。那么，我们这里要考察的是理性神学。理性神学又分成两个大的部分，一个是“先验神学”，先验神学又叫做“自然神论”，这些概念我们要比较熟悉。“自然神论”，Deism，我们通常翻译成“自然神论”，又有人翻译成“神有论”，或者翻译成“理神论”。大家有这个表以后，我们将来读书的时候，碰到这些概念，我们就知道它们的这个位置关系了。先验神学也就是自然神论，海涅说康德“砍掉了自然神论的头颅”，就是指的这个。那么自然神论或者说先验神学，它的这个内容主要是两项：一个是本体神学；一个是宇宙神学，也就是我们刚才讲的对上帝的本体论证明和宇宙论证明，都属于自然神论。那么另外一个是“自然的神学”，die natürliche Theologie，自然的神学又叫做“人格神论”，Theism，又被译作“神治论”。神治论跟神有论是相对的，“神治”、“神有”好像是韦卓民先生首先区别开来的。自然的神学又翻译成人格神论，有的也翻译成“神治论”，还有的翻译成“有神论”，还有的翻译成“一神论”，这个翻译太杂了，搞得我们现在很难区分。我们还是按照我们的区分，这些实际上都是“自然的神学”。要注意“自然的神学”和“自然神论”是不一样的，“自然的神学”里面包括两种，有“物理神学”，“物理神学”有的也翻译成“自然神学”，

Physikotheologie，但是很多人也把它翻译成“自然神学”，它跟“自然的神学”是不一样的。natürliche Theologie 与 Physikotheologie 不一样，其中有区别。什么区别呢？就是自然神学或者说物理神学比自然的神学的范围要小一些。因为自然的神学里面还包括道德神学。为什么也包括道德神学？因为道德也是人的自然本性。物理学它是一种本性之学，是一种自然之学。那么道德也是一种本性之学，也是一种 natürliche。英文里面 nature，不光自然界是 natura，而且人的本性也是 natura，所以自然的神学里面包括物理神学和道德神学。最后落实到康德要讲的就是道德神学，他所要鼓吹的，他通过批判所要建立的，最后都要落实到道德神学上面来。本体神学、宇宙神学，和物理神学这三者，都是他对三种对上帝存在证明的批判的对象，一个是本体论的证明，一个是宇宙论的证明，一个是自然神学的证明或者说物理神学的证明；那么最后落实到道德神学证明。所以这里有四种，三种是他批判的，最后道德神学是他所要建立的，它们都属于理性神学。所以康德对理性神学的批判，最后是要筛选出唯一可能的理性神学，那就是实践理性的神学。思辨理性的神学他全都批判了，最后留出一个理性神学的证明，就是最后要归结到人的道德神学。所以启示神学他就不谈了，在康德的《单纯理性范围内的宗教》那本书里面，他也没有否认启示，但是他认为这不是哲学家所要谈的事情，那是神学家或者是神父们要谈的事情。而作为一个哲学家就是要谈理性神学，而理性神学要经过清理，经过清理以后，他认为道德神学是对于基督教的道德或者基督教的神学最有力的支持，你们只要听我的，那么基督教就不会灭亡。这个观点在今天看起来，好像越来越得到人们的认同，那些五花八门的启示也好，非理性也好，还有各种各样的逻辑证明也好，都逐渐退居幕后。从道德角度来申明神学或者宗教的必要性，康德这个恰好是最站得住脚的。我们今天也必须对它在这方面更加认真地对待。

第十四讲　先验方法论

这一讲开始讲康德的最后一部分，先验的方法论。前面我们已经介绍过了，先验方法论是来解决形而上学的可能性问题，解决作为未来的科学的形而上学如何可能的问题。也就是在以往的形而上学那里，康德看出来它们作为科学来说是不可能的，作为自然倾向那是可能的。因为人类自然有一种理性的本能要提出形而上学的一些先天综合的命题，围绕这些命题进行了一系列的论证。由此建立的形而上学都是作为自然倾向的形而上学，但是不是科学的。那么未来作为科学的形而上学如何可能？通过康德对前面先验分析论和先验辩证论的讨论，从这里头看出有一种方法，可以用来建立未来的科学的形而上学。先验分析论把人类的理性或者知性的能力限定在经验的范围之内，他描述了它的一个结构，这个本身也有批判的意义，就是说你在这个范围之内你可以有你的成就，但是你不可能跳出这个范围之外。那么跳出范围之外就会怎么样呢？在先验辩证论里面讲了这个道理，一旦跳出可能经验的范围之外，那么纯粹理性就会陷入到先验的幻相，由此构成的形而上学就会成为一门伪科学。那么经过这两个层次，一个是划定界限，一个是检查超出界限以后，就会发生哪些谬误，那么从这里面就得出了一些经验教训。由这些经验教训再加以整理，就形成了所谓的先验方法论。就是说，未来如果我们要建立一种科学的形而上学的话，那么我们要遵循一种什么样的方法论原则，以避免再重蹈覆辙，这就是在先验方法论里面康德所要阐明的。所以这一部分也是很重要的，虽然它的篇幅不大，甚至可以说它的篇幅和整个纯粹理性批判不成比例。前面的先验感性论和先验逻辑整个来说都被划到先验要素中；而先验方法论跟所有的前面的相区分，变成第二个大的部分。第一个大的部分最大，包括先验感性论、先验逻辑，先验逻辑里面包括先验分析论和先验辩证论，整个都是属于第一大部分先验要素论的。第二大部分就是先验方法论。它这样划分虽然不对称，但它也有它的道理。就是说我先把要素摆出来，然后经过批判以后，得出了一种方法，说明我们如何才能重建形而上学。当然前面也有积极的部分，比如说先验分析论，也是积极建设性的部分。但是那个建设性的部分它不属于原来意义上的形而上学，它还是属于批判性的，只是解决自然科学何以可能的问题。但它还没有对这个形而上学的条件加以体系化，建立起一门自然科学的形而上学的体系。那么将来要建立的自然的形而上学，就不是讲的自然科学如何可能，而是自然形而上学本身是怎样建立起来的，是一个什么样的结构。所以先验方法论呢，它的一个重要意义就在这里，就是说最后康德通过对纯粹理性进行批判，从而掌握一种方法，这种方法是为未来的形而上学打基础的，我们有了这种方法，我们就知道如何避免幻相，如何建立真正可靠的形而上学的原理。

一、纯粹理性的训练

先验方法论的第一个层次，就是纯粹理性的训练。先验方法论包括四个部分，一个是纯粹理性的训练，一个是纯粹理性的法规，再一个是纯粹理性的建筑术，最后是纯粹理性的历史。其中前面两个最重要，一个是训练，一个是法规，当然建筑术也比较重要，它是从形式上谈的，历史是从历史上来追溯的。但是后面的两部分篇幅不大，而且最重要的是前面这两个部分。一个是如何从在前面讨论的所有这些内容里面我们获得一种训练；再一个，我们通过这种纯粹理性的训练建立起纯粹理性的哪些法规。

我们现在讲一讲纯粹理性的训练。训练这个概念 Disziplin，有训练、练习、规训、规范的意思，这里主要的意思就是一种训练。就是说，我们先不讲形而上学到底应该怎么样、是一个什么样的体系，我们先把我们的方法训练出来，我们对这种方法习以为常以后，就会自觉地不犯那些低级的错误，走上一条正确的道路。那么纯粹理性的训练，根据前面整个纯粹理性批判所叙述的，可以总结出来四条，一个是纯粹理性独断运用的训练，再就是争辩运用的训练、假设的训练和证明的训练。

1. 纯粹理性独断运用的训练

纯粹理性的独断运用，这是康德一直在批判的，批判经验派的独断论和理性派的特别是唯理论的独断论。所谓独断论就是说，未经经验的证实而凭借自己的理性的逻辑去断言我们的对象应该怎么样，从中得出一些先天的知识。先天的知识不是没有，但是先天的知识只有跟经验的后天的材料结合起来才能成为知识，而独断的运用就是不需要后天的材料，我就凭先天的逻辑断言，就可以得出知识，这就是独断的应用。但是经过训练的独断论应用，我们就知道了独断论应用它的界限何在，它主要是体现在这个理性派身上。经验派也有一些，像洛克、霍布斯，他们都吸收了一些理性派的东西。所以它主要体现在理性派，他们喜欢用逻辑、用数学、用几何学来推断自在之物究竟应该是什么样的。所以在纯粹理性的独断应用这段里面，他着重批评的就是在哲学中运用数学的方法。把数学的方法使用在哲学里面，这个是在康德之前，近代认识论中唯理论和经验论两派，特别是理性派比较依赖的一种形而上学的方法。形而上学怎么来建立起来？笛卡尔等人都有这样一方面的说法，就是按照数学的成功的榜样来建立形而上学。笛卡尔也说过这样的话，如果哲学能够像数学那样，那就很严格了。斯宾诺莎主要的著作《伦理学》，它的副标题就是“按几何方式证明”。莱布尼茨提出一种数学逻辑，人们说它是现代数理逻辑的先驱，他确实有这种思想，就是说形而上学的问题，将来我们可以发明一种逻辑，就用不着讨论了，也用不着争论了，我们两个哲学家遇到问题争得不可开交的时候，可以大家坐下来平心静气的，每人拿出一张纸一支笔来，我们算一算，看算出来到底哪个对。他提出这样一种思想，当然只是一种理想，还没能建立起来，现代数理逻辑就把它建立起来了，就是形而上学的问题把它输入电脑一算，发现所有的形而上学都是伪命题，算出来的结果就是所有的形而上学都不成立，于是这个问题就解决了。

但是这个问题在康德那里其实早就发现了，就是你用数学的方法解决形而上学的问题，这完全是不搭界。那么如何不搭界？独断的应用训练，它分成这样几个部分——首先讲为什么不搭界。为什么不搭界呢？是因为哲学的概念和数学的概念是不一样的，数学里面也有概念，哲学也是使用概念的，但数学的概念是跟直观直接的结合在一起的。直观它不是一种概念，前面在先验感性论里已经讲了，直观的对象它是建构起来的，它不像概念是推理的。在概念中我们是立足于现有的概念，然后从普遍概念的立场来考察特殊的内容。而在数学里面，在直观中，它是立足于特殊，立足于直观，然后形成概念，形成一种普遍。所以数学的那些概念，比如说三角形的概念、圆的概念；还有算术里面的，比如说十进位制还是二进位制、还是十六进位制、还是十二进位制，都属于数学里面的概念。比如英国人就使用十二进位制，中国古代的老秤称重量就是十六进位制，十六斤就是一两，所以我们今天还讲“半斤八两”。我们今天改了，应该是半斤五两，但是过去讲半斤八两，因为过去是十六进位制。用这个概念来思维，那结果就不一样了，但是直观还是一样的，半斤就是半斤。在直观的基础之上，你可以用各种各样的概念，来对它加以归纳。那么哲学，它提供的是对后天经验的先天综合规则，哲学主要是面对着经验对象，如何给它提供一种规则，提供法规。哲学的先天知识当然也包括数学在内，数学也是先天知识，但是哲学考察的是这种先天知识的先验的层面。先天和先验的区别我们前面已经说过了，先天的它是不管对象的，先验的是要管对象的，那么数学它本身好像是不管对象的，但实际上你一旦提到哲学的层次来看呢，数学就要管对象，数学它不是一个可以独立地成为知识的学科，它必须要考虑，它是构成一切经验对象的可能性的这样一个学科。比如说牛顿的《自然哲学的数学原理》，这样的数学才能成为真正的科学。

单纯漫无边际地计算当然也可以，但是它有一个假定，它总有一天会应用于自然界。虽然现在还没有，现在我不考虑自然界的问题，但是总有一天它会考虑的。这个就要依靠哲学。哲学概念可以把数学的那些概念提升到哲学的层次。但是它不能下降到数学的概念，不能等同于数学的概念。我们从如下几个方面可以把哲学和数学区别开来。

a 定义

第一个方面，讲了概念就要讲定义，任何概念你必须首先要给它下定义。什么东西才能下严格意义上的定义呢？康德认为，只有数学的概念才能下严格意义上的定义，对于数学的概念那是非常严格的。比如说什么是圆？我们给它下一个定义，圆就是与定点的距离相等的点的轨迹，这是非常严格的。这个定义没有任何异议，一旦做出来，就无可更改，放之四海而皆准。这就是严格的定义。那么经验的对象是否有严格的定义呢，经验的对象很难说。比如这朵玫瑰花，你如何定义它？当然可以说它是植物，但也可以说它是生物，也可以说它是物体，你怎么都可以，可以定义它，而且呢，它总是变动的。你说它是植物，是哪一种植物？当你归类到哪一种植物的时候，它又有一种过渡阶段，玫瑰花和蔷薇，和其他的同种类的，这个中间的界限都很难区分。所以经验的东西你要给它下一个死的定义那是做不到的，它是游离的，是变动的。那么哲学的概念能不能给出严格的定义？康德认为哲学恰好更不能给出严格的定义，尤其不能一开始就给出一个定义，因为哲学它所面对的是对象，它的含义，它的应用究竟如何，它的应用的可能性究竟如何，它应用于经验对象的权利究竟如何，这些都还没有定，还需要有经验的对象来配合它，才能给它的概念定下来。所以，哲学上，尤其在开始提出一个范畴，比如说因果性，什么是因果性？要给因果性下个严格的定义，又不能够引进经验的东西，那是基本上做不到的。当然经过了阐明、经过了演绎以后呢，最后得出来因果性的定义当然可以。哲学定义是在最后的结果里面才显现出来的，但是到了这个时候，你很难用一个命题来给它加以定义。像对圆的定义那样，一个命题就说完了，那是精确的严格的定义，而哲学中的任何一个范畴，任何一个概念，你要给它下一个精确严格的定义，要一句话说完，那是说不完的。虽然你明白了它的意思究竟是什么，但那是你经过了一个很长的论证过程。比如说因果性跟时间的关系，跟图型的关系，以及通过图型跟直观经验，跟经验性材料的关系，等等。而且这个定义也不是放之四海而皆准的，在某些场合之下，它就不够了。比如说，哲学的因果性的定义，把它放在可能经验的范围内，它是适用的。但是要追溯一个最终的终极的原因，那就不够了，那以往对于因果性的这样一个定义，就“太小”了。但是如果说哲学的一个因果性的范畴，它不但适用于可能经验的范畴，而且是放之四海而皆准的，而且它可以放在任何地方，包括放在物自体身上也可以适用，那对因果性这个概念的定义就“太大”。所以哲学的定义即便最后能做出来，它也不是一个完全普遍性的定义，它要么太小，要么太大。因此我们不能够模仿数学去给哲学的概念首先下个定义，这个在第二版导言里、第一版序言里面已经讲了这个道理。就是有的人问为什么不一开始就列出一些哲学的定义呢？他说最开始是不可能的，哲学的定义只有在最后才能慢慢有所领悟，但是也不能像数学定义那么样地严格看待。所以哲学的定义只能够通过阐明，而不能通过建构。只能通过阐明，就是通过一个层次、一个层次地去说明，通过这个演绎，像这个对时间和空间的阐明，以及对范畴的先验的演绎，通过这样一种方式来说明它的内容，说明它的使用方法，但是不能像数学那样通过建构。它是通过阐明，Exposition，而不是通过建构，Konstrukion，来建立它的定义。所以它不是一种建构性的定义，而是一种阐明性的定义，通过语言去阐明它，这是哲学跟数学不同的地方。这个就把以往的理性派，也包括经验派像霍布斯这样的哲学家，把他们对数学的迷信一下子推翻了。哲学应该有自己的道路，有自己的一套术语，有自己的一套方法，不能机械地模仿数学。当然康德在第二版序言里也讲了，数学给我们提供了榜样，牛顿的物理学、伽利略的物理学也给我们提供了榜样，使我们哲学领域发生了一次哥白尼式的革命。它提供了一个哥白尼式革命的榜样，但是并没有提供方法论的榜样，在方法论上我们不能模仿数学。这是第一个层次。

b 公理

第二个层次就是公理。公理是数学的前提，特别是几何学，欧几里得几何学一开始提出了几条公理，这是大家毫无疑问都认可的。如果这些公理你都不认可，那么你就不需要谈几何学了，就根本什么都不用谈了。这都是非常通俗、每个人看到就会认可的一些原则，这就是公理。在数学中是公理，那么在哲学中是不是也有一些公理？有没有我们提出来大家都认可的公理呢？以往的哲学家往往认为可以这样做，像斯宾诺莎的《伦理学》一开始就提出一些“界说”：实体是什么，或实体理解为什么是什么，这个上帝、神，我又理解为什么；还有一些“公则”：一切事物不在自身内，就在他物内，等等。摆在那里，你承不承认？你承认了，我们就可以往下谈，你不承认那就没办法，你就把这个书扔到一边去，我们不需要谈了。你先把这个公理承认了，我们就可以一直谈下去，按照几何学的方式，按照欧几里得几何的那种论证方式，一路论证下去。公理然后有定理，然后有绎理，然后又有说明，有解释，等等。所以斯宾诺莎的体系也是非常严格的，从几何学数学的眼光来看，也是非常严格的，严格到几乎有点吹毛求疵。现代的研究者往往运用电脑才能把他那一套复杂的逻辑体系整理出来，但从哲学的层面上看，这一套东西实际上是没有什么意义的，你有什么话就直说。在哲学里面实际上最能够说明问题的是自然语言，不是那些数学公式、那些符号、那些等式。哲学上没有公理。所谓公理就是一些作为前提的命题，不容置疑的命题，而哲学的命题它必须要有经验的对象，至少需要时间的图型来赋予它意义。哲学的命题有没有意义？比如说范畴，那范畴的意义究竟何在，你可以提出一些范畴来，从形式逻辑的判断分类表里面你可以引出十二大范畴，但是那些范畴的意义究竟何在？你当然可以说明，说这些范畴是因为把那些判断应用于对象身上就形成了范畴。但是这个对象是什么对象？你就必须通过时间图型应用于经验的对象上之后，这些命题的意义才得到真正的说明。例如什么是“实体”的公理？就必须说：“实体在现象的一切变化中持存着，它的量在自然中既不增加也不减少。”[1]这是公理。定义和公理之间的关系，定义是对概念的定义，而公理是对一个命题，我们把它当作公理，所以定义和公理相当于形式逻辑里面的概念和判断。那么再下面就是推理，即所谓的“演证”。

c 演证

Demonstration，我们把它翻译成演证，它其实也有推理的意思，也有证明的意思。但是这个演证有特殊的含义，就是说它不是一般的证明，它是通过一个直观的范例来加以证明。在数学里面应用得非常普遍，因为数学它本身是依靠直观建立起来的，所以数学里面的演证它就是通过直观来进行推演。要演出来，要在黑板上把它演示出来，不是凭嘴巴说一说，就像这个形式逻辑的推理，当然也可以写在黑板上，但是形式逻辑的推理它不需要演示，它只要推理就够了，纯粹用概念。但是演证是必须要加上直观的，或者它是依赖于直观的。所以我们把它翻译成演证。演证是数学特有的一种方式。哲学不能够演证，只有推证，Diskursive。在哲学上只有推证没有演证，就是哲学必须运用抽象概念。这个抽象概念是我们两个可以讨论的。但是不要把它写在黑板上，不要把它写在纸上，不要画图。我们在哲学讨论的时候经常发现，有些人特别喜欢画图，画个结构，上边是什么、左边是什么、右边是什么、中间打个等号、最后打个箭头。我就特别烦这种东西现代的有些哲学方法论，比如说“三论”就喜欢搞这一套。控制论就喜欢搞作图，建立一个数学模式。建了个数学模式好像就把哲学问题讲清楚了，显得很科学。这个很多人迷恋它，就是因为它确实显得很科学，就像一个数学模式一样，数学也要作图嘛！再就是计算，用符号、用代数的方式来计算，经常是用等号、用带入，又消除，消除某一项，最后得出什么。当然，在形式逻辑里面可以使用这一套，但是在先验哲学里面或者在形而上学里面使用这一套是没有效果的，它顶多起一个初级入门的引导作用，本身表明一个人的哲学思辨能力有欠缺。但实际上你要真正建立一个体系不能用这种东西。你还是得靠自然语言，靠语言本身，靠语义，这个是非常重要的。

---

1 《纯粹理性批判》A182=B224。

演证相当于推理，我们可以看到这里有康德的形式逻辑的痕迹。定义、公理和演证是一个个来的，一层层来的，从概念到判断到推理，这样来把数学跟哲学区分开来。在这三项上都是不能等同的，都是必须要区分开来的。总而言之数学方法完全不适合哲学，哲学命题它的可靠性是通过我们把它运用于经验之上而得到证明的。哲学概念如何得到证明？它不是靠演证，而是靠我们把它运用于经验对象之上，于是哲学命题就得到了证明。在这方面主要针对的是理性派的独断论，独断论就是喜欢把哲学类比于数学以及类比于形式逻辑，形式逻辑的概念、判断、推理，所以它的标题是“独断运用的训练”，我们可以理解为“对独断运用的训练”。就是以往的独断运用我们要对它进行训练。当然他也没有完全否认独断的运用。在哲学里面在个别地方康德也讲到了哲学需要独断的运用，[1] 他反对独断论，但是在运用的时候需要独断。但是这种运用需要训练，要限制在什么意义上运用。这是第一个方面。

2. 纯粹理性争辩运用的训练

第二个方面就是争辩的运用。争辩运用的训练，它的意思和独断运用的训练的意思有点不一样，独断运用的训练的意思是对独断运用加以训练，争辩运用的训练的意思是运用争辩而得到训练。所谓争辩，polemisch，就是争吵起来了，对立起来了，那么这也是一种方法，我们要抓住它，我们要利用它。特别是英国经验派发展到最后，到了休谟的怀疑论，怀疑论已经触及到争辩的运用了。就是说你提出的那些我都表示怀疑。为什么表示怀疑呢？因为你自相矛盾嘛！像这个二律背反以及对上帝存在的各种证明，都是一些自相矛盾的争辩的命题。争来争去没有结果，那我就把你们全扫到一边去，我一个都不相信。这就是对争辩的运用的训练。在这方面康德主要是针对经验派说的，但是他认为争辩的运用比起独断的运用来说层次要更高，它已经接近于

1　“这个批判并不与理性在其作为科学的纯粹知识中所采取的**独断处理**处在对立之中（因为这种处理任何时候都必须是独断的，亦即从可靠的先天原则严格地证明的），而是与**独断论**相对立”，见《纯粹理性批判》BXXXV。

"批判"了。康德是讲批判哲学的，但是批判是从争辩的运用中提升起来的，它的前提就是怀疑论。为什么要批判呢？值得怀疑呀！我们的纯粹理性，它的运用的范围究竟何在？它如何可能？你这些问题都没有解决，我不批判那就会陷入到陷阱。所以首先要对这个哲学的一系列的问题提出怀疑，然后再上升到批判。但休谟怀疑论只是限于怀疑，没有上升到批判，它是无批判的怀疑，那当然就不对了。所以这方面也需要训练，争辩的运用它是不能够全盘否定的，它必须要加以利用，要抓住它们所发现的矛盾、它们所发现的冲突，从中得出积极的成果。

比如说在这个二律背反的情况下，正题和反题双方都不能够正面证明自己的真理，而只能够通过归谬法指出对方的错误，来反证自己是正确的。所以它讲来讲去就是提出一些错误的命题，但是它并没有证明自己的正确性。归谬法的双方、二律背反的双方都是独断的，都是独断论之间的争论，它必然会引到这样一种归谬法。这样一种争论——你也独断我也独断，你独断我比你更独断，双方就陷入争吵不休了！因此最后双方就导向了怀疑论。而康德认为虽然看起来一团糟，但是我们可以以毒攻毒，我们要把它抓住，既然它已经让人家彻底绝望了，那这就是敲响了警钟啊！人类的理性到底该怎么办？所以，这种绝望的状况恰好是一种真正的训练，它使我们看出了理性的幻相是怎么产生的，为什么会产生这些幻相。但是看穿幻相以后，不能够到此为止，我们必须要再上升，也就是把怀疑当成是研究的起点，而不是终点。我们先要达到休谟怀疑论的那个层次，我们不能跨过它，我们必须经过它。我们首先必须认同它，它讲得有道理，你不能说它讲得不合心意，我们就把它撇在一边置之不理，那是不行的，你要面对它的挑战。那么当作一个起点，要上升到哪里去呢？ 就是要提升到我们认识能力的先天条件。就是先从根本上怀疑，怀疑我们的认识能力，并且检查我们的认识能力到底哪些阶段出了问题，错误出在哪里。所以认识能力上的这样一种问题只有通过批判的考察才能够解决。你光通过怀疑那是不行的，怀疑来怀疑去，最后陷入到怀疑，看破红尘，一了百了，你什么也不干了，等于你放弃了形而上学，这个不是哲学家应该采取的态度。哲学家还是应该从这样一种怀疑中起步，训练自己，然后提到一个更高的层次，对纯粹理性进行批判，也就是纯粹理性的自我批判。你要批判纯粹理性怎么来批判，你不能用别的东西，你更不能投身于信仰，或者无所作为，那也不行。还是要把纯粹理性提到更高层次、或者说贯彻到底才能够完成批判的任务。这是争辩的运用。争辩的运用前面已经讲得很多了，先验辩证论里面都是在讲争辩的运用，都是在指出一些谬误推理，像二律背反的误用，存在概念的错误，然后提出解决的办法。当然康德解决的办法很简单，就是划分现象和自在之物，就完了！真正的纯粹理性提到最高，在他看来就仅仅是划分现象和自在之物，把它分清了界限，就没有冲突了！当然这个实际上是站不住脚的。但是康德提出来要把理性提到更高的层次，这一点是被后人继承了的。通过费希特、谢林、黑格尔，都是从这样一个方向把理性拯救出来，通过把理性提升出来而拯救了理性。这是对于争辩运用的训练。

3. 纯粹理性假设的训练

第三个是假设的训练。假设当然也是纯粹理性的假设，这就涉及理性的理念了。理性的一些理念，我们可以说都是假设，我们前面讲了理念是怎么来的，就是从有条件者去追溯无条件的条件。任何有条件者按照充足理由律，或者按照理性推理的要求——理性推理要彻底的话，它就有一种要求——必须把它的未经证明的大前提也加以证明，那就有一种无限的回溯，最后由纯粹理性提出来一种理念作为假设，即假设有一个最终的理由，或者最终的条件，使得整个系列得以成立，使得我们自然界万物都具有充足理由。这就是理性的理念的作用。但是理性的理念在我们的人类知识中只是一种调节性的概念，只是起一种调节性的作用，而不是构成性的作用。也就是在知识里面，它不是一种知识，它只是知识的一种引导、一种范导。它只是使得知识不要停步，不断地要追求一个理想的目标。所以你不能用先验的假设来弥补自然知识的不足，自然知识它是有限的，为了弥补它的不足就要提出先验的理念，说还有更高的知识在那里，这就是一种幻相了。所以它不能作为一种关于自然的知识，但是并非不能作为一种自然界无法证实也无法证伪的假设。它可以作为一种假设，虽然我们不能证明它是一种知识，但是所有知识也都不能把它证伪。因为按照康德的说法，它是一种物自体的假设，物自体我们都不知道，所以既不能证实它，也不能证伪它，那就不妨把它作为一种假设放在那里。至于假设的理由何在？为什么要假设？一个是为了知识的完整性，完备性，充足理由律本身要充足，要充足就是一种完备性的要求，要达到完备性、充分性，那就必须要有假设。另一方面还有更深层次的理由，就是道德的要求。比如说自由意志，自由意志它是一个假设，它的这个理由实际上是出于道德的需要。因此这个假设提出来，它跟其他的假设不同。在自然科学里面我们也需要假设，但是那些假设与纯粹理性的假设不同的地方在于，它们都是经验的假设，纯粹理性提出的是先验的假设。先验的假设它是不能够证实的，经验的假设是可以证实的，在自然科学，在物理学，在天文学里面都有很多假设，现在霍金的、爱因斯坦的很多假设还没有证实，但是大家都相信有朝一日，它们很有可能是可以被证实的。当然有的人可以说是可以被证伪的，那也行，甚至可以被证伪的这一点还更重要。按照波普尔的证伪主义，什么是科学命题？科学命题就是可以被证伪的命题，不能被证伪的命题就不是科学的命题；不能被证伪的假设就不是科学的假设。这个是波普尔提出来的。当然我们不能完全同意波普尔的，只能说他说的有一定的道理，但是另一方面，确实假设是被假定为有朝一日可能被证实，所以大家才采取各种方式去证明它。证明的目的主要也是为了证实它，当然说主要是为了证伪它也可以，这也是科学的一种努力，避免我们走入歧路。这是科学的假设和先验的假设不同的地方，它是经验的假设，在经验的基础之上，我稍微再延伸一步，那就是一种科学假设。而先验的假设它是证明不了的，既不能证实也不能证伪，当然它需要，它的需要不是为了证实和证伪，也不是为了知识本身的扩展，对知识本身它并没有增加任何东西，但是它可以引导我们的知识去扩展。这是先验的假设的作用。

更重要的作用是实践方面的利益，为了实践的目的。如果有一些假设你不设定的话，那么我们在道德生活中，在宗教信仰中，甚至于在日常社会法律生活中，我们都无所适从了。比如说自由意志，自由意志就是一个假设，既不能证伪，也不能证实，只是一个理念。但是它很有用，我们在生活中都离不了它。但是这些先验的理念虽然很有用，你不要把这种假设信以为真。比如说自由意志，你要假定有自由意志，每个人都有自由意志，但是你不要把它当作是真正的知识，以为人身上真的有一个地方埋藏着一个隐秘的东西，一种隐秘的机制。那你就派一个医生或生物学家去研究，去解剖，看这自由意志到底存在于什么地方，它怎么起作用的，它的神经，它的毛细血管是怎么样运作的，那就搞颠倒了，它不是那个意思。所以对这样一种假设，只能对它进行一种争辩的使用，这跟前面讲的争辩的使用是紧密相连的。也就是说只能拿来反驳对方，而不能够证实自己。你只能反驳，比如说有人说没有自由意志，那么你就反驳它，你怎么知道没有自由意志？你就可以这样来反驳它，但是反过来说你怎么知道有自由意志，那我也不知道。既然双方都不知道，那么只有假设啊！既不知道它有，也不知道它无，那么我们就可以假定它来为我所用，在实践中它既然这么有用，假设了它又无伤大雅，对自然科学丝毫没有损害，那我们何不假设它呢？它是起这样一种作用，所以它只是假设而已。最后一个是证明的训练。

4. 纯粹理性证明的训练

康德认为，只有对先天综合判断才有严格意义上的证明，对经验的东西不存在证明。经验的东西，比如今天下雪了，不需要证明。我早上打开窗户一看，今天下雪了，这是不需要证明的，经验的事实不需要证明，它摆在那里。那么先天分析判断也不需要证明，也是摆在那里的，这个红花是红的，白雪是白的。你甚至经验都不需要，就可以从语词上面，把它分析出来，形成一个判断。需要证明的就是先天综合判断，先天综合判断有三个层次，我们前面讲了，一个是数学的，一个是自然科学的，一个是形而上学的。三个层次的先天综合判断，就有三种证明，一种是直接的证明，那就是数学的；一种是间接的证明，那就是作为经验知识条件的先天知识。经验知识它必须要以先天知识为条件，那么这种先天知识就需要证明，在康德的体系里面就是需要经过演绎。这些先验知识有什么根据可以应用于经验对象之上？这个是需要证明的，是康德的先验演绎所要讨论的问题。这种证明是间接的，它不是直接的，不像数学的这种原理，直接就可以证明，可以通过演证得到证明。这是自然科学的一种先天知识，它是一种间接的证明。至于那种先验的辩证的知识，形而上学的那些知识，它们都是辩证的，那些命题也需要证明；但是它们的证明往往导致了辩证论，也就是互相冲突的一些结论。那么这样一种证明它实际上也是不可能的，不可能完全通过一种证明的方式来证明形而上学的原理，你要证明的话也可以，那就会陷入到矛盾，陷入到先验的辩证论。

所以你要在这三个方面都有数，你是在什么意义上谈证明？你在数学意义上可以直接进行证明，你在自然科学的意义上也可以间接地证明，如果你在形而上学的意义上，那是不可能证明的。但是不可能证明它又要去证明——知其不可而为之——这是人类理性的一种自然倾向。那么在你发挥你的自然倾向的时候，你就必须掌握几条规则。这种自然倾向康德也没有完全否认，人类理性本身的自然倾向嘛，你必须让它发挥出来。但是要注意几点。第一点他要求，你的证明要说明根据，要进行演绎。你不能够独断地从一个东西出发，就推出其他东西，你必须要对你的前提说明根据，要加以批判地考察。第二个原则呢就是你要厘清证明的方式，尽量地把它归结到唯一的一种证明。你不要罗列这个证明、那个证明，一大堆。比如说这个理性心理学，提出来四种证明，对于灵魂，灵魂作为实体，灵魂作为人格的同一性，等等，你列出四种证明；对上帝的存在有三种证明，本体论证明，宇宙论证明和自然目的论的证明，这些个东西当然都是已经经过康德的压缩的，你要讲证明的话，还可以提出很多，特别是对上帝存在，但经过康德的压缩，压缩成三种证明，这三种证明最后又压缩，归结为一种就是本体论证明。所以康德主张我们要厘清证明的方式，不要一大堆摆在那里，必须要首先根据它的逻辑层次把它清理出来，然后根据它的内容把它加以归结，最后才能够暴露出问题所在。你把它归结为一个了，问题在哪里就出来了，就清楚了。比如说本体论证明，本体论证明最后归结为是逻辑上的一种误用，对于存在这个词，它本身具有双重理解，一个是作为逻辑系词，一个是作为实在的谓词，那么如果你的推理在逻辑上不严密，就会导致一些假命题。这是一个。就是要把各种各样的证明方式加以清理，缩小它的范围，最好能够归结到一种证明，这就能够暴露出问题。第三个原则就是不要用归谬法，而要用明示法，要明示出来，明白地表示出来。不要说别人怎么错了，就证明自己是正确的。这个是针对着二律背反来说的。所有这三种要求，在证明的方法上面提出这三种要求，就是为了把以往的证明的毛病点出来，并且由此来促进理性的成熟。这三种证明，不管是理性心理学的，还是二律背反宇宙论的，还是对上帝存在的证明，当然都是不成立的，前面先验辩证论一直都在批评，对形而上学的先验命题要加以证明，那是不可能的。前面那些当然是可能的，像这个先验感性论里面讲数学的命题，数学的直观的东西，我们可以通过一种形而上学的阐明和先验的阐明，那都是证明。在这个自然科学的可能性条件即先验逻辑的先验分析论里面，通过先验演绎，也进行了一种证明，这些证明都是可以的。但在先验辩证论里面，对于那些形而上学的先验命题的证明都是不成立的，都是违背了刚才讲的这三条原则。一个是要说明证明的根据，要通过演绎来介绍证明的根据；一个是要厘清证明的方式，不要提出一大堆证明，要归结到一点；再一个是不要用归谬法，这三点在以往的形而上学中都没有遵守。那么经过了对以往形而上学的批判以后，我们的理性就能够成熟了，就能够上升到一个更高的阶段。

二、纯粹理性的法规

纯粹理性法规也是属于先验方法论的，先验方法论法规部分一开始就讲了理性和知性都应该有它的法规。那么在《纯粹理性批判》这本书里面，理性的法规在哪里呢？理性在这里还没有提出它的法规。理性提出的理念还不是法规，它只是一种范导性的假设。那么《纯粹理性批判》里的法规是什么呢？就是知性所提出的那些原理，纯粹知性的原理，也就是由纯粹知性的概念、范畴所引申出来的那一整套能为自然界立法的原理。但是理性的法规还没有。理性在人的认识中也不能够成为法规，它只能构成一个范导。这个法规——Kanon，它是一个希腊词，有的人把它翻译成“理则”，或者翻译成“准则”，我们把它翻译成法规。它最初是由当时希腊化时代的一些哲学家，像伊壁鸠鲁、斯多葛派他们提出来的，就是关于真理的标准问题，真理的法规问题，用什么东西来规范真理，来做真理的标准。那么康德用这个词也有这个意思，就是说真理的法规就是知性的法规。那么理性有没有法规？在认识论里面是没有的。整个《纯粹理性批判》都只是纯粹理性法规的一种预备性的训练。那么既然只是一种训练，它本身就不是一种法规，只是一种敲打，只是一种练习，让你去经受各种怀疑、各种各样证明的失败，让你去尝一尝痛苦，但是纯粹理性本身的法规还没有建立起来。尝一尝痛苦之后，还得要回归到知性的法规，要严守知性的法规，而理性在里面总是作怪，那就要把理性那些貌似法规的东西排除掉。在认识论中排除理性的法规就是排除幻相，在认识论里面应该是这样的。那么严格说起来理性到底有没有法规呢？康德认为应该是有的，但是它不是在知性的领域，不在认识的领域，理性的真正的法规只有在实践的运用中才能够建立起来，理性的法规严格说起来就是实践的法规。所以如果我们把知性和理性严格区分开来的话，我们就可以看出来，严格意义上的理性就是实践理性，实践理性才是纯粹理性自己的王国，自己的大本营，就是在实践的领域里面才有它的归宿。而在知性里面，在人的理论认识领域里面，理性只是起一种帮助的作用。当然它很高，它比知性高，但是它起的一种作用是辅助作用，就是当知性说它只能达到这一步了，那么理性就可以把它再提高一步，引导它。但是知性没有理性，它照样可以为自然界立法，提出一些科学的命题，只要有知性的范畴加上经验，我们就可以得出知识了。

但是为什么还是需要理性呢？需要理性那是更高的要求，就是知性不能够固步自封，不能够到此止步，它还必须扩展自己的知识，最后力求达到一个知识的整体，力求达到统一的知识。现代人像爱因斯坦还在做这个事情，他一辈子也没有做成的就是“统一场论”，四种相互作用的力能不能归结为一种？最后还是没有做成。当然他这个还不是先验的假设，它是一种科学的假设，一种经验的假设，但是也说明在科学的领域里面，科学家自觉或者不自觉地总在追求一种大一统，大一统是永远要去追溯而又追溯不到的。我们可以设想爱因斯坦建立起了统一场论，那么它还会遇到分裂，又需要再统一。而永远需要再统一的这种要求，那就是理性的要求。所以理性在这个里头，它虽然不能直接构成知识，但是它可以帮助知性去构成一个知识系统，它起的是这样的作用。

理性只有在实践的领域里面、只有在道德的领域里面才是它真正的用武之地，所以后来康德在第三批判的导言里面曾经讲过这样的话，纯粹理性批判严格说起来只能叫“纯粹的知性批判”，严格意义上的“纯粹理性批判”就是“实践理性批判”，我们应该把实践理性批判称之为纯粹理性批判。当然康德的这个“理性”有多重的含义，知性它也是一种理性，而严格意义上的理性那是跟知性不同的。这种狭义的理性就只在道德领域里面有它的用武之地，那才是它的地盘；在认识领域里面那不是它的地盘，它只是介入到认识领域里面去起一种帮助的作用，一种范导的作用。所以在“纯粹理性的法规”这一部分中，实际上康德已经过渡到实践的领域了，已经在向实践的领域过渡了。要为狭义的纯粹理性寻找一种法规，只有到实践的领域里面去找。所以他整个的这一部分就已经涉及实践的领域了。而实践的领域是什么领域呢？是自由的领域，它表现出来就是一种目的性的领域，实践就是要追求目的。什么是实践？有目的的活动就是实践，或者是有目的的自由活动就是实践。什么是自由？目的实现了就是自由，你的目的实现了就是自由，目的没有实现就不是自由。自由跟实践、跟目的这三个概念是紧密相连的。而在这一部分，康德所提出来的主要是目的的问题，因为目的是联结自由和实践的中介环节。

1. 理性运用的最后目的

理性运用的最后目的也就是说，理性，我们也把它运用在知性的范围内，我们把知性本身也当作理性，也称之为理性。理性和知性之间没有绝对的界限，它是一个广义和狭义的问题，知性在某种意义上、在广义上也可以称之为理性，所以叫做“纯粹理性批判”。尽管他批判的实际上是知性，但是也可以叫做纯粹理性批判。所以一般说起来理性运用的最后目的，要追溯这个问题的时候就有两个层次的追溯，一个是知性的最后目的，一个是纯粹的狭义的理性它的最后目的。那么理性的自然倾向，也就是那种倾向于形而上学体系这样一种自然倾向，在思辨理性的范围之内就成为了一种范导。比如说在先验辩证论里面，它提出了灵魂、世界、上帝这样三个概念，这三个概念我们前面每一次都提到了，虽然它的理性证明是失败的，但是它在另外的领域里面都有它的一定的价值，不能完全否认。但这三个概念它还是在思辨的领域里面，它还是一种理论的假设。我们对于灵魂的认识，对于世界整体的认识以及对上帝存在的认识，还是一种不是认识的认识，一种伪知识。但是理性的自然倾向它不仅仅是对于思辨理性起一种范导性作用。这三个概念对思辨理性都有范导作用，灵魂可以对人的心理学起一种范导性作用，虽然我们的心理学追溯不到我们灵魂的知识，但是我们把它当作灵魂的知识去追溯，就会使我们的心理学越来越深入；世界整体的知识我们也追溯不到，但是我们可以把它当作一个追溯的目标，去扩展我们对于物理学、自然科学的知识；上帝我们也追求不到，但是我们可以把它当作一个理想去追求，不断地接近，使得自然科学和心理学越来越达到一种最高的统一，大宇宙和小宇宙都是上帝创造的，我们就要把上帝当作一个理想的目标，它是一种思辨理性中的范导。但是自然的倾向本身是什么呢？自然的倾向实际上是实践的倾向。

一旦转到一种实践的倾向，就可以看出来，在实践中要设立的实际上是三个这样的理念：一个是意志自由，一个是灵魂不死，一个是上帝存在，这三个理念在实践活动中都是很起作用的，它都可以看作是我们理性运用的最后目的。那么这三个命题跟前面讲的三个理念是有对应关系的，灵魂不死对应着灵魂理念，上帝存在对应着上帝理念，而意志自由对应着世界整体的理念，对应着第三个二律背反里面提出的自由的理念。当然有人就会问了，二律背反共有四个，那其他的三个二律背反对应于什么呢？其他三个二律背反在实践的意义上就被废掉了，已经没用了，只有第三个二律背反里面自由的理念才有用。因为前面两个二律背反，世界是有限的还是无限的、是可分的还是不可分的，他已经证明双方都是错误的；而最后第四个二律背反讲世界之内有无绝对必然的存在者，虽然暗示了世界之外的上帝，但也没有明确承认世界之外的上帝。只有第三个二律背反对自由的设定，本身就具有实践的意义。所以，既然他现在所站的立场已经转移到实践的立场上了，其他的三个理念对实践来说都没有用，他就取了世界整体的二律背反里面的第三个二律背反的理念即自由的理念，来作为理性在实践上一种必要假设，其他三个二律背反则脱落掉了。所以在实践领域里面的假设就是三个，灵魂不朽、意志自由和上帝存在。它们跟先验辩证论里面讲的三个辩证幻相稍有差别，主要是在二律背反里面，原来有四个二律背反，现在他仅仅用了它的第三个二律背反里面的理念，来形成纯粹理性的法规。这是因为他的立场已经转到实践的立场上去了，凡是跟实践无关的他都不考虑，他要考虑的是实践上如何能够有用。

意志自由它是一种假设，在第三个二律背反中已经假设了，但在实践中还有另外两个假设，一个是灵魂不朽，一个是上帝存在。由灵魂的理念是否可以建立“灵魂不朽”的法规，由上帝的理念是否可以建立“上帝存在”的法规，那是要在实践的领域里面另外去假设的。在实践的领域里面，意志自由已经不需要假设了，因为在理论上第三个二律背反已经把它假设了，这个假设是站得住脚的。虽然我不能证明它，但是你也不能否认它，那岂不就是站住脚了？而且在理论上我们甚至还需要它，需要它作为充足理由律得以成立的一个条件，这就实际上已经把意志自由设定了，也就是作为一个悬设，Pstulate。康德道德哲学的三大悬设都是立足于实践的立场上的，一个是意志自由，这个在理论上已经悬设了，那么在实践上我们还需要悬设的，一个是灵魂不死，一个是上帝存在。

我们首先考察自由，作为“理性运用的最后目的”，我们首先考察自由的目的。自由的理念当然是理性的一种运用，自由的理念提出本来就是“理性的纯粹运用”的一种功能，它提出了自由的理念这样一个先验的理念，那么我们就要追溯这个自由的目的是什么。自由的目的有两个层次，一个是幸福，在理论理性里面我们为什么要追求那么多的知识，就是为了幸福。从培根开始讲“知识就是力量”，我们为什么要追求那么多知识，就是因为知识带来了力量，改善了我们的生活，使原来很多不可想象的事情，我们今天都可以实现出来，人类的所有梦想都可以实现出来，那岂不是带来幸福么？那么自由的目的首先是为了追求幸福。但是幸福是不是最终目的呢？它不是，因为追求幸福的人也有可能是不自由的。自由的目的最终是为了实现自由的意志。那么如何才能实现自由意志呢？必须在道德领域里面得到更高的提升，达到更高的目的。

而从理论的领域来看，我们可以看出，理论理性领域的思辨，我们进行思辨，进行认识，建立科学知识，它本身是有利益、有关切的。利益，Interesse，我们翻译成利益，有的翻译成利害、兴趣，有的翻译成关切，其实它跟目的经常是一个概念，就是我们所要达到的目的，所关心的目的，所要求的东西。那么思辨的利益在理论理性里面，它是从属于实践的利益的，你要获得知识，你要获得越来越多的知识，获得越来越准确的知识，那是为了什么？是为了用于实践，而实践首先是为了实现人的幸福。为了实现人的幸福，我们就可以把理论的活动本身看作是一种实践的活动，当然这个实践还是低层次的，你要实现幸福，理论活动当然也是一种实践的活动，比如说技术和工业，康德有时候把它称之为“技术上的实践”。但是康德对技术上的实践这个概念究竟是属于实践的领域，还是属于理论的领域，还有些摇摆不定，他在《纯粹理性批判》里面把它看作本身也是一种实践的利益，就是实现人的幸福。但是在康德第三批判的导言里面呢，他又明确讲到，所谓技术上的实践实际上还是属于理论的领域，虽然它有实践。比如说我发现了一条规律，就可以拿来在技术上使用它，可以造福于人类。但是这种实践是技术上的，仅仅是为了达到某些技术上的目的。就像几何学，欧几里得几何它也有一个附属的部分，就是如何作图。如何作图也是欧几里得几何学里面的一个技术上实践的部分，但是这个部分是属于理论的，它不属于实践。所以这样一个低层次的实践目的在康德看来是介于理论和实践之间，你可以把它看作是理论的延伸部分，也可以把它看作实践的初级部分。在这里他还是基本上当作是实践的初级部分，就是说在理论领域里面已经有实践的利益了，但那是低级的。这种实践跟物自体没有关系，它还是利用现象界的知识去获得现象界的财富，达到现象界的目的。真正的实践应该是跟物自体有关的，跟先验的自由有关的，先验的自由在我们的行动中转化为实践的自由。先验的自由跟实践的自由这两个概念是非常重要的。先验的自由是在第三个二律背反里面假定了的，已经悬设了的，那么直接把它实现为实践中的自由，就进入到了实践的领域，就是实践的自由。实践的自由它可以体现在我们的行动中，体现在我们的经验中，我们可以用经验来证实它。比如说某某人的行动，这个事情就是他做的，就是他的自由意志所造成的，这是个经验的事实。这个经验的事实说明人通过自己的自由是可以影响自然界的。但是你要追溯他影响自然界的这个经验背后的原理，不能用自然界的规律去理解，不能归结为它的自然规律，它背后有它物自体的根源。一个人的自由行动有它物自体的根源。所以这个经验的事实必须作为理性的事实去理解，否则就会把它误解为自然机械作用而不是自由行为了。

所以对自由的概念也是康德的一个很大问题，我们曾经讲过康德的自由概念有好几个层次，最低层次就是自由的任意，Willkür，李秋零翻译成任性，我们把它翻译成任意。康德认为任意有两种，一种是动物性的任意，一种是自由的任意。动物也有任意，动物的任意那是非常偶然的。中世纪神学家有一个典故，就是布里丹的驴子，假设一头驴子站在两堆同样大小的草料之间，到底先吃左边这一堆，还是先吃右边这一堆？如果驴子没有自由的任意的话，那么它就会饿死，因为它不知道选择从哪边开始，但实际上驴子从来没有饿死过，说明驴子也有自由的任意。当然这是一个笑话，但是说明一个问题，动物也有任意。这个任意完全是偶然的，它没有什么道理，完全是碰到什么是什么，它凭借的是偶然性，绝对不会在两堆诱惑同样大的草料中间饿死。其实人的任意才是“自由的任意”，为什么是自由的任意呢，因为人加入了理性，他有选择。动物的选择不叫做选择，因为它没经过考虑，人的选择是经过理性的考虑的，所以他是自由的任意。那么自由的任意它又分成两种，一种是用在日常生活中的，日常生活中的任何一件行为，包括求食、谋生，这些行为都是自由的任意，都是低层次的。但是高层次就是自由意志，Wille。“意志”这个概念康德用在比较高级、比较抽象的意义上，或者说自由意志是自由任意中的高级部分，可以这样来理解，统称为自由任意。但一般讲自由任意的时候，它主要考虑的是低层次的，如果讲到高层次的，他就用自由意志。康德认为只有自由意志才是真正的自由的实现，因为自由的任意往往是以感性的东西作为前提的，我要什么，我欲求什么，我希望什么，我追求什么，往往出于本能，或者出于感性的需要。我肚子饿了就要吃，我喜欢那个东西我去追求，这些东西都是以外在的某些东西作为前提，而且往往遵循的是自然规律，你要追求那个东西，你就要想一些技术性的办法，当然你就要运用理性了，这点跟动物不同。你要设计你的手段和目的，设计你的手段和目的之间的关系，你要采取明确的步骤去达到你的目的。这就是自由的任意。也可以实现你的自由，但是这个自由是不完整的，或者不纯粹的，它里面包含有不自由。比如说你要吃饭，我们经常讲如果人可以不吃饭而活着的话，这个世界上就没有冲突了，没有战争了，大家都可以不吃饭了，不管怎么样我都可以活着了，你们要打仗你们打去，我一个人逃到山上去，我住到喜马拉雅山顶上去，我不食人间烟火，这个就是道家的理想，说可以“辟谷”。如果人人都可以辟谷，那么这个世界就没有冲突了。之所以人们还要追求这，追求那，追求自由，还是有一个前提，人要吃饭，人要温饱，这个是最低层次的自由，实际上还是一种不自由。所以我们讲人其实还是一种动物。那么最高层次的自由就是自由意志，那就是道德的自律，那才是自由意志，那是没有任何经验的前提的、纯粹的自由。这个是在《实践理性批判》和《道德形而上学奠基》里面讲的。那么纯粹理性的运用的最后目的应该就是这种自由意志，而不是那种技术性的、实用性的或者“明智的”实践活动，日常的实践活动，那个不是理性的最后目的。当然也是理性的目的，它是由理性建立的，但并不是最后目的，最后目的就是自由意志。

2. 最后目的之根据：至善

最后目的的根据是至善。这也是讲纯粹理性的法规。在理性的最后目的，理性实践活动以及理性的最后目的至善上面都可以运用理性的法规，理性本身的根据地就在这里。那么这个最后目的的根据地就是至善，至善就是最高的善，最圆满的善，凡是纯粹理性在实践的利益中以及在思辨的利益中，凡涉及利益，都归之于至善。那么康德在此提出了三个这样的问题，就是说不管是思辨也好，还是实践也好，作为利益所在的至善，它们所要解决的问题一共来说有三个：一个是“我能知道什么？”第二是“我应该做什么？”第三个是“我可以希望什么？”它们分别对应于理论理性、实践理性和宗教。我能够知道什么，这是理论理性所要解决的问题，是理论理性的利益所在、兴趣所在，是理论理性的关切所在。我应该做什么，这是实践理性的兴趣所在、实践理性的关切所在。最后，我可以希望什么，是宗教所关切的问题。那么宗教所关切的问题是前面两个问题的一个综合，相当于一个三段式，正反合。思辨理性考虑我能够知道什么，是理论的问题；那么实践理性考虑的是实践的问题，我应该做什么，这是实践的问题，实践的法规；那么我可以希望什么，等于是理论理性和实践理性的一个统一，里面既有理论的成分也有实践的成分。如何统一？是这样统一的。理论是要解决人的幸福问题，我们刚才讲了理论理性是要解决幸福问题，我知识越多我就越有力量，我越有力量我的生活就越好，我在自然界的生活就越幸福。那么实践理性要解决的是人的道德问题。道德当然是善啦，道德是“最高的善”，但还不是“至善”。康德把这个至善区别出来，das höchste Gute，这个德文词有双重含义，一个是最高的善，一个是至善，但是康德认为最高的善不等于至善，最高的善是道德，但是至善应该是完满的善。一个是最高的善，一种是完善，牟宗三翻译成“圆善”，两者是不同的。道德虽然最高，但是它并不一定完满，为什么不一定完满呢？因为道德不一定能够得到幸福。我们通常讲一个有道德的人往往是吃亏的，这就不完满。我们通常希望的是善有善报恶有恶报，道德上最高的人应该得到最大的幸福，每个人的幸福应该跟他的道德相配，这才完满。如果你采取一种不道德的手段得到了幸福，那你就不配得幸福；而如果你处处按照道德做却得不到幸福，那就是不完满。真正的完满就是说，道德的人得到了与之相配的幸福，这就很完满了，德福一致了。这就是宗教所要考虑的问题，理论没办法解决，自然科学没法做到德福一致。道德自身也不屑于考虑这个问题，我作为一个道德的人，我做道德的事情不是为了得到好处，这才是真正的道德。为道德而道德，不考虑好处，所以真正的道德也不考虑至善。只有宗教以上帝的眼光才能够考虑至善，上帝能够让德和福相配，让福配得上德。所以康德的最后目的的根据就是至善，就是上帝，至善就是上帝才能做到的善。那么在这方面，康德建立起了一门“道德神学”。我们前面讲了道德神学是康德所鼓吹的，思辨神学、理性神学都不成立，理性神学的最后一个环节才是道德神学，但是那已经不是在理论理性的意义上，而是在实践理性的意义上了。我们前面列了一个表，道德神学要高于一切思辨神学。以往的思辨神学，当然不是说它们完全没起作用，它们也起了作用，但是它们的作用是做了铺垫。它们都被推翻了，但它们的努力并没有白费，而是为道德、为上帝存在的道德证明做了铺垫，只有通过这种方式我们才能证明有一个上帝是因为我们需要道德，如果没有道德我们的德福一致就没有根据。何时才能看到有道德的人得幸福？那就需要一个上帝，这就是上帝存在的道德证明。

当然这个证明在我们中国人看来是非常荒谬的，是站不住脚的，没办法证明。康德的本意也不是在那种情况下证明有一个上帝，而是说我们需要一个上帝。

3. 意见、知识和信念

那么最后就是讲到了法规，真正的法规是什么？就是信念。纯粹理性真正的法规不是知识，而是信念。“意见、知识和信念”这一部分就是讲这个问题。信念，Glaube，也可以翻译成信仰。意见、知识和信念这三个概念相互之间有一种层次关系，在实践的领域里面我们对理性的运用就是根据信念，所以纯粹理性的法规它是一种信念的法规，是由信念带给我们的法规。我们是有信仰的人，我们就有法规，这个法规是从纯粹理性而来的。这种信念跟意见和知识有什么区别？首先，确信和置信是有区别的。确信，就是有确凿的根据我才信它；置信是被说服了，但可以是口服心不服。Überzeugung 是确信，Überredung 是置信，置信就是口头上被说服了，但是我们姑妄信之，那就是置信。所以置信它属于意见，而确信属于有客观性的知识。而信念它属于两者之间，属于在置信和确信或者意见和知识之间。信念，Glanbe，它既没有确定的知识根据，——有了确定知识根据那就是确信了，上帝存不存在，灵魂是否不朽，这个都没有确定的知识根据，——但是它又不是意见。意见是大而化之，姑妄言之，姑妄信之，含含糊糊，不太确定。那么信念它是主观的，但是它是确定的；意见是主观的，不确定；而确信是客观的，确定的。而信念既是主观的，但也是确定的，也有它的确定性，它介于主观的意见和客观的知识之间。它在主观上有它充分的根据，也就是在道德上，我们明确地相信有个上帝存在。这就为信仰留下了地盘。从巴门尼德、柏拉图开始，把人的知识分为要么就是意见，意见有时候就是无稽之谈，有时候就变成幻相了，有时候是感性的一种欺骗；要么就是真理，真理就是确定无疑的，独断的，必须确信的。但在这两者之间应该留有地盘，那就是信念，那就是信仰，虽然它没有客观的根据，但是在主观上它是确定的，它不是可有可无的，也不是幻相。这就是纯粹理性的真正的法规。纯粹理性的法规体现在什么地方，就体现在信念或者信仰上面，它是一种信仰的法规。比如说上帝的存在、灵魂的不朽，这些东西都没法证明，但是我必须相信，必须相信有德福一致。灵魂不朽也是必要的，必须要设想有一个来世，你光有个上帝，如果我人的灵魂都没有了，上帝在那里也没用，也不能使我达到德福一致。我必须要有来世，以便等待上帝的审判，最后能够完成德福一致。所以灵魂不朽和上帝存在都是必要的，对于我主观上来说都是一种必要的信念，但是它没有客观的根据。这就是他所留下的地盘。这就应了他在序言里面一开始就提出来的一句话：我必须悬置知识，而为信仰留下地盘，为信念留下位置。

三、纯粹理性的建筑术

方法论的前面两部分，一个是纯粹理性的训练，一个是纯粹理性的法规。那么我们今天讲的是最后一部分，一个是纯粹理性的建筑术，还有一个是纯粹理性的历史。这两部分是比较带有一种规划性质的。前面讲训练也好，讲法规也好，都是讲掌握方法，怎么样入手，怎么样切入；然后纯粹理性的法规它主要是在实践的领域里面的法规，因此它是向实践理性批判的过渡。但是纯粹理性的方法，先验的方法论，它是要提供出一种具体的方法。前面讲到纯粹理性的训练，它是一种消极性的方法，至于讲纯粹理性的法规，则已经向另外一个领域过渡了，讲的是纯粹理性的方法所能够运用的领域。那么纯粹理性的积极性的方法应该怎么来理解？这主要是在它的建筑术以及对纯粹理性的历史的分析里面所展示出来的。也就是说建筑术它主要是这个体系的模式，或者说这个体系的形式；而纯粹理性的历史里面所提出的问题，应该是未来形而上学所解决的内容方面的问题。一个是形式方面的建构，一个是内容方面的它想要解决哪些话题、哪些主题。所以这两部分也还是很重要的，首先我们来看建筑术。

这个建筑术，是康德特殊的用语，也就是对于未来形而上学体系的一种大体的规划。这个“大厦”，——他经常用这样的比喻，就是形而上学的大厦，究竟是如何建立起来的？在序言里也提到这一点，就是说这个大厦的根基应该是建立在牢固的地基上面，而不是建立在沙滩上面，整个《纯粹理性批判》就是要为这个大厦奠定扎实的基础。现在基础已经打牢了，那么建筑物究竟应该怎样建设起来？必须要有一套方法，这就是在本来意义上的、积极意义上的方法了，先验方法论，就要落实到这上面来。这就是建筑术。

康德首先把建筑术和一般的技术做了区分。一般来说我们理解建筑术也是一门技术，大学里建筑系是放在工科里面，工科就是搞技术的，搞技术理论的。但是康德认为建筑术跟技术是不一样的，技术它是非常局限的，你要解决一个问题，你要针对一个问题，你就要提出一种解决的办法，要一个个地针对每一个问题，但是技术不太考虑各个部分的关联。而建筑术就不一样了，你在建筑一座房子的时候，特别是建筑艺术，你要把这栋房子建得好，建得牢固，而且要合乎一定的规范，所以建筑术考虑的是一个建筑各个部分与整体之间的关联，这是它要着重考虑的。单纯技术是建不好一栋房子的，一栋房子除了有泥瓦匠，除了有工人以外，你还要有一个设计师啊！这个房子该怎么建？你要提供一个图纸，让那些技术工匠照着图纸去办，去干活。所以建筑术比技术要更高一个层次，它是一种综合的方法，而技术是分析的。建筑术是综合地从总体上、整体上来考虑一个对象。所以康德说《纯粹理性批判》里讲到了知识何以可能的问题，但是光是有了知识，这个还不能建立起一门形而上学。未来的形而上学，它不是作为知识的形而上学，而是作为科学的形而上学，当然它里面包含知识，包含一切知识的可能性的条件，但是它本身是一门科学。所谓科学它跟知识不一样的地方就在于科学是一个体系，而一般的知识和技术它不要求体系，它是离心的、零散的、就事论事的。科学必须把所有的知识建构成一个完整的体系，所以他认为在建筑术中需要考虑的是部分和全体的一种有机关系。这是一种有机关系，你去掉一部分，整个体系就会垮掉，每一部分都是有用的，每一部分都不是多余的，都对它的整体做出了贡献。而这个整体是由建筑术预先设计好的。不是说碰到什么问题我再来解决，这个地方垮了，我找根棍子再支起来，不是那样的，那样是盖不起房子的，是盖不起一栋大厦的。所以他强调这个里头是一个有机的关系，强调建筑术它是有机性的，而不是机械的。有机的和机械的是这么一种区别。技术是机械的，机械的技术是可以拼凑起来的，而一栋大厦不可能拼凑起来，它必须要有一个总体的规划。既然是一种有机的关系，那么未来形而上学作为一种理念，要把它实现出来，把它作为一种有机的体系实现出来，就必须要有一种图型。范畴的图型就是时间的先验规定，这是前面已经讲过了的。那么未来形而上学作为哲学，它的理念要实现出来，要建立起来一个大厦，它也必须要有一个图型，当然这个图型它不是运用在经验的对象之上，纯粹理性的图型它不是面对经验对象的。知性是面对经验对象的，而理念，纯粹理性它要建立的是一个哲学的建筑物，一个大厦，但是它也需要一个图型。这个图型就是合目的性。

康德认为形而上学的大厦应该是有机的，而不是机械的；那么如何能建立起一个有机的大厦呢？那就必须要以合目的性作为图型。比如说你首先要设计一个图纸，那么这个图纸它必须要反映出一种合目的性。当然这种合目的性它不是构成性的，而是一种范导性的图型，或者说是一种调节性的图型。它不是真的在图纸上就能把那个建筑物建立起来，而是一种引导，就是一种类比，类比于有机体。比如说，一个生物体，我们可以把它拿来作为一个图型，按照这个生物体各部分有机的关联，来建立一个大厦。但是合目的性除了像生物这种合目的性以外，还有另外一种合目的性，就是技术的合目的性。如果我要达到一个目的，就要采取一定的手段，采用一定的工具。这种技术的合目的性是属于一种外在的合目的性，而纯粹理性的建筑术的合目的性则是一种内在的合目的性，就像有机体。有机的合目的性是一种内在的合目的性。什么叫内在的合目的性呢？目的一般我们都知道，就是我们每个人在日常生活中，我们的行为都是有目的的，为了达到某个目的，我们就必须要寻求某种手段；而目的一旦达到，这手段就不必要了，就可扔掉了。我们之所以还把手段保留着，是为了下一次还可以用来达到同样的目的。如果我意识到这个工具再也用不到了，那就可以扔掉了。这就是外在的合目的性，或者说技术的合目的性，实用性的合目的性，它的目的在工具之外，在手段之外。用一个手段去达到这个手段之外的一个目的，这叫外在的合目的性。而内在合目的性呢，跟这个就完全不同了。内在合目的性我们可以举有机体为例，比如说一只蚂蚱，它的每一个部分，你可以说它是整体的工具，但是它同时又是整体的目的，因为这个蚂蚱它是由各部分建构起来的，而每一个部分就是它本身，它不是用来达到另外一个目的。蚂蚱就是它各部分要完整地生长起来，成长，长大。一棵树的种子也是这样，它的每一部分既是手段也是目的，这就叫内在的合目的性。也就是这个合目的性不是达到手段以外的目的，而就是这些作为手段的各个部分本身所构成的，它们互为目的和手段。比如说一棵树，它的根、叶、茎干，各个部分既是目的又是手段，每一个部分为整体做了贡献，少了一部分都不行，而做了贡献以后，整体又滋养了它的每一部分，发展了它的每一部分。它的根系，它的树叶茂盛，这就说明这棵树长大了，它的茎干长高了，这就是它的目的，它就是要长成一棵大树！但是它的每一部分又是为长成大树贡献力量的，所以它的某一部分如果受到了伤害，整体会自动地去修补、去愈合，它的伤口可以愈合。一个有机体就是这样的，它的某一部分，不是说受到伤害以后，它就可以抛弃它了，它可以自行愈合，它可以成为全体的目的，全身的树浆或血液都供给它，让它的伤口尽快愈合，这个时候它就是目的。当它愈合了以后又可以作为手段，它时时刻刻都既是目的又是手段，这就是内在的合目的性。康德是用有机体来打比方。

但是这个里面有一种矛盾，这个是后人才揭示出来的。康德的这样一种有机的关系当然是十分有启发意义的，但是它仍然局限于机械的关系，也就是“建筑”。他一方面用建筑来打比方，一方面他又用有机体来打比方；但是建筑并非有机体，它只是类似于有机体，它以这种内在的合目的性作为类比的图型，打一个比方，好像是一个有机体那样。当然我们欣赏一个建筑物的时候，可以采取这种眼光：你看这个有机体，这个建筑物多么完整，每一部分都是有用的，每一部分跟整体所要表达的意图都是和谐的。我们这样欣赏的时候，确实是把它类比于一个有机体来加以评价。我们说这个建筑物，就像从“地上长出来的”一样，这个有机体是非常成功的。如果说这个建筑物像一个天外飞来的，像飞来横祸一样，那就不对了，那样的建筑就是失败的。像这个中央电视台的“大裤衩”，那就是从天而降，跟周围的环境极不适合，也不知道它要表达什么东西，它完全没有有机体的概念，就是一种非常偶然的东西。所以建筑呢，你当然可以从有机体的角度来看它，来评价它；但是毕竟建筑不是有机体，因为建筑是一次性盖好了，它就永远在那里了，而有机体是要生生不息，要生长，要完善，要不断地完善自己的。所以生命和建筑当然还不是一回事情。

不过，在康德这里已经提出了生命和有机体的概念，这个是一个很有启发性的思路。但他自己并没有完成这个思路，他的方法基本上还是一种建筑术。就是说你在考虑建设一门形而上学体系的时候，首先当然是打地基，然后你预先要把你要用到的材料都估算在内，你要用多少砖？多少瓦？多少木料？你要估计得恰好不多也不少，然后建起来，没有一块砖是剩下来的，没有一根木料是多余的，全都用上了，这就像一个有机体一样。但是一旦建好，那个建筑物就不再生长了，如果那个地方有块砖损坏了，有一根木料腐朽了，它自己是长不好的，你必须要派人去给它更换，去修补它。所以建筑物肯定不是有机体，在这方面呢，建筑术还是表现出本质上的机械性，虽然它已经不是那种技术性的，但是它仍然是机械性的，这是建筑术的局限性。历来也有很多人批评他，说他想要一劳永逸地把未来的形而上学建立起来，这个是他的某种局限。但是另一方面，康德也意识到未来的形而上学不可能一劳永逸地建立起来，即便是未来，但这个未来也许要推到无穷远。当然他是想建立一门形而上学，但他也不一定认为自己建立的形而上学是一劳永逸的，从此以后就不再变了。我们看到下面还有一种解释，就是这种内在的合目的性，它也是从有机体的形成过程中来加以理解的，怎么理解？就是这种合目的性应该是一种历史的合目的性。

我们下面还要讲历史，在建筑术里头也已经涉及一些历史的问题。康德认为，未来的科学的形而上学我们可以称它为哲学，这个哲学是大写的，就是一般的哲学，或者说，一劳永逸的哲学。这样一个哲学它只是一个哲学的理念，由理性所设想出来的未来的形而上学是一种哲学的理念，其实是永远达不到的。当然，从古希腊以来两千多年，人们一直在探讨哲学，每一个人都有一个哲学体系，那么这些体系算不算哲学呢？按照康德在《纯粹理性批判》里面批判的，就是以往的形而上学全都是失败的，既然全都失败了，就不能叫做完整的哲学理念了，你甚至都不能在严格的意义上把它们称之为哲学。那么把它们称之为什么呢？称之为“哲学研究”，philosophieren。哲学是 Philosophie——把它变成一个动词，“哲学起来”，我们把它意译为哲学研究，有的人把它理解为“哲学一番”，我们去“哲学一番”，我们两千多年一直在“哲学着”。我们把它变成一个动词。但是从来没有人达到过哲学，我们只能说是在进行哲学研究，但是我们不能说我们已经建立了哲学。他认为没有人敢于自夸，说我建立的就是哲学，只能说我正在做哲学研究。你正在做哲学研究，正在向哲学的理念靠拢，但是你并没有建立起来。康德以前没有建立起来，那么康德自己以及他将来是否能建立起来？在这方面康德有些说法表明他是抱有怀疑的，实际上他是否定的。他甚至于认为没有人能自称为“哲学家”，我们只能自称为“哲学研究者”。哲学家也是一个理想，你要成为一个哲学家，严格说起来只是一个理想。当然我们把这个那个人称为哲学家，我们把康德称之为哲学家，这个没有人怀疑。但是康德认为在严格意义上，哲学家是一个理想，虽不能至，心向往之，想要达到，但是没有人能够真正成为一个哲学家。他认为我们今天所谓的学哲学，其实只是学哲学史，只是哲学的历史的概念。我们今天学哲学，学洛克的哲学，学莱布尼茨的、沃尔夫的哲学，但是那些哲学都是历史上的，它们不等于哲学，它们只是对哲学的一种研究。而且这种研究在康德看来是失败的，你只能够说是在学哲学史。但是能不能直接学哲学呢，不行，没有别的办法，你不能直接地学哲学，你只能通过哲学史来学哲学，来向哲学靠拢。因为哲学史上的那些哲学家就是在向哲学靠拢，他们在做哲学的研究，这只是一个历史的过程。

你要学哲学，你就要把握这样一个历史的过程，以便加入向哲学靠拢的行列。

这就是康德对于哲学、哲学研究以及哲学史和哲学的关系的一个观点。这个观点很有价值，后来被黑格尔发展为“哲学就是哲学史”。哲学没有别的，大写的哲学，就是全部哲学史。当然全部哲学史还没完，只有黑格尔认为在他这里就完了，黑格尔已经猜到上帝在说什么想什么了。康德在这一点上比黑格尔更加明智、更加谨慎，他没有说哲学史在康德这里就完成了。《未来形而上学导论》，他写过；这个《道德形而上学》，他也写过；但是自然形而上学，他没来得及写。即便他写了，他可能也不认为自己就完结了哲学。按照他把哲学看成一种理想或者一种理念这个说法，他也不认为自己在严格的意义上可以称为哲学家，没有人能自称为哲学家。这是他的一个很了不起的观点，后来的恩格斯也讲，我们要学哲学，除了学哲学史外，别无它法。而且还不够，学了哲学史你就学了哲学了吗？都还不够，学了哲学史你还必须要投身于哲学史，进入到哲学史。比如说你成为哲学史上迄今为止最后一个环节，或者说你把哲学史上最近的哲学又进一步发展了、推进了、提高了，那么你才是真正在学哲学。否则的话，你学的哲学只是知识，你只是在学哲学史的知识。我们哲学系的同学们应该意识到这一点，我们学中国哲学，学外国哲学，学马克思主义哲学，学科技哲学，都是人家的，都是前人的哲学，我们所学的知识、哲学的知识、哲学史的知识，这些知识严格说起来，它只是一种“哲学的学术概念”，也可以说是哲学的“学院概念”。学院里面讲哲学就是莱布尼茨、沃尔夫、洛克、苏格拉底、柏拉图、亚里士多德，这些都是些死人的哲学。像黑格尔讲的，在哲学史的园地里，到处是死人的枯骨，是白骨累累的战场，它们互相厮杀，你把我杀死，我把你杀死，然后大家都死了，成了一片白骨，你在这个战场上面凭吊古人。我们在干这样的事情，学哲学的就是在凭吊古人。但是你自己有没有哲学？哲学到底在你身上还有没有生命？那是另外一回事。当然，你要复活哲学的生命，你就必须掌握哲学史。所以黑格尔讲，认为以往的哲学都死了这个观点是不对的，严格说起来，没有一门哲学是已经死去了的，包括最早的哲学，包括苏格拉底的、包括泰勒斯的、包括赫拉克利特的，都不是死的哲学。它们至今还活在人们的头脑里，它们积淀在我们的文化中，积淀在文明之中，它们就有活力。我们当然只能够通过学哲学史来学哲学，但是我们在学哲学史的时候要清楚地意识到，这只是哲学的学术概念。学术概念是一种技术概念，是建筑术的概念。学术本身也是技术。这种哲学的讲授，真正说来它仍然是一门技术，它不是哲学。你可以成为理性的“专门家”，但是不能成为理性的“立法者”。康德把专门家和立法者区别开来，你能够讲哲学史，你能够介绍现有的以往的哲学家的思想，那你是专家，但是你不是立法者，你不具有哲学的创造力，你不具有一种创新的能力。真正的哲学，应该是基于“哲学的世界概念”。“哲学的世界概念”和“哲学的学术概念”是不一样的，“哲学的学术概念”是待在象牙塔里面、学院里面，关起门来纸上谈兵，夸夸其谈。当然也要做很扎实的学问，但是那都是青灯黄卷读出来的，它不面对世界。而真正的哲学，应该面对世界，面对世界概念。什么是世界概念，什么是“世界”？他认为，世界就是每个人都感兴趣的东西，每一个人，包括普通老百姓都感兴趣，你在学院里面关起门来讲的那些东西，老百姓不感兴趣，也听不懂，他听懂了也没用，不能够跟他的现实挂起钩来。所以康德非常强调，真正的哲学应该是建立在世界概念之上，而真正的哲学家应该是一个“人化”了的世界概念。严格意义上说，什么是哲学家，哲学家就是世界概念的人化，你把这个世界概念看做是一个理想的人，那么这个人就是一个哲学家了。也就是说，哲学家就是对任何事情、对任何人感兴趣的事情都感兴趣的那么一个人，一个理想的人。那么这样一个人是没有人能真正的达到的，所以哲学家也是一个理念。哲学是个理念，没有人能达到；哲学家也是个理念，是个理想，也是没有人能做到的。所以他把哲学和哲学家放在遥远的彼岸，但是这个遥远的彼岸并不是说没有用了，对我们的世界就没影响了，恰好相反，你以遥远的彼岸的理念、理想作为标准来衡量自己，衡量自己的工作，就可以推动你面向整个世界去做你的哲学，去接近它，接近哲学和哲学家的理念。

这样一个理念，它的对象是什么呢？它要追求的是理性的根本目的和终极目的，一个是理性的本质的目的，一个是理性的终极的目的。刚刚不是讲了建筑术要以目的性为它的图型吗？那么哲学和哲学家追求的目的是什么呢？有两个层次，一个是理性的根本目的，或者翻译成理性的本质性目的，理性本身，它的本性就是要追求这种目的的。还有一个是理性的终极目的，最后的目的。理性的本质目的还不等于理性的终极的目的，理性的本质目的是在世界概念里面每一部分都埋藏着的，只要你运用理性，那么理性的本质目的就在起作用。但是理性的终极目的是在理性的追求的最后才能显示出来。由此哲学就要分成两个层次，一个是自然哲学，一个是道德哲学。或者说，自然哲学它是要展示理性的本质目的，我们在自然哲学中，每一个观点里面都有理性，或者说都有哲学的因素。我们的经验，我们的科学，我们的知识，每一个里面都有理性的成分作为它的本质，比如说范畴原理这样的东西。所以我们要追求理性的本质目的。而在最后，所有这些本质目的，它们的追求归结到的最终的目的，就是道德。前面已经讲到了这一点，理性的追求的最后目的是要追求道德。所以这两个层次，自然哲学要解决理性的本质目的，道德哲学解决理性的终极目的。自然哲学考虑的是实有之物，实有的、现实存在的，整个世界的概念。在这个世界中每一个事物都是实有的，那么我们要探讨的就是什么是实有之物。道德哲学呢，要追求的是什么是应有之物。实有和应有，是由两种不同的哲学来追求的。这个休谟早就说过了，应该把“是”和“应当”区分开来，“是”的东西不一定是“应当”的东西，“应当”的东西不一定是“是”的东西。那么，康德在这里做了一个严格区分，就是自然哲学追求什么是“是”，什么是“存在者”；而道德哲学追求的是“什么是应当”。自然哲学要解释的是自然界，是自然界的对象；而道德哲学要解释的是自由，什么是自由，自由的对象，自由的规律，等等。自然的规律和自由的规律，两者是不同的。总而言之，所有这些区分，它都有一种关系，就是自然哲学最终要服从道德哲学，或者说自然哲学最终都通往道德哲学，它们有一个层次关系问题。康德后来也讲过，实践理性要高于理论理性。实践高于理论，实践是最终目的，是终极目的，而理论只能当做手段。这样一来，他所设想的未来的哲学就成了一个有机的合目的性的关系。每一部分都是有用的，自然哲学它不是道德，但你也不可以说它就没用，在这个体系里面它是必不可少的。先把理性的本质目的搞清楚了，才能够通达理性的终极目的，所以它是一个过程。不能撇开某一方面，比如说终极目的最重要，就把它剔出去，单独抽出来，那不行，它是个有机的合目的性的关系。未来形而上学本身应该是这样一个有机的建筑物。由此康德列出了一个未来哲学的分类表。哲学将要怎样建立起来，如下表：

- 哲学
  - 纯粹理性的
    - 形而上学
      - 纯粹理性的实践运用（道德的），终极目的
      - 纯粹理性的思辨运用（自然的），根本目的
    - 批判
  - 经验性的

也就是说未来的哲学应该包含这样几个部分。首先大的划分就是一个是纯粹理性的，一个是经验性的，纯粹理性的哲学和经验性的哲学。经验性的哲学这里就不考虑了，包括经验的物理学和经验的心理学，这个本来也是哲学要考虑的——牛顿的《自然哲学的数学原理》的那个自然哲学就是经验性的，它叫自然哲学，但它实际上是物理学；还有心理学，心理学在当时也被称为一种哲学，心理学家也被称为哲学家，但在未来的形而上学里，这些东西不考虑。当然也不是完全不考虑，有时候也不免要用它们做例子，但是在体系结构上是可以不考虑它们的。体系结构上应该考虑的是纯粹理性的哲学，就撇开了经验，纯粹的理性才是他的哲学，那么这样的哲学分成两部分，一个是批判，一个是形而上学。批判，我们《纯粹理性批判》就是干这个事情的；形而上学，就是通过批判建立未来的形而上学。而未来的形而上学它又分成两个部分，一个是纯粹理性的实践的运用，一个是纯粹理性的思辨的运用。纯粹理性的思辨的应用就是自然的形而上学，自然的形而上学所解决的是理性的本质目的，或者理性的根本目的。所以纯粹理性批判、对自然的形而上学的批判还是很重要的，或者它将来要建立的自然的形而上学，也是很重要

的，当然康德没有来得及建立起来，他只列出了一个大纲。我们下面要把自然形而上学的大纲给大家列一下，当然这些表都不是他自己列的，都是我们帮他总结出来的，他是通过语言的表述来讲了这么一种关系。那么更高的层次就是纯粹理性的实践运用，那就是道德形而上学，道德形而上学康德在晚年建立起来了，他写了一本《道德形而上学》，李秋零在《康德著作全集》第六卷里面把它收进去了，已经翻译成中文了。他还有一个《道德形而上学奠基》，这是一本小册子，翻译出来大概中文只有六万多字，而《道德形而上学》它有三十多万字。所以道德形而上学，是他建立起来的真正的形而上学体系。但自然的形而上学，他还没有来得及建起来，或者他也懒得去建立起来。他在《纯粹理性批判》里面已经讲过，他说只要我的纯粹理性批判的框架已经提出来了，这个范畴表提出来了，要建立一个自然的形而上学的体系是很容易的，他把这个工作交给他的学生去做，说后人很容易就能够按照我的框架把自然的形而上学建立起来。但他自己没有去建立，他自己只写了一本小册子，叫做《自然科学的形而上学基础》，也翻译成《自然科学的形而上学初步》，但是那个《自然科学的形而上学基础》它并没有按照我们下面要列出的他的自然形而上学的表来建立，它就是按照范畴表，四大类范畴，量啊、质啊、关系啊、模态啊，来建立的，也只有几万字、七八万字，只是一个"基础"，而不是自然的形而上学本身。所以他的自然的形而上学没有建立起来的，没有建立起来不是因为他没有办法，或者能力不够了，甚至也不完全是时间不够了，而是认为那个东西意思不大了。他最关心的还是道德形而上学，道德形而上学最高，道德形而上学高于自然形而上学，所以在这方面他的体系不是完全最后完成了的，但是大体的结构，他认为毫无疑问应该是已经解决了。

刚才列的这个表，它是康德对于整个形而上学的一种设想，但这个设想里面最后归结到两个部分，两大形而上学，一个是道德形而上学，一个自然形而上学，当然批判是它们的基础，由批判所要建立起来的是两大形而上学。首先是自然科学的形而上学，而道德形而上学是从自然的形而上学里面推出去的。前面讲到纯粹理性的法规，这个法规就是道德形而上学的法规，自然的形而上学的法规应该就是那些范畴和知性的原理，不是理性的法规而是知性的法规。自然形而上学是以知性为法规，道德形而上学才是以纯粹理性为法规，当然这都是狭义的，广义的知性和理性，这两个概念是可以打通的。自然科学的形而上学它必须要以知性作为法规，也就是以那些范畴、原理作为它的法规，而道德形而上学它必须以理性作为它的法规，所以未来的形而上学它应该分为两个，或者是两个层次、两个等级，初级的是自然形而上学，更高级的就是道德形而上学，道德形而上学是从自然形而上学进一步推出去的。那么这个哲学分类表就是他整个未来形而上学的分类表。而在纯粹理性批判里面奠定基础的主要是他的自然形而上学，自然形而上学比道德形而上学要更基本，没有自然形而上学，你往道德形而上学过不去。因此他的纯粹理性批判为之奠定基础的首先是自然形而上学。那么我们来看一看，这种自然的形而上学或者说思辨的形而上学是如何建立起来的。自然形而上学又称之为理论的形而上学或者思辨的形而上学。所谓“思辨”这个词，spekulativ，它是跟“实践”相对立的，而跟理论是相对应的。从理论上，也可以说从思辨上，思辨无非就是从概念到概念，它是不讲实践的，所谓思辨的理性就是从概念到概念的理性，它并不打算放到实践中去运用。当然也可以运用，但是它不管。而实践的形而上学就是道德的形而上学。那么思辨的形而上学或者自然的形而上学又是如何建立起来的呢？他认为这方面也有一个总体的规划。他由此列了这样一个表，就是自然的形而上学表：

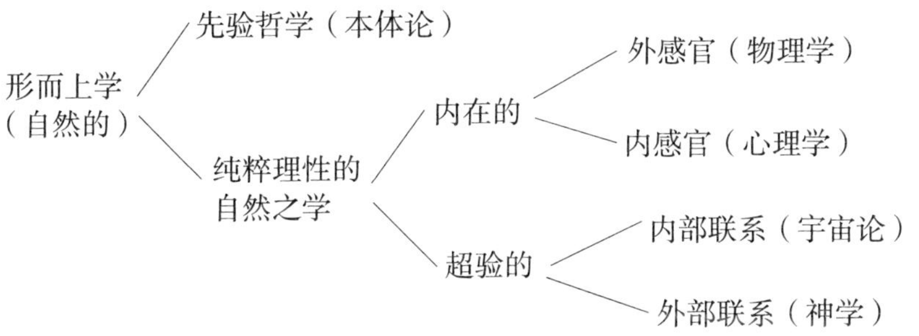

自然的形而上学是这么一个体系，首先是“先验哲学”，他称之为本体论，Ontologie。本体论也可以翻译成存在论，关于存在的学说，当然这个存在是现实的存在。我们刚才讲到的道德的形而上学它也是存在论，它也是本体论，但是它是应当的存在，现实的存在和应当的存在都是讲的存在。但是道德形而上学讲的是应当的存在，而自然的形而上学它讲的是现实的存在，它是这种意义上的存在论。自然哲学当然要讨论存在，讨论本体论了。那么这个先验哲学它讨论的本体论实际上是人的主体的一种本体论，就是人的知性和理性，撇开一切经验的对象，从知性和理性的角度来探讨现实存在和应当存在，这都属于本体论。在自然哲学里面主要是讨论现实存在，先验哲学讨论先验的对象问题，当然这些都是在纯粹理性批判里面讲过的，但是他讲到未来的形而上学时，应该更详细地把它加以展开。在批判里面只是一个大纲，还没有展开。当然这个大纲和自然形而上学非常吻合，我们可以看出来。一个是先验哲学，它主要是考虑我们先验地把什么东西当作对象，我们的先验对象应该如何理解。那么用了这么些先验的对象的概念，我们用在自然身上，那就是“纯粹理性的自然之学”。或者说纯粹理性的自然之学就是先验哲学在自然身上的运用。那么由此建立起来的，一个是内在的纯粹理性自然之学，一个是超验的纯粹理性自然之学。内在的就是在自然界之内的，在自然界之内的我们都称之为内在的，有两个，一个是物理学，一个是心理学，物理学涉及外感官，心理学涉及内感官。当然这个物理学和心理学都是理性的，经验性的哲学已经被排除掉了，但是往往还要当作例子把它引进来加以说明，要用到它们，但是它们不属于形而上学的范围。而属于形而上学的是理性的物理学和理性的心理学，就是在物理学和心理学里面去寻找它们的那些先天的成分，它们的先天的构架，由先验哲学放进去的那些构架。这是内在的。还有就是超验的。在自然之内，在经验之内，就是内在的，当然在经验之内的东西，本身也包含有先验的成分，但是它不包含超验的成分。先验的成分它是可以结合经验成分的，而且最终是必须和经验成分结合起来的；而超验的成分它是不能跟经验混在一起的。那么超验的成分也有两个部分，一个是超验的内部联系，就是宇宙论；一个是超验的外部联系，就是神学。这些我们前面都已经涉及了，比如说这个理性心理学、理性宇宙论、理性神学，这都是在先验辩证论里面讲过的，经过了一种批判加以澄清了的。那么理性的物理学就是在这个先验分析论里面讲的，先验分析论里面专门讲到自然科学何以可能，牛顿意义上的自然科学，因果性、实体性、质和量这些东西，如何能够规范我们经验的自然界。所以这些内容都是在纯粹理性批判里面讲过的，但是在未来的自然形而上学里面呢，他把它们结构成一个体系。在批判里面他主要着眼于批判，他还没有着眼于把他们本身构成一个形而上学的体系，那么在未来所思考的形而上学里面，应该构成这样一个体系。

这个表非常复杂，但也可以简单化些，可以分为四个部分，用康德自己的表述，把未来的形而上学分了四个部分。第一个部分就是本体论，这个本体论当然还是属于自然界的，而不属于道德，它属于现象界，不属于物自体；但是它是这个现象界之所以可能的一种本体论，一种先验的哲学，所以第一部分是本体论。第二部分是纯粹理性的自然哲学，它包含理性的物理学和理性的心理学。第三部分包含理性的宇宙论。第四部分包含理性的神学。到了理性的神学，它就向实践的领域过渡了，它就向物自体的领域过渡了。先验哲学的本体论还是在现象的范围之内、在自然的范围之内来谈的。那么到最后，自然界和外部、自然界之外的上帝的联系，就要向实践哲学过渡，向道德哲学过渡了，因为它涉及物自体，它涉及自然之外的彼岸世界。彼岸世界的一套东西就属于道德形而上学的范围，自然的形而上学应该就是这四大部分。

所有这些东西都要以批判为前提，《纯粹理性批判》，或者说第一批判，是康德一切哲学的基础，虽然第一批判所建立起来奠定基础的那个体系是自然形而上学，但是在自然形而上学的基础上面建立起了道德形而上学。道德形而上学当然更重要，但是基础的基础就是《纯粹理性批判》。当然还有《实践理性批判》，《实践理性批判》是为了给道德形而上学提供基础，但是它还是以《纯粹理性批判》为基础的。你先要把人的知识、科学这些东西讲清楚，先要把理性的本质目的讲清楚，你才能去探讨理性的终极目的。所以《纯粹理性批判》是最重要的，我们要进入到康德哲学，首先就要读《纯粹理性批判》，你说《纯粹理性批判》太麻烦了，我跳过它，我不读它，我去读他的别的东西，那不行。它是一个建筑术，你不能基础都不打就去建上面的东西。倒是黑格尔的书你可以从中间随便抽一本出来，比如说我喜欢他的美学，我就读他的美学，我喜欢他的历史哲学或者宗教哲学，就读这本书，那是可以，因为他的书是全息性的，它每一部分都包含全体。有的人说读黑格尔的书最好是从《美学》入手，因为它最感性、最生动、例子最多。当然从历史哲学入手也可以，但是读完了以后，你还要把他的逻辑学从头至尾搞一搞。他是可以这样入手的。但是读康德不可以，读康德只从他的《道德形而上学基础》或者是从他的《实用人类学》、《历史理性批判文集》那些比较通俗的入手，那是不行的，那你等于没读。因为他在那些地方，在已经打过基础的地方他就不讲了，顶多偶尔提一句。而在黑格尔那里他是要讲的，因为他的原理贯穿一切。所以罗素曾经有一句评语说，黑格尔的哲学其实“很简单”。为什么很简单，它就是一个公式“正、反、合”，你把握了这个东西就无所不通，一通百通。黑格尔的哲学确实是有机的，真正是有机的、全息性的。今天我们讲克隆人，随便在哪里取一个细胞，取一个皮肤细胞来，都可以变出一个人来。黑格尔就有这种特点，但是康德还没有。康德基本上还是机械性的，是一种建筑术的这样一种搞法，下面我们来看看他的历史。

四、纯粹理性的历史

康德为什么要谈纯粹理性的历史？当然在康德那里开始具有了一种历史感，这个前面已经提到了，他自认为自己也是这个历史链条中的一环，这当然也是很难得的。在他之前的那些哲学家们很少把自己所关心的哲学问题从历史上加以系统地追溯。“纯粹理性的历史”部分虽然也叫做一章，但却是全部《纯粹理性批判》里面最短的一章，只有几页，但是里面蕴含的信息量还是很大的。就是说，他开创了一种从历史上来清理哲学思路的研究方法，所以他讲历史的时候主要是从哲学的眼光来讲的。就是说我未来要建立一种作为科学的形而上学，那我要讨论一些什么问题？一般的人要讨论什么问题就坐在家里冥思苦想了，顶多想到某个问题的时候他联想到过去历史上曾经有哪个人说过，那么我们就对他进行修正或者批评，或者对它进行弘扬。就像亚里士多德也对历史上的相关观点进行了回顾一样。可是康德不是这样的，康德有一种比较自觉的历史观念，就是说这些问题是在历史上发展出来的，当然他还不是很明显，但是已经有这样的意识在里面。

他认为未来形而上学要解决的主要是三大问题，三个主要的哲学问题：一个是对象问题，一切纯粹理性知识的对象——纯粹理性究竟要研究什么。如果从哲学上来说，按照康德的哲学应该是两个对象，一个是感官对象，一个是智性的对象——智性的对象也可以译作理智的对象。这种观念自古以来就是如此，可以一直追溯到古希腊的伊壁鸠鲁和柏拉图。伊壁鸠鲁认为真正的理性知识就是研究感官对象的，研究感官对象的知识也是理性知识，或者说唯一的理性的知识就是研究感官对象的知识。当然伊壁鸠鲁是一个感觉论者，但是他也不否认理性，他认为感觉的对象就是理性所要考察的。如果完全否认理性那就没有哲学了，完全研究感官，那就是一个技术专家或者就是一个经验主义者，就事论事的。这样人就谈不上研究哲学了，要谈哲学就要用理性去把握感官对象，这是伊壁鸠鲁所体现出来的。那么理智的对象主要是柏拉图所体现出来的。伊壁鸠鲁和柏拉图他们所提出来的一切理性知识的对象的这样一种分歧，可以说从古希腊以来一直贯穿西方，所以西方人有一种传统的说法，就是伊壁鸠鲁和柏拉图后来被列宁归结为“两条路线”，唯物主义路线和唯心主义路线。也就是说西方有这种观点，在整个西方哲学史上，我可以按照这两条线索，把所有人来加以归类，要么是伊壁鸠鲁路线，要么是柏拉图路线。从伊壁鸠鲁还可以追溯到德谟克利特，要么是德谟克利特，要么是柏拉图。这两个人是同时代人，而且的确势不两立。柏拉图当时就发誓要把德谟克利特所有的著作都烧毁，而且确实德谟克利特没有一本书留下来，留下来的只有一些残篇，而且大部分是人家转述的，只知道德谟克利特的一些观点。伊壁鸠鲁也没留下多少东西，主要是一些书信、一些残篇。而柏拉图是完完全全地留下来了，他有个学园。伊壁鸠鲁也有个学园，但是他那个学园注重的是享受，注重生活，他不注重留给后世什么东西，这个也是无可奈何的事情。但是后人都承认，伊壁鸠鲁的感觉主义和柏拉图的理智主义、理性主义，首先体现在他们的知识的对象问题上，你主要是研究什么的，感官对象还是理智对象。从知识对象上面，从伊壁鸠鲁那里还提出了知识的标准问题，伊壁鸠鲁的知识的标准也就是真理的标准，即符合感官对象的就是真的。而柏拉图派，以及后来的斯多葛派，他们认为符合理性的，符合逻各斯、逻辑的才是真理。这是两种不同的思路，总而言之都归结为对象的问题。未来形而上学要解决的首先也是这么一个对象的问题。当然如何解决，他在这里就没有再展开了，实际上他在导论里面已经提出了解决的方案：这两者缺一不可，一切知识都开始于经验，但并非都来源于经验。所有知识都是经验知识，这个是毫无疑问的，伊壁鸠鲁说的没错，但是在这种开始于经验的知识里面，各种成分的来源并不相同。同一个经验知识里面，有的是来源于后天经验的，但是有一部分更重要的是来源于先天的，由于这些先天的成分，所以才能够构成后天的知识。当然这是《纯粹理性批判》前面已经解决的问题，现在只是要回顾在历史上人们是怎么解决、怎么争论的。康德认为，他把这个问题解决了，那么未来形而上学这个问题就好办了。

第二个问题就是起源的问题，纯粹理性知识的起源问题，就是我们刚才讲的，“一切知识都开始于经验，并非都来源于经验”。那么这个问题在柏拉图和亚里士多德那里就有过争论，这个争论一直延续到莱布尼茨和洛克。洛克主要是从经验的立场出发，认为凡是在理智中的无不先在感觉之中，所以感觉经验是一切知识的最终起源。前面讲了对象，这里开始讲到起源。一切知识都是从感觉起源的，这是经验主义。那么理性主义认为，一切经验都是从先验的观念开始的，从先天的理性、理性能力开始的。柏拉图的理念论就是立足于先天的理性能力，莱布尼茨的单子论也是这样，莱布尼茨修正了理性派的片面性，他不否认经验的、事实的真理，但是他认为这些东西最后可以归结为理性，至少可以归结为上帝的理性。我们人看起来是偶然的，但是在上帝那里一切都是必然的，一切都是合乎逻辑的，都是一种逻辑理性的必然性。洛克是继承了亚里士多德的经验论的方面，亚里士多德的“白板说”认为，人在认识之前，心灵是一块白板，一切在理智中的无不先在感觉之中。在洛克那里是继承了这样一种思想。但洛克其实也不完全彻底，他除了承认“感觉的经验”以外，另外又承认有一种“反省的经验”，那么反省的经验它就不是从感觉来的，他是人的一种反省能力、反思能力。洛克和莱布尼茨在这个问题上面虽然有很多吻合之处，因为他们都不完全是经验论的，也都不完全是理性论的，但是他们的倾向不同。莱布尼茨更多地倾向理性派，洛克更多地倾向于经验派。他们相互之间有过辩论，莱布尼茨的主要著作《人类理智新论》，就是句句针对着洛克的《人类理智论》的，甚至《人类理智新论》结构上都是按照洛克那本书的结构，一章一章地排下来，一句一句地反驳他的。那么在康德这里，他认为他已经把这个来源问题解决了，一切理性知识都有两个来源，一个是感性来源，一个是理性来源，只有当它们结合起来，才能够成为真正的知识。这个也是他在未来的形而上学中要展开的。

第三个是方法的问题。纯粹理性认识的方法，康德主要是根据他同时代的那些人。这三个问题中可以看出有一种历史感。从古代主要讲对象，到近代着重谈起源，到现代重视方法，这三个话题本身就贯穿着有一种历史感在里面。现在人们开始关注方法了，方法问题康德批判了这样几个倾向。一个是“健全知性”，所谓健全知性也翻译成“健全理智”，他称之为“自然主义的”，人自然的天赋就有健全理智。你只要不走极端，你让它自然而然，你的理性中有什么你就发挥什么，到什么程度你就让它到什么程度，你不要去挖空心思要想去推进它，要想去纯化它，要想去怎么样怎么样，你按照一个普通老百姓自然天生具有的那种知性思考，那就是方法了，不要有特别的方法。在这个方面康德提出了批评，他说这种健全知性的自然主义的方法，实际上是取消方法，就凭自己天生的感觉，或者知性，就去解决问题。比如说太阳有多大，伊壁鸠鲁就提出过，太阳就是像我们看起来那么大，我们看起来太阳有多大，像一个脸盆，那太阳就是这么大，我相信我的感觉，这就是自然主义，就是不要加任何分析、推论，也不走极端。他确实看到太阳就是一个脸盆那么大——一个小孩子都这样说，太阳像个脸盆，就是那么大，你就不要再加什么东西了。当然这是不能够接受的，这种自然主义实际上是没有方法。你要有方法的话，至少必须测量，必须计算，必须在这个基础上进行推论，而不能单凭眼睛去看，去感觉。那么有方法的哲学在康德的时代有两种方法，一个是沃尔夫的独断论，沃尔夫其实是从莱布尼茨那里来的；一个是休谟的怀疑论，休谟是从洛克来的，这两种都可以称之为科学性的方法，跟前面的自然主义的方法相对。自然主义的方法实际上是没有方法的，要有方法就必须是科学性的方法，但是科学性的方法有两种，沃夫的独断论，理性主义凭借逻辑、凭借形式逻辑来推断一切，这个就不是健全理智了，这个有时候就经常要走极端的，什么东西都通过逻辑来解决，来推算。休谟的怀疑论也是走极端的，没有什么东西可以相信，那我就只好凭借我的习惯，把所有东西都怀疑掉了。但是休谟他是通过严格的论证，所以他的怀疑论也有种科学的方法。这个当然也是不可接受的，对于这两者在《纯粹理性批判》里面都做了系统的反驳和批评。所以康德认为，科学性的这两种方法都不能够认同，那么唯一的方法是什么方法呢？就是批判的方法。所以康德最后归结为只有批判的方法，才是通往科学知识的阳关大道。整个《纯粹理性批判》我们都可以看成是一种批判方法的展示，而在历史上只有到康德才明确地意识到这一点。在运用你的理性之前，首先对你的理性能力做一番批判的考察，这个不管是莱布尼茨—沃尔夫派的独断论，还是休谟的怀疑论，他们都没有达到这一步，因此他们都失败了，都不能够建立起未来形而上学。康德的《纯粹理性批判》我们就讲到这里，这个书还只是粗浅大概地给大家介绍了一下，许多细节都没有涉及，但已经有了一个大致的轮廓了。

本课总结

康德的《纯粹理性批判》我曾经逐字逐句地讲过七年、十四个学期，还只是讲了其中的一部分，所以要原原本本地讲，不是一门课程可以拿得下来的。但是我们可以掌握几个要点。

在“导言”里面——其实也包括他的两版“序言”——我们要掌握这样一些主要内容：一个是思想背景。在康德的时代形而上学已经发展到顶峰，然后盛极而衰，已经没什么发展了，已经走入了绝境，什么绝境呢？就是独断论和怀疑论。独断论那样一种绝境已经没有什么话可说了，就是说一个独断论者提出一个体系——比如说斯宾诺莎，他提出来，你相信他，你就跟他走；你不相信他，就拉倒，这种哲学就已经没有什么意思了。这个哲学是缺乏一种说服人的态度的，搞到最后就成了独断论。另一方面就是怀疑论，特别是以休谟为代表，就是把所有当时的不管是形而上学也好，还是自然科学也好都加以怀疑，特别是自然科学的最根本的支柱——因果性、必然性这样一些概念全都推翻了。那就不需要哲学了，既然什么东西都不可信，那我们就走一步看一步，摸着石头过河，走到哪里算哪里，那还要什么哲学呢！所以形而上学当时面临着一种绝境，而康德他就是想要把形而上学从这样一个绝境中拯救出来。那么拯救出来采取的办法呢，就是把独断论和怀疑论的认识论基础，也就是唯理论和经验论，加以调和，把双方的他认为合理的部分吸收进来。所以我们在他的思想背景里——当然还有很多，像科学的背景、牛顿物理学的背景，还有社会历史的背景、法国大革命等这样一些背景，但是最重要的直接的是哲学上的背景——我们抓住这一点就可以了，一个是唯理论的独断论，这个也包括某些经验论者，他也有某些唯理论的成分，也表现出一种独断论；再一个就是经验论的比较彻底的代表，就是休谟的怀疑论。抓住这样一个思想背景，就可以对康德的时代，他为什么提出一种批判哲学，有了一个背景性的了解。

第二个就是要掌握哥白尼式的革命。这是一个理解康德的入口。就是说，康德通过对于数学和自然科学这两门成功的科学是怎么成功地加以反思，从而得出来自然界并不是像以往所理解的那样，摆在那里让我们去发现它、去符合它的一个不动的东西。恰好相反，人在自然界面前，应该以一个教师的姿态出现。这个人不是小学生，反过来，应该说人是自然界的教师。人为自然界立法，就是把自然界的经验的材料拿来加以拷问，加以追问，这些东西成为知识何以可能。因此哥白尼式的革命就体现在这个方面，不是我们的观念去符合对象，相反，对象应该符合我们的观念。这就像哥白尼把地心说颠倒过来变成日心说，起了这样一种颠倒的作用。这个是理解康德批判哲学的一个根本入口。我们说自从康德以来德国古典哲学把人在认识中的主体能动性特别强调起来，这样一种强调，贯穿于德国古典哲学以及后来的哲学，这是康德首先发起的一场哥白尼式的革命，这个意义非常重大，这是第二个要掌握的要点。

第三个要掌握的要点就是纯粹理性批判的总问题，总问题就是一句话——先天综合判断何以可能？什么叫先天的，什么叫综合的，什么叫先天综合的，这个我们在课堂上已经跟大家交代过了。有先天的判断，也有后天综合的判断，但是有没有先天综合的判断？而先天综合判断如果有的话，它是何以可能的？这是它的总问题。这个总问题分成四个问题，一个是纯粹数学何以可能，一个是纯粹自然科学何以可能，一个是形而上学作为一种自然倾向何以可能，再一个是形而上学作为未来的科学何以可能。这四个总问题，囊括了整个《纯粹理性批判》的各个部分——也可以说是四个部分，先验感性论，先验分析论，先验辩证论，先验方法论。这四个部分分别回答总问题的四个方面，它们合起来解决了先天综合判断何以可能的问题。这是第三个我们要胸有成竹的部分。

第四个，就是几个关键词我们要能够区分得开。人家说："康德的先天和先验如何区分？康德的先验和超验如何区分？"我们不但要知道这些区分，而且要知道这些词的德文原文，或者英文原文也可以，你们要记住它的原文。这个在以后你在研究哲学史或者研究现代哲学的时候，很有用的，你会到处遇到这些问题。比如说现代的胡塞尔、海德格尔、德里达这些人，当他一用这个词，你就要有种敏感，你去查他的原文，一查他的原文就知道他的来龙去脉，这些区分是康德做出来的。先天和先验——先验的是先天的其中的一种，但是先验的先天的跟一般先天不一样，它是与后天对象相关的，当然不是直接相关，它与有关经验对象的知识是联系在一起的，而先天的不一定。先天的可以是无关乎对象知识的。至于超验的，就是跟经验完全脱离关系，先验的还跟经验的没有脱离关系，它必须要应用于经验才称得上是先验的；但是超验的不得应用于经验。这是超验和先验的区别。那么与超验相对的是内在的，内在的就是在经验范围之内的，在康德的用语中，内在的就意味着在经验之内的。另外，感性、知性、理性，这是三个层次。人的认识能力分为三个层次，一个感性、一个知性、一个理性。知性和理性有时候又归于一类，都属于高级认识能力，感性属于低级认识能力，感性是直观的接受能力，而理性或者知性它是属于先天的自发的能力。制定这个规范，提出概念，形成判断，这就是知性的职能；形成推理就是理性的职能。这是康德的一些区分，都非常具有康德特色，一谈到这些区分就应该想到康德。在康德以前虽然模模糊糊地也有，但是没有像康德这样确定地把这些概念定下来，把它定位，分得这样细。在序言和导言部分，掌握这几个要点就基本差不多了。那么我们再来看看先验感性论。

先验感性论有 3 个要点：1. 直观的形式（和质料）；2. 直观与概念之分，数学之条件；3. 先验的观念性和经验性的实在性。先验感性论我们要掌握这三个要点，一个是，先验感性论它讨论的是直观的先天形式，也就是时间和空间、时空论，它等于时空论，因为感性的先验的部分、先天的部分就是时空。所以第一个要把握的要点就是时间和空间是认识主体的先天的直观形式，就是时空。我们通常讲的感性直观，感性直观有很多，五花八门，五彩缤纷，很多内容，一言难尽。但是所有这些内容有个共同的形式，它们的存在的方式，那就是时间和空间。时间和空间是属于认识主体的直观形式。那么直观形式底下有哪些具体的质料、哪些内容？就是我们五官的感觉，这些五官的感觉是由于自在之物刺激我们的感官而获得的。那么是在什么形式下获得的呢？就是在时间和空间这样两种形式之下获得的，所以时间和空间是我们直观形式的框架，用来接受感官所获得的那些感性材料。形式和材料、形式和内容之间有这样一种关系，那么这种直观形式、纯形式，它形成了我们的数学之所以可能的先天条件。这也是康德的一个很重要的贡献，就是说把数学和概念分离开来。数学里面当然有概念，但是纯粹数学之所以可能，首先不是因为概念，而是因为直观。首先要有直观，你看到了，你数出来了，那么在这个上面你可以运用概念。特别是几何学，几何学的那些直观的东西它最初不是概念，它形成了以后你当然可以对它形成一个概念，它就是看到的，就是直观到的。直观到的不是内容，不是红色啊黄色啊，不是这些内容。我们在黑板上画一个三角形，没有人去追究这个三角形是红的还是绿的，它跟内容无关，它就是那个形式，那个直观形式。你任何内容，黄的也好，绿的也好，它都必须纳入到这些形式里面来，你才能直观到。比如说它有一定的广延，有一定的形状，它以后要经历一定的时间，那么时间空间就是我们接受这些感官材料的直观形式，这个我们要把握。时间空间这样一种先天直观形式，它是数学之所以可能的先天条件，这就回答了我们前面讲的总问题里面的“数学是何以可能的”。数学是何以可能的，就是由于先天直观形式。以往把数学建立在逻辑上，建立在概念上，在康德看来这都是不对的。数学它是一种直观能力，它不是一种理性思维能力。我们通常认为一个人数学好，他理性思维能力就好，那么按照康德这种说法，实际上还不是。当然它有理性思维能力，但是数学最基本的先天条件就是时间空间，对时间空间的先天直观。是直观形式，对形式的直观，不是质料，它是形式的直观。那么它跟概念如何区分？形式的直观跟概念的区分，就是说它是在时间空间里加以分割加以限制，都可以，但是你分割的任何一部分它都没有一种等级关系，你分出来的东西并不在全体之下，而是在全体之中。你把一个大的空间分成两个空间，这两个空间都在这个大的空间之中，但是并不在之下。概念就不一样，大的概念和小的概念，小的概念在大的概念之下，而不是在大的概念之中，它不是分割了大的概念的一部分，而是隶属于大的概念之下。所以直观和概念是有区别的，我们要把握这一点。

第三个要把握的就是这两个关键的概念，先验的观念论和经验性的实在论。这两个关键的概念不光是在先验感性论里面起作用，而且在整个康德的《纯粹理性批判》里它都要起枢纽作用，包括后来讲的二律背反，都要靠这两个概念来解决。我们前面讲到先验的观念性和经验性的实在性，这两者实际上是一体两面的，它们所针对的、所反对的就是先验的实在性和经验性的观念性。先验的实在性就是独断论，就是唯理论，就是先验地可以确定一个东西实在的存在。康德认为这不行，我们先验地确定的只是我们观念的存在，而不是客观实在的存在，你从先验的出发，所能建立起来的只能够是我们的观念的结构，还不具有实在性，要具有实在性要怎么办呢？必须要把经验的材料塞进来，把它充实进来。所以凡是实在性，都是经验性的实在性，把经验性的实在的材料充实进来，这个先验的观念性就获得了经验性的实在性。但是在这个经验性的实在性里面，观念是在先验的层面上起作用的，它使得这个经验性的实在对象能够成型。而经验性的实在性呢，它针对的是经验派的唯心主义，如贝克莱和休谟，他们认为经验所获得的东西只具有观念性，不具有实在性。但是康德认为不对。为什么不对呢？经验所获得的东西固然是一些观念的表象，但是一旦把它纳入到先验的框架里面，它就具有了普遍必然性，它就不是你随时幻想出来、联想到的或者想象出来的东西，而是固定不移的、确定不变的，它就具有了法规。而经验的东西一旦具有法规，它就具有了实在性，就具有了客观性，所以康德把客观性规定为普遍必然性。什么是客观性？客观性实际上在认识论上可以把它规定为普遍必然性，也就是放之四海而皆准的，因而是不以人的意志为转移的，不是你想怎么样就怎么样的。它虽然也是你的意识，但是这个意识是不以你的意志为转移的，没有任何东西能逃得过它，这就是客观性。你要要求那个绝对的客观性，那在认识论里面是做不到的。所以在这里他区分出了现象和自在之物，这种实在性是现象的实在性，一切科学的实在性都属于现象的实在性，而不是自在之物的实在性。自在之物的那种客观性，那种绝对的客观实在性，那是人所不能把握的，自在之物不可知。当然你可以设定，你可以假设，但是你是不能认识的。所以客观性在康德这里有两个层面的含义，一个就是现象里面的那种科学的客观实在性，那属于经验的实在性，属于现象的实在性；一个是物自体，物自体的绝对实在性，那是人所不能把握的。你可以先验地想出来，你可以形成一个先验的概念，这个概念它是认识的条件，但是它本身不是认识，它本身不能够成为认识，你先验所想象、设想出来的那个对象，自在之物，物自体，它不具有科学的实在性，或者不具有现象的实在性。你可以设想它具有客观的绝对的实在性，但是那个不是属于认识论讨论的问题，那个是属于在实践的领域讨论的问题。康德也没有否认有绝对的实在性，你可以设想嘛，设想这个实在性；但是它不能够认识。虽然不能够认识，但是它可以去做，它可以按照有绝对实在性的那样去做，去行动，它是在另外一个领域里面得到确定的。这就是先验感性论中我们要把握的几个要点，下面我们再来看看先验逻辑。

先验逻辑中首先是先验分析论。要抓住 5 个要点：1. 先验逻辑与形式逻辑；2. 知性和直观的关系；3. 范畴表；4. 演绎和先验自我意识（统觉）；5. 图型法和原理体系。先验逻辑的先验分析论，它解决的是第二个问题“纯粹自然科学何以可能”。首先是先验逻辑和形式逻辑的区别和联系，从这个区别和联系里面我们可以看出先验逻辑的意义。康德提出先验逻辑的意义是非常重大的，自从亚里士多德以来，人们一讲到逻辑就是形式逻辑。但是康德提出来一种先验逻辑，先验逻辑他在形式逻辑的基础之上，提高到了一个更高的层次。形式逻辑是一种普遍的逻辑，它是不管认识论的，它只是逻辑形式，在这里认识论和逻辑是分开的，认识论是认识论，逻辑是逻辑。所以我根据形式逻辑下一个判断，不管这个判断的真假，是不是有客观对象跟它对应，我只管这个逻辑本身是否正确。这就是形式逻辑，它守住自己的边界。当然这种逻辑它是可以用在任何东西上的，不管这个对象是否真实，也许是虚假的，也许只是一种猜想，也许只是一种虚构，但是我们仍然可以运用形式逻辑。但是先验逻辑呢，它主要是一个认识论的问题，它把逻辑提升到认识论，或者他把逻辑和认识论合为一体了。所以先验逻辑是后来辩证逻辑的前身。我们知道辩证逻辑有个特点，就是逻辑、认识论和本体论都是统一的。那么康德开了这个先例。所谓先验逻辑他首先把认识论和逻辑合为一体，而这个认识论又是现象界的本体论，或者现象界的存在论。他讨论的是现象界的存在，也是我们对现象界存在的认识，也是我们认识现象界存在的逻辑。所以逻辑论、认识论和本体论——本体论也可以叫做存在论，这三者在先验逻辑里面初步形成了一种统一的关系，这是形式逻辑所不具备的，所以他跟形式逻辑是有区别的。但另一方面，先验逻辑它又不是天上掉下来的，它仍然是从形式逻辑中引申出来的，包括先验逻辑的那些范畴，都是从形式逻辑的判断分类里面作为一条引线把它们引出来的。在形式逻辑里面有判断的分类，在康德看来，所有的知识都是通过判断构成的，所有知识的细胞都是判断。光有概念形不成知识，必须要把概念连成判断，才是知识，当然在知识的基础上，你可以推理，但是它的根基还是判断。那么形式逻辑的判断他已经进行了划分，这种判断，那种判断，单称判断，全称判断，假言判断，选言判断，等等。那么先验逻辑就是在这种划分的基础之上，从每一个判断里面引出一个先验逻辑的范畴。范畴就是知性的纯粹概念，这一纯粹概念从判断中引出来，它跟判断的区别在什么地方呢？就在于每一个范畴都是跟对象的知识相关的，它都是指向对象的，都是要运用于经验对象的，它有特定的运用范围。而形式逻辑的判断根本不在乎这点，只要你有两个概念，不管这两个概念是虚构的还是真实的，有没有对象，它都可以把它们连起来。只要它连得对，合乎规则，只要它遵守了形式逻辑的同一律、矛盾律，你就不能说它错了——

尽管都是虚构的。但是先验逻辑的范畴它就要管是不是真实的问题，是不是有对象的问题，你没有对象那你是空的，那就不行。所以在这样一些判断里面就形成了范畴。比如说单称判断就形成了单一性的范畴，全称判断形成了总体性的范畴，或者倒过来全称判断形成单一性的范畴，单称判断形成总体性的范畴，倒过来理解也可以，我们前面已经讲到过了。假言判断形成了因果性的范畴，直言判断形成了实体性范畴，选言判断形成了交互性的范畴或者协同性的范畴。可见先验逻辑和形式逻辑间又有紧密的联系，也就是说康德虽然有先验逻辑，已经初步地具备了后来辩证逻辑某些思想和因素，但是他的基本的立场还没有完全从传统的形式逻辑的基础上转过来，他的那些先验逻辑的范畴也好，原理也好，仍然是非常形式化的。当然要比形式逻辑进了一层，它要关系到对象，但是它只关系到对象的形式，它只关系到对象何以可能的先天条件，因此它跟辩证逻辑还是很不一样的。

那么第二个要关注的就是知性和直观的关系，先验逻辑的那些范畴和原理只能够运用于感性直观之上，而不能单独运用，它单独运用就没有用武之地。你把它单独掰来掰去的，你好像在运用，其实你根本就没有运用，因为范畴的形成本来就是指着经验对象而来的。所以知性和直观的关系我们首先要理清楚，在康德那里人的直观只能是感性直观，知性和感性直观两者在构成知识的时候是谁也离不了谁的，双方都是必要的条件。光有直观不行，光有知性的概念也不行。“概念无直观则空，直观无思维则盲”。直观如果没有知性的思维就是盲目的，就形不成知识了；那么概念呢，如果去掉直观，它是空洞的，它也形不成知识。这两者是一种互相依赖的关系，是谁也离不了谁的关系。由此我们可以看出康德对当时的经验派和理性派双方的调和，他看出这两方面都有一定道理，那么何不把这两种道理结合起来呢？把双方合理的部分结合起来，这就形成了康德对知识的整体的观念。知性也可以理解为理性，直观也可以理解为感性，知性和直观双方不可分离，也就是理性和感性不可分离。但这里直观我们还要分出一点，所谓感性直观是人所具有的直观，那么是不是有一种另外的直观呢？比如说“知性直观”。人的感性直观和知性是完全不同的，所以直观离不了知性。但是有没有一种直观它本身就是知性的，它可以不需要人的知性，有没有这样一种直观？所谓知性直观的概念，也是康德提出来的一个很有启发的观念，后来的哲学都是抓住这点做文章，像费希特、谢林、黑格尔，他们都抓住知性直观做文章。知性直观实际上体现直观本身的一种能动性，因为知性和直观的区别就在于知性是能动的、自发性的，直观是被动的、接受性的。如果有一种知性直观的话，那么直观就成了能动的。但是在康德看来，不可能有知性直观。康德这个划分划得非常死，就是知性和直观是两种完全不同的能力，至少在人身上是两种完全不同的能力，它们的来源不同。虽然我们人的一切知识都从经验开始，没有经验就没有知识，这一点他是吸收了经验派的；但是并非一切知识都来源于经验，经验一旦形成我们就能从它里面分析出来，有些是来源于后天经验的成分，而有些是来源于先天的知性的成分。任何经验的知识里面其实都有先天的成分，没有先天的成分它是构成不起来的。那么知性直观呢，它不是人所具有的。我们可以设想，假如说有上帝的话，也许上帝的直观就是知性的。当然这只是一个假设，这只是为说明问题而做出的假设，康德绝不是断言有一个上帝，这个上帝有一个知性直观。他只是说，我们可以设想。因为我们人类就在这里，他所有的直观都是感性的；那么我们不妨超出人类去设想一下，那么就可以设想一个上帝了。假如有上帝的话，他可能也许有知性直观，但是人没有，人不具备这一点，所以不得不把直观和另一个知性相结合。这是知性和直观的关系。

第三个就是范畴表，范畴表又称之为知性的纯粹概念表。所谓范畴就是知性的纯粹概念，就是知性所建立起来的概念里面最纯粹的概念，那就叫范畴，最纯粹的概念就是不掺杂任何经验的东西。知性可以建立很多概念，但是有些是有经验的成分的。比如说动物、植物、人、生物，这样一些概念，那里面都包含有经验的成分；机械运动、电、力，等等，也是如此。但是纯粹概念那就是一些最普遍的概念，他从亚里士多德的“范畴”里面吸收了这种命名，亚里士多德早就提出了范畴。但是亚里士多德提出的十个范畴都还不是完备的，也不是纯粹的，有些是掺杂了一些杂质的，有些却还没有纳入进来。有些又不属于这个范围之内，不属于概念之类。比如说时间空间，它不属于概念，而是直观，亚里士多德也把它算作范畴。所以康德把亚里士多德的范畴加以清理之后，按照形式逻辑的十二个判断分类，提出了十二种范畴，这十二种范畴分成四大类，每一类是三个，每三个都体现出正、反、合的关系。他的范畴表，我们也许不一定记得每一个范畴是什么，但是我们要大致记住它划分范畴的时候是根据一种什么原则，他是有一套原则的。总的四大类范畴，就是量、质、关系和模态。这个范畴表康德几乎运用在一切方面，不单是运用在认识论方面，而且运用在道德领域，自由学说，关于自由的范畴也是按照这个分类；而且运用在审美方面，美的契机和崇高的契机都是按照这四大类来分类的。所以这个范畴表是理解康德哲学的总体构架，是理解康德的体系结构的一个非常重要的方法论原则，我们把握它以后在其他的方面遇到就不奇怪了，他总是要用这四大类、十二个范畴来概括一切。因为在康德看来所谓的先验逻辑，就是要把一切可以从逻辑上归纳的东西都列出来。任何一个对象，他认为如果你用范畴表上的这四大类范畴对它进行了规范的话，那么你对这个对象的认识就完备了。我们可以从量的方面来规定它，从质的方面来规定它，也可以从关系方面来规定它，最后我们可以从模态方面来考察它，那么经过这四大类范畴规定以后，这个对象就被你完完全全地彻底考察过了。如果你能从中得出一些规定，那么这些规定就是完备的。所以为什么他要到处运用，不是因为他有一种毛病，有一种癖好，而是因为他有一种原则。我们所考察的对象只能从这四个方面来考察，而且必须从这四个方面来考察，有个方面没做到就不完备。没有更多的，多了也没用，更多的无非就是可以被纳入到四大类范畴底下来作为它的某一方面的变形。有的人也可能会提出异议，说哪里只有十二个范畴呢，我们还可以随手举出很多范畴来，在亚里士多德那里就有十五个范畴，先提出十个，后来又提出五个，我们随时还可以搜集一些别的范畴。康德说你搜集了没用，你所搜集的范畴我都可以把它纳入到这十二个范畴的底下，它其实是隶属于某个范畴的，或者是某个范畴和某个范畴结合而成的，它逃不出我十二个范畴。如果大家做得细一点呢，这四大类范畴每一个究竟是如何的，大家也要记住。

第四个是演绎，范畴的先验演绎。这些范畴他从形式逻辑里引申出来，但是他的目的不是像形式逻辑那样形成一个抽象的规范，而是要把这一套范畴运用于经验对象之上。那就有个问题，你从逻辑里面引出来的这样一些范畴，为什么可以运用于经验对象之上？它们运用于经验对象的合法性何在？它们凭什么可以运用到经验对象之上？要加以解释，这就叫纯粹知性概念的先验演绎。先验的意思就是认识论的意思，先验演绎就是认识论的演绎。它要形成认识，那么就必须要加以证明，对它的合法性资格加以证明。当然除了先验的演绎之外，当时还有经验的演绎，比如说洛克，洛克的经验论实际上是做了经验的演绎，他提出人的反省的经验，就是那些知性的概念如何能够运用于经验之上。那很简单，因为它们本身就是从经验中来的。用我们的话说，范畴是从经验中归纳概括出来、总结出来的，所以他可以运用于经验对象之上，通常的解释就会是这样的解释。你这些概念凭什么可以运用于经验对象之上啊？就因为你的概念就是从经验中概括出来的，它本来就是经验的概括。但是康德的这个先验的演绎跟这种解释不一样，康德是追溯到一个至高无上的知性的原理，也就是追溯到人的主体的能动性。经验的演绎是一种被动的解释，经验派对这些概念的解释都是被动的解释，就是说我们的认识是对经验对象的反映，那么这个反映它本身有个提高，从最初的直观的感觉的知识、直接的经验，可以提高到一种反省的经验，上升到抽象概念。也就是我们回过头来对这些经验再加以概括、加以抽象，加以类比、比较，我们就可以达到更高的概念。但是这些更高的概念的用处，它就是用来给这些经验的东西加以整理，给它归类，把相似的东西归为一类，把它扒作一堆，以便于我们更迅速地把握经验对象。

但是康德的先验演绎他不是这样解释的，他有两个不同的解释的方向，一个是主观演绎，一个是客观演绎。第一版演绎主要是着眼于主观演绎，第二版演绎主要是着眼于客观演绎。主观演绎就是说，你的确拿给我一个经验，面前摆着一个经验，那么我从这些经验里去追溯这些经验是何以可能的，追溯它可能性的先天条件。这跟经验的演绎就不一样了，经验的演绎它对于眼前的经验深信不疑，然后以此为基础，在它上面去做一些抽象，做一些分析，做一些比较，这是经验的演绎。那么先验的演绎呢，对面前摆的这些经验的对象或者经验的知识，不是深信不疑，而是要追溯它何以可能，追溯它后面很多层先天的东西。所以主观演绎也是要追溯先天的东西，自下而上地追溯，从现有经验的知识去追溯它的可能性条件。那么一直追溯到最后，追溯到自我意识，追溯到先验的自我意识的统觉。

那么客观演绎是倒过来的，我们先从先验的自我意识的抽象规定出发，一路下来，看它是如何建立起那些经验的对象的。先验的东西在某种程度上也是现成的，我们先验的自我意识每个人心里都有。我在没有认识之前，闭着眼睛都可以有一种先验的自我意识的表象，那么这种先验的自我意识的表象呢，首先是把先验的对象建立起来，然后使这个先验的对象能够在经验中得到充实，这就是一切经验知识之所以可能的程序。没有这样一个程序的话，那么一切经验的知识都是不可能的——一切经验知识，一切综合判断，一切联结，都是不可能的。这就是客观演绎。客观演绎，实际上我们理解好像更加带主观性，它从先验的自我意识开始；主观演绎看起来好像更具有客观性，它从现有的经验材料开始，但实际上是一回事情。就是把我们的认识建立在先验自我意识的能动性、他叫做统觉的本源的综合统一之上。统觉就是自我意识，本源，也就是说统觉是最终根源，先验统觉的能动性就是一切知识的根源，那么它的作用就在于综合统一，它把那些经验材料综合起来、统一起来，构成一个经验的对象。所以你要问这些范畴运用于经验的对象是凭什么，就凭这些范畴先天地作为自我意识能动性的一种体现，是我们自上而下地发挥我们的主体能动性，去抓取那些经验材料，这才构成了经验的对象，否则根本不可能有经验对象。经验材料当然是物自体刺激我们的感官引起的，那个我们决定不了，但是一旦有了经验材料，我们就可以主动地去抓拢它，去把握它，去对它们加以统觉，使它们构成对象。否则它们只是一盘散沙、过眼烟云。所以这样一种统觉，它必然将范畴运用于经验对象，因为一切经验的对象都是通过统觉的范畴形成的。所以范畴运用于经验对象的合法性就在这里，它是一种主体能动性的合法性，不是要由一种外在的客观的东西来赋予它合法性，它自己是立法者——它为自然界立法。这是先验的演绎，先验演绎我们主要要搞清楚先验自我意识的学说，或者说先验的统觉，这个是康德认识论里面的关键部分。先验的演绎是他认识论里面也可以说是最难懂的部分，可以说是枢纽。没有先验的演绎，尽管说你提出了这些范畴，你都说明不了知识何以可能，知识何以可能就是由于先验统觉这样一种能动性，就是由这样一种主体能动性而建立起来，才得以可能的。也就是说，我们的客观对象实际上是由主体能动性建立起来的，不是现成地摆在那里。如果没有主体能动性建立起来，而是现成地摆在那里的对象，那就是物自体，那是不可认识的，你要认识，你就要发挥你的主体能动性。

再一个就是图型法，图型法和原理体系。图型法也是一个很有意思的说法，就是说，知性和感性直观，两者的来源不同，那么你要把它们结合在一起，它们来源又不同，那么如何能够结合在一起呢？那就必须要有一个中介，这是康德的一种特有的思维方式——就是说任何两个不同的东西要能结合起来，都必须要有一个中介，要有一种黏合剂。那么这个中介就是图型，它必须要有一个东西，一方面呢它跟直观有关，另一方面它跟知性也非常接近。那么这个东西是什么呢？他认为就是“时间的先验规定”。时间本身它是直观的先天形式，我们前面讲过。那么另一方面，时间的先验规定，它后面有一种想象力在那里起作用，来对它规定。时间本身它不能规定自己，由什么东西来对时间进行先验的规定呢？就是先验的想象力。所以时间的图型，它背后是想象力这样一种作用，想象力跟直观非常接近，它本身是一种直观能力，想象力也是一种直观能力，虽然在先验感性论里面没有谈它，但是想象力就是把时间空间加以调配的这样一种能力。那么想象力一方面跟直观有关，另一方面，它又是一种自发性的能力，它跟知性很相近，知性也是自发性啊。那么想象力，它不是被动的，想象力在直观的东西里它是主动的，它是能动的，它是能够综合的，想象力是进行综合的能力。那么知性当然也综合，但知性更重要的作用是综合的统一，知性是把想象力综合起来的东西赋予统一性，通过一种概念来赋予统一性。那么想象力它具有综合能力，但是它不具有统一能力，因而单独不能形成对象，形成对象还得靠知性。想象力可以对时间做出种种先天规定，那么这些先天规定就可以作为知性建立起经验对象的一个中介，这个中介就称之为图型，这就是图型法。

而由这些图型形成起来一系列的原理体系，就是人为自然界立法，按照十二个范畴，可以说立了十二条法。这个原理体系按照量、质、关系和模态也分成四大类，直观的公理，知觉的预测，经验的类比和一切经验思维的公设。这四大类都是按照四类范畴来的，每一大类里面又有三条。我们要关注的特别是里面的实体性和因果性，我们要把这两条搞清楚，这两条比较重要一些。实体性和因果性是一切自然科学的支柱。当然量和质也很重要，定量化，哪怕是质也可以把它定量化，用度来衡量，要把握一个度，这些也很重要。但真正形成自然科学原理的，就是实体性和因果性。我们为自然界立了法，要注意的就是，康德的这种为自然界立法，它只是立了一个法庭，颁布了一部法律，但并不见得通过这个法律直接就能产生出自然科学的知识和规律。你可以通过这个法律建立一个命题，这个命题是不是对的，还要通过经验的检验。但是立了法以后，它有一个好处，就是经验的检验是否对，它可以拿到这个法庭上来打官司。比如我们举因果性为例，它立了因果性：一切发生事情都有原因，这是一条法。任何发生的事情都是有原因的，没有任何事情是没有原因的，这是逃不掉的；但是具体一个发生的事情是哪一个原因？它的原因究竟何在？你不能根据一切事情都是原因，就断言这个原因就在这里，那不一定，也许在别的地方，也许你所看到的那个原因是表面的，真正的原因不在这里。那么你要追溯真正的原因，那就必须反复去对照，反复去跟其他的因果性对照，跟经验的材料去对照，搜集更完备的资料，等等。但是搜集完了之后你还是要到这个法庭上来打官司，根据一切事情都有原因这条法则、这条法律来打官司。你又搜集了新的证据了，那么这个新的证据它的原因又是什么？这两个原因把它们综合起来看，是不是讲得通？不断地调整，那么我们对于自然事物的真正原因就会不断地逼近，不断地越来越精确，越来越科学，一些迷信的或想当然的东西，那就越来越被抛弃了。这就是这些所谓的原理——人为自然界立法的法规——所起的作用。

再就是先验逻辑中的先验辩证论。先验辩证论要解决的问题是：作为自然倾向的形而上学它是何以可能的？以往的形而上学在康德看来都失败了，但他不是简单地把它们抛到一边，他要追究这些形而上学是如何失败的。就它们本身来说是自然的，是人类理性的自然倾向，人类追求形而上学的这样一种倾向其实是值得肯定的，但是为什么又失败了呢？这就是先验辩证论要解决的问题。先验辩证论又称为“幻相的逻辑”。它跟先验分析论不同，先验分析论是“真理的逻辑”，它要讨论真理的构成，它要讨论认识论。先验辩证论也是逻辑，但是是逻辑里面的反面，或者说是负面、消极面。先验分析论则是积极面，它是建立一些法规，为自然界立法。那么先验辩证论就是说，人有时候所立的法用之不当，就会产生幻相，于是就需要先验辩证论来对这些幻相进行破除。它不能清除，但是可以破除，可以拆穿这些幻相。先验分析论考察知性能力，先验辩证论考察的是理性能力，知性和理性在这里有一个划分。先验分析论考察知性如何通过判断形成知识；先验辩证论考察理性的推理，如何通过推理推出了幻相。

理性的推论容易推出幻相，当然不一定运用推理就会出幻相，那不一定。运用推理如果是在经验的范围之内，在经验的条件之下来运用推理，那么这种推理就可以起到好的作用，也就是可以把人的知识不断地推向完善。我们都知道所有的推理都有一个大前提，都是从大前提推出来的，大前提往往是既定的、大家公认的，然后我们在这个大前提下进行推理。那么这个大前提本身也需要推理，于是就形成了一个推理的链条，就可以不断地往上追溯，大前提不断地追溯它更早的在先的前提，或者说从有条件者去追溯至无条件者。要去追溯一个无条件者，那当然就形成了一个无限追溯的过程。你永远追溯不到那个无条件者，一切在现实中的推理都是要从一个条件出发才能推，才推得出来，而这个条件又是有条件的。那么你要完成这样一个推理的链条就要找到一个无条件者，这个无条件者再也没有条件了，你再也不能往上推了，那这样的推理就是完备的了，但是这在现实中永远都达不到。这样一种推理达不到，但是推理起的作用，在内在的运用的时候，在经验之内运用的时候，可以起到一种范导性的作用。虽然它达不到完备，但是可以努力去追求完备，这就可以使人的知识可以不至于停留在某个阶段固步自封，而是可以不断地扩展。那么这样一个所谓无条件者的目标就是理性所设想出来的一个理念。理念就是一面旗帜，在前面高高飘扬，但是你永远达不到它，只能不断地接近它。这个理念在内在运用的时候它是有用的，它起到一种先验的作用，它被称为“先验的理念”，但是如果你把这种先验的理念做超验的运用，就是说你不把它运用于引导经验界的知识，而是把它本身当作一个对象来追求，当成一种超经验的知识来追求，那么它就形成了幻相。先验的幻相就是这样形成的。当然在日常生活中有一些幻相是经验的，我们曾经举过一些例子，月亮升起来的时候比它升到中天的时候看起来更大一些呀，筷子插在水里面好像是折断了的呀，这都是经验的幻相。而先验的幻相就是理念，由理性所推出来的这样一些幻相。

这样的幻相有三种，为什么有三种？这个康德也有说法，就是它们对应于三种关系判断——实体性，因果性和协同性，那么这三种分别对应于理性心理学的幻相、理性宇宙论的幻相和理性神学的幻相。首先看理性心理学的幻相。理性心理学的幻相所借用的那个理念叫做灵魂实体。灵魂实体就是把人的灵魂看作一个实体，在心理学里面——当然我们的心理学就是要讨论人的心理，所谓心理就是灵魂，心理学就是讨论人的灵魂的学说——我们把灵魂当作一个实体来考察，但是这个灵魂本身是不是可以看作就是一种实体呢？康德认为这是不合法的。你可以姑妄言之，姑且把它当作是一种实体来追求，在作一种内在的运用的时候可以把它当作是一种实体，但是你不要当真，你不要真的以为它就是实体，然后所有这些灵魂的规定都是那个实体的属性，然后我们就可以对这个实体加以把握，就像对任何一个经验事物加以把握一样，那你就会生出一种谬误推理。这种谬误推理它从逻辑上来说就是一种概念的混淆。哪个概念发生了混淆呢？主要是“主词”和“主体”这两个概念发生了混淆。在西文里面 subjekt 这个词本来就有两个意思：主词和主体，你可以把这个 subjekt 翻译成主词，也可以翻译成主体。这个从所有的西文来看都是这样的，它是从古希腊来的，是从亚里士多德那里来的，他对实体的定义：什么是实体？就是那种只能作主词不能作宾词的东西，就叫做实体。那么主词在这个意义上就被理解为一个主体了，因为它是实体嘛。主词被理解为主体，主体又被理解为实体。但是康德认为这是一种混淆，你一个概念有两个含义，有歧义，那你把它运用到推理之中，岂不是会发生一种谬误推理吗？所以你必须要区分清楚：主词是逻辑上的，是形式逻辑的；那么主体你把它理解为实体的话那是本体论的，那是认识论的，要是运用实体范畴的话那你就必须要用合乎范畴的经验运用这样一条原理。范畴只能做经验的运用，而不能做先验的运用。你不能没有任何经验的东西就用实体范畴去规定灵魂，你必须要运用时间图型。你说一个人有灵魂，你要认识这个灵魂就必须要能够确定这个灵魂的时间的持存性，以及灵魂的位置、大小、重量等。如果你没有这些东西那就是个空的，就叫做对范畴做了先验的运用，那其实是不允许的。所以这个谬误推理是康德用来反对当时流行的理性心理学对于灵魂的种种证明的。理性心理学提出了四种证明：灵魂是实体，灵魂是单一的，灵魂是人格，最后灵魂是跟身体能够发生交互关系的。这四种证明在康德看来一个都不能成立，都是由于建立在一种谬误推理之上而犯了大错。这是对理性心理学的反驳，当然最后康德在结尾的时候，在《纯粹理性批判》方法论的部分，他又重建了理性心理学，包括理性宇宙论和理性神学，但是经过他的解释，那已经跟以往流行的大不一样了。

那么第四点就是二律背反的问题。二律背反也有四个，按照四类范畴来设立。这是对于宇宙、对世界整体该是如何的，来加以总体规定，这方面就产生一系列的二律背反。所谓二律背反就是说，两个命题，正题和反题，双方都合乎逻辑，但是它又是矛盾的。既然是矛盾的，那么就必有一错，必有一对；就必有一真，必有一假，按照形式逻辑来说应该是这样的。但是却没有一个东西能够用来判断究竟哪个对了、哪个错了，因为理性的宇宙论在理性的层面上去进行推理时是撇开一切可能经验的，因此它没有做裁决的任何根据。你根据什么来判断正题和反题究竟哪一方是对的哪一方是错的呢？你没有经验的根据，所以就永远争论不休。这就是二律背反，两个命题背道而驰，但是双方谁也不驳不倒谁。

四个二律背反首先是世界在时间上、空间上到底是有限的还是无限的。第二个是世界的构成是单纯的还是复杂的。再一个就是这个世界上有自由还是没有自由、一切都是因果必然性的。第四个就是世界是偶然的还是必然的。这四个二律背反都具有这样一种特征，正题和反题截然相反而且互相矛盾。但是康德通过他的仔细的分析，所谓的这样一种二律背反，作为一对一对互相矛盾的命题其实是一种误解。他认为实际上不存在矛盾，只要把它的混淆给改过来，就是说只要区分了现象和自在之物，那么就不存在二律背反。在第一个和第二个二律背反之中双方都是错的，试图立足于自在之物来解释现象界的事情那当然双方都是错的，都犯了同样的错误。那么第三个和第四个二律背反，在某种意义上双方都是对的。比如说世界上到底有没有自由？在现象界当然是没有自由，但是在本体界可以有，可以设定它有。当然他也没有说一定就有，但是可以设想在本体界有。在本体界有自由这个命题是驳不倒的，你用现象界来驳是不沾边的，因为它是在本体界。虽然你可以说，这样一种自由在本体界的说法没有根据，没有正面的证据，但是你也驳不倒它，你要驳倒它也得拿出正面的证据。所以它既不能证实也不能证伪，那么我们就不妨设定它，不妨假定它有自由。所以说世界上没有自由从现象的角度来说是对的，世界上有自由在本体的角度上来说也是驳不倒的，这样双方都可以是对的。那么偶然和必然也都是对的，我们可以说在现象界都是偶然的，一个事情不这样发生，以另外的样子发生都是可能的，但是在本体界我们可以设想一种必然性。那么这个先验的宇宙论的证明就已经涉及神学了，第四个二律背反就开始向先验神学过渡了。

那么先验神学就是对上帝存在的种种证明。对上帝存在有三种证明，一种是本体论证明，一种是宇宙论证明，一种是目的论证明——自然目的论证明。我们要关注的是本体论证明，其他两个证明大家要是有兴趣的话可以看一看，但是最终都归结到本体论证明，只要把本体论证明驳倒了，其他的证明就不攻自破了，因为宇宙论的证明和自然目的论证明都是以此作为根据的。那么对本体论证明康德如何来批判它？简单地来说也很好理解，本体论证明就是存在论证明嘛，上帝存在，上帝无所不在。上帝这个概念是个无所不在的概念，那么如果这个无所不在的概念又不是客观存在的，那就会与这个无所不在的上帝概念相冲突，在形式逻辑上这样一个命题就是自相矛盾的命题，就站不住脚。所以为了逻辑上的一贯性，按照不矛盾律，我们必须认定，既然我有一个上帝的概念，那么上帝必然客观存在。这种证明当然我们无神论者听起来可能很幼稚，这是从中世纪经院哲学安瑟伦他们开始提出的这样一种论证。西方人对逻辑是十分迷信的，认为逻辑上说不通的那肯定是不行的。那么你说上帝不存在这是在逻辑上说不通的，所以就证明了上帝只能够是存在的。但是康德指出来，首先你要有一个上帝概念。一个三角形你说它没有三个角这个是自相矛盾的，但是我说没有三角形，也没有三个角，那就不自相矛盾了，上帝也是这样。如果你说有一个上帝概念，又说上帝不存在，这个当然在概念上是自相矛盾的，但是不见得人人都有一个上帝的概念啊！也就是说，就上帝的概念本身来说他仍然有一个有没有的问题，你说上帝的概念包含存在，那么这个存在是不是客观存在呢？你应该把存在和客观存在区分开来，也就是说有了一个上帝的概念它就必须存在，你讲的这个存在是客观实在的存在呢？还是仅仅是一个存在的概念呢？这个是不同的。就像我说我有一百块钱和我有一百块钱的概念，这个是不同的。你心中有一百块钱的概念，但是并不因为你有一百块钱的概念这一百块钱就在你的口袋里。一个商人不可能说我在我的现金簿上加上几个零，那么我就赚钱了。所以康德特别提出来存在这个概念，Sein，这个概念在西文里面也有两个意思，一个是“是”，一个是“存在”。在逻辑上面它是一个“是”，就是一个系词。“上帝是”，“上帝是”

这句话没说完，人家会问上帝是什么？如果说上帝是存在的，上帝是是，这个也说明不了问题，因为存在这个词不是一个实在的谓词，它是一个系词。你如果要说上帝客观存在的话呢，那就是 Dasein。如果你要说上帝 Dasein ，那你就要问他存在于何处？存在于何时？那就必须要纳入到时间和空间，那么随之而来的就需要提供经验的材料，你看见上帝了吗？你在那里看见过上帝？你给我指出来，那才能证明上帝是 Dasein。Dasein 就是此时此刻的此在，你光说“上帝是”这个不说明问题。所以康德指出来，把 Sein 这个词把它做双重的理解，一方面把它作为一个系词，一方面又把它理解为一个实在的谓词，这样是不合法的。当然西方人习惯上就是这样用，就像把 Subjekt 理解为主词，同时又理解为主体，一个词有双重含义。那么 Sein 也是这样，一方面它是一个逻辑系词，但是另一方面人们又把它当成一个实在的谓词来加以理解。康德认为严格说来是不合法的，你如果要把它当实在的谓词来理解你必须要加上一个 Da，Da 的意思就是此时此地，就是说必须把时间空间纳入进来，把图型纳入进来，连带着也就应该把经验的东西加入进来，你才能解释上帝究竟是否存在。就像一百块钱的概念，人家会问：“你那一百块钱在哪里？在你口袋里，还是在你箱子里？你什么时候有过？你去年有，今年还有没有？”人家就会问这些问题。你如果不回答这些问题只是说我有一百块钱，那是说明不了问题的。这是康德对本体论证明的一个非常有力的驳斥。

以上是康德的先验辩证论对这三种幻相的一种辨析、一种破除。但是破除以后人们还是会不断地产生这些幻相，那么就要追溯不断产生这些幻相的根源了。作为一种自然的倾向，它的自然的根源在于人的本性、理性的本能。那么究竟是出于一种什么样的意图一定要提出比如说上帝、灵魂、宇宙整体，其中还包括人的自由这样一些理念？那就会要涉及人的道德、宗教，信仰。所以康德就讲，在这个时候就要“悬置知识为信仰留下位置”。知识我没有否定，但是在这个时候我们要把知识悬置起来，谈到这些理念的时候我们就不要把它们当作知识看了，你当知识看就是幻相，但是如果你不当知识看，那所有这些理念都是“为信仰留地盘”的。所以人类为什么自然而然地要提出这样一些幻相来，要制造出这样一些幻相来，它的根源我们就找到了。以往的形而上学为什么失败的根源也找到了，它就是把人类本能地提出来的这样一种理念当真了，当成了认识的对象了，形而上学因此就陷入到了一种辩证论。其实它们只能够是信仰的对象，不是出于认识的意图而是出于道德和宗教的意图提出来的。最后我们看先验的方法论。

先验方法论它是解决《纯粹理性批判》总问题的最后一个部分，就是未来作为科学的形而上学何以可能？就是说怎么样你才能建立起未来作为科学的形而上学？第一个是，首先要训练，就是对纯粹理性要加以训练。训练就是要规训，有些事情是你不能做的，不能混淆的，什么事情不能做，先要把它搞清楚。这个训练是消极的，就是说你首先要把哲学和数学的方法区分开来。以往的理性派在建立形而上学的时候往往是模仿数学的，模仿几何学或者模仿代数学，以为通过数学的方式我们可以把形而上学严格地建立起来。但是康德认为数学的方法不行，数学和哲学不是一回事。数学的层次太低，它是以直观作为前提的，而哲学它是以概念作为前提的，所以不能像数学那样加以定义，或者是运用归谬法加以反证，或者是提出几条公理，那些东西都不适合于哲学。哲学不能一开始就提出几条定义然后就一直往下推，这是数学的方法。再就是怀疑论。数学主要是理性派所采用的方法，怀疑论主要是经验派，特别是休谟提出了怀疑论。那么康德认为怀疑论虽然是不对的，但是作为一种训练它还是有用的，我们可以通过怀疑来打破、来破除独断论的那种独断。特别是二律背反，当你把两个逻辑上完全对立的命题摆在一起，它们互相冲突，你就会认识到理性的局限了，知性和理性在认识论的领域，它的限度，它的范围，在于只能用于经验，超出经验的范围它就会出轨，就会出问题。所以二律背反恰好是提醒了人，在这个时候你到了限度了，到了死胡同了，你不能再往前走，你还想解决这个问题——怎么可能呢？你要想解决这个冲突只有跨到另外一个领域，你不能再在认识的领域里面来解决这个问题。这就是训练，从两个方面进行训练，一个是唯理论方面，把哲学和数学区分开来；一个是经验派方面，吸收经验派的怀疑论来敲打自己，来警诫自己。这样就使理性得到了训练。经过这些训练你再去建立形而上学，你就不会再犯那些老生常谈的错误了。

那么纯粹理性的法规，这个是积极的方面，前面的训练都是消极的方面，法规是从积极的方面讲。范畴是知性的法规，纯粹理性也有自己的法规，但是已经不是认识论的法规了。在认识论里面建立法规的是知性，而理性的法规它只建立在实践的领域中。所以狭义的理性在认识论里面它没有法规，它只有范导，它只能引导知性的知识日益走向完善；而它自己的法规只有在实践理性里面才能建立起来。这些法规就包括实践理性的悬设，包括至善、包括目的，包括最高的道德的完善，包括道德上纯粹理性的命令，这些东西都会在未来的形而上学里面积极地建立起来。由此就向实践理性批判过渡了。

那么最后是纯粹理性的建筑术和历史，这个我们可以暂时把它省略掉。最后我们可以提出来，康德的整个体系，他要建立的是未来的形而上学。那么未来的形而上学有两个方面，一个是自然形而上学，一个是道德形而上学。自然形而上学实际上已经在先验感性论和先验分析论里面提出了它的大纲，但是还没有来得及建立，他认为有一个大纲就够了，想要再建立一个未来的形而上学不困难了。未来的形而上学比较困难的就是道德形而上学，这个前无古人，所以在康德晚年，他真正建立起来的就是道德形而上学。但是在他的规划中实际上是有两个形而上学，一个是道德形而上学，一个是自然形而上学。自然形而上学讲的是现象界的形而上学，现象界的本体论，或者现象界的存在论。现象的存在，关于现象存在的科学知识，它有它的客观性，那是现象的。那么道德形而上学是本体中的，在自在之物中也有个形而上学。在认识论里面自在之物是不可认识的，它是没有认识的法规的，你不能把知性的认识法规运用于自在之物，但是理性的法规是可以的。在自在之物里面你从实践理性的角度来看，把它运用于人的实践行动，作为实践行动的法规，这个是可以去做、应该去做，但又是不能认识的，你不能说用自然科学或者数学的知识去规定一个人的道德行动，应该做什么，那个是风马牛不相及的。它的这个法则是另外一套法则，是本体的法则，它是属于人的自由的。而自由是超出现象界之外的，不能用现象的法规来规定的——那才叫自由。如果你能用现象界的法规来规定，那就不叫自由了，那就是自然的因果性了。所以第三个二律背反里面为自由留下了余地，这个对于未来的道德形而上学是一个必要条件。如果没有留有余地的话，那后面的道德形而上学就建立不起来了。后来的实践理性建立起来的形而上学就是以自由概念作为起点的，自由的理念在康德哲学里他称之为“拱心石”，是最关键的一环。大体上我们可以说，康德哲学最主要的两个话题，一个是自然的必然性的问题，一个是自由的道德的问题。康德的道德是自由的道德，康德的自然是有必然性的自然。

这就是康德的整个体系。如果大家能够把这些东西搞得比较熟，那么《纯粹理性批判》就基本算是掌握了。将来你们走出去，人家说你上过康德《纯粹理性批判》的课，那我问你一个问题。你虽然不能原原本本地答出来，但至少人家能觉得你还是上过这个课的，还不是外行，你可以说出来一些道理来。那么这门课也就没有白上了。所以我谢谢大家一直耐心地听这门课。这是极其枯燥、极其乏味、极其抽象的，要浪费大家的很多脑细胞，所以再次感谢大家。